新丝路·语言

博雅

ქართული ენა

速成格鲁吉亚语

〔格鲁吉亚〕那达丽（Natalia Maisuradze）　主　编
单荣荣　副主编

北京大学出版社
PEKING UNIVERSITY PRESS

图书在版编目（CIP）数据

速成格鲁吉亚语 /（格鲁）那达丽（Natalia Maisuradze）主编 . -- 北京：北京大学出版社，2016.7

（新丝路·语言）

ISBN 978-7-301-27274-9

Ⅰ.①速…　Ⅱ.①那…　Ⅲ.①格鲁吉亚语 – 高等学校 – 教材　Ⅳ.①H651.1

中国版本图书馆 CIP 数据核字（2016）第 167789 号

书　　　名	速成格鲁吉亚语 SUCHENG GELUJIYA YU
著作责任者	〔格鲁吉亚〕那达丽（Natalia Maisuradze）主编
责任编辑	张　冰　严　悦
标准书号	ISBN 978-7-301-27274-9
出版发行	北京大学出版社
地　　　址	北京市海淀区成府路 205 号　100871
网　　　址	http://www.pup.cn　新浪微博：@北京大学出版社
电子邮箱	编辑部 pupwaiwen@pup.cn　总编室 zpup@pup.cn
电　　　话	邮购部 62752015　发行部 62750672　编辑部 62754382
印　刷　者	天津和萱印刷有限公司
经　销　者	新华书店
	787 毫米 ×1092 毫米　16 开本　14.5 印张　305 千字 2016 年 7 月第 1 版　2025 年 5 月第 3 次印刷
定　　　价	59.00 元

未经许可，不得以任何方式复制或抄袭本书之部分或全部内容。
版权所有，侵权必究
举报电话：010-62752024　电子邮箱：fd@pup.cn
图书如有印装质量问题，请与出版部联系，电话：010-62756370

编者说明

当得知北京大学即将开格鲁吉亚语选修课时，我喜出望外。让我感到荣幸的是，俄语系所附设的这一小语种课程，可以由我试讲。虽然我曾由于自身知识和经验浅薄而诚惶诚恐，终究还是鼓起勇气走进了世界著名学府——北京大学。我深知向中国学生教授我的母语责任重大，幸运的是俄语系的领导和老师们纷纷"出手相助"，给我许多帮助和鼓励，选课的同学们也非常友好、用功。在教学过程中我使用了自编的讲义，并在其中适当增加有关格鲁吉亚国情、历史的汉语阅读短文。一年的教学结束后，学校对我的工作给予了充分肯定，延长了我的工作合同，并委托我编写格鲁吉亚语教材（21课）。暑期回国后，我参考了所有能够找到的材料，例如：第比利斯大学格鲁吉亚语言及文学系编写的《格鲁吉亚语》（教学与学习参考书）（第比利斯大学出版社）；D.Kiziria 编写的《Beginner's Georgian》（Hippocrene Books. Inc. New York）；G.Tsibakhashvili 编写的《格鲁吉亚语自学课本》（俄语）；格鲁吉亚著名教育家和语言学家 I.Gogebashvili 有关教学的著作，以及 D.Tvaltvadze 和 N.Gafrindashvili 编写的《格鲁吉亚语拼写规则与习作》（第比利斯市出版社）等。我曾参加过北京语言大学所编《实用汉语课本》（商务印书馆）的格鲁吉亚语翻译组工作，此次编写过程中更加详细地参考了编写教材的方法与形式、有关教材改革的理论著作。例如：孙小礼、金普泰等在《北京大学学报》1997年第三期中，谈及编写教材时应注意的原则：1.以科学方法讲解，渗透到结论。2.历史演变融化到课程逻辑体系。3.理论（语言）达到实际应用的原则。这些原则成为我编写教材的指导思想。

目前，在中国格鲁吉亚语教学仅在北京大学落足，但在世界其他国家，特别是欧美各国，格鲁吉亚语早已成为单独教学与研究的对象，近来更常以"格鲁吉亚学"（"乔治亚学"）这一新名词形式亮相。本教材是格鲁吉亚语中文课本编写的初次尝试。此书能够面世，应归功于我的几位老师和北京大学俄语系的领导与同仁。书中不当之处，恳请师长提出宝贵意见与建议。本书稿蒙北京大学俄语系王辛夷教授审阅，在此对于她所给予的鼓励和支持表示深切谢意。同时，谨向第比利斯自由大学亚非学院刘光文（M. Liu-Kandareli）教授在起草过程中给予的辅导致谢，向格鲁吉亚语言学博士 Manana Kupatadze 的精心校对表示感谢，向北京大学俄语系单荣荣老师的细心审校表示感谢。

编者 Natalia Maisuradze（那达丽）

目录

格鲁吉亚简介（语言与国家）……1

格鲁吉亚语字母表……4

第一课……5

1. 语音
   格鲁吉亚语字母书写规则　元音字母　辅音字母　音节
2. 对话——问候
3. 生词
4. 注释
5. 练习
6. 格鲁吉亚国王米利安三世与东正教女圣人尼诺

第二课……10

1. 语音
   辅音字母　清辅音和浊辅音　复母音　移行规则　重音
2. 对话——相遇 I，相遇 II
3. 生词
4. 注释
5. 练习
6. 金羊毛

第三课……15

1. 对话——请问
2. 生词
3. 语法
   现在时系动词“是”　附属字“ს”　物主代词　疑问代词　疑问句
4. 练习
5. 格鲁吉亚姓氏

第四课……19

1. 对话——结识 I

1

2. 生词

3. 注释

4. 语法

   动词现在时结尾　名词主格　名词客体格　国籍或民族的区别

5. 练习

6. 瓦赫坦格·郭尔戈萨里沙皇的故事

第五课 ··· 25

1. 对话——结识 II

2. 生词

3. 注释

4. 语法

   名词给予格　前置词"……里面"；"在……"　名词呼格　语气词"ც"（也）

5. 练习

6. 伊万·扎瓦赫什维里与第比利斯大学

第六课 ··· 32

1. 对话——刘丽的公寓

2. 生词

3. 语法

   名词所属格　否定句语气词　动词"有"　前置词"在……上面"；"关于"
   前置词"在……旁边"　名词工具格

4. 练习

5. 伟大的文豪、思想家、诗人烁塔·鲁斯塔维里

第七课 ··· 41

1. 课文——天气与季节；在格鲁吉亚

2. 生词

3. 语法

   名词复数变格法　前置词"带……"或"有……的"　不及物动词现在时
   无人称动词（现在时）　表示人身心状态与感受的动词（补语标志动词）
   指示代词变格法

4. 练习

5. 格鲁吉亚的旅游业

目 录

第八课 ··· 50
    1. 对话——新工作
    2. 生词
    3. 语法
        指示代词　关系代词　疑问代词"谁"和"什么"的客体格　名词客体格
        数量数词　前置词"到……"　前置词"从……"或"离……"　钟点表示法
        否定语气词 არა 的其他功能（疑问句）　表示人身心状态与感受的动词
    4. 练习
    5. 大音乐家帕里阿什维里

第九课 ··· 59
    1. 对话——照片
    2. 生词
    3. 语法
        过去时助动词"是"　未完成体过去时体　不及物动词未完成体过去时体
        要求补语格未完成体过去时体动词　动词 ogo 的现在时和未完成体过去时
        名词前置格　补语标志动词的过去时　语气词 ვე
    4. 练习
    5. 高加索牧羊犬

第十课 ··· 68
    1. 对话——大街；坐出租车
    2. 生词
    3. 注释
    4. 语法
        表示动作方向的动词前缀（现在时和未完成体过去时）　顺序数词
        带语气词是/否 ხომ არ(ა) 的疑问句　带助动词的不及物动词
        陈述句与疑问句中单词的词序
    5. 练习
    6. 伊利亚·恰夫恰瓦泽 —— 格鲁吉亚伟大的社会活动家、经济家学、大文豪

第十一课 ·· 77
    1. 课文——描述朋友
    2. 生词

3. 语法

　　形容词比较级　指示代词　表示人身心状态与感受的动词

4. 练习

5. 帕尔那瓦斯一世

第十二课 ··· 84

1. 课文——圣诞节与新年
2. 生词
3. 注释
4. 语法

　　前置词"为了……"或"对于……"　动词转化

5. 练习
6. 欧洲最早的文明

第十三课 ··· 91

1. 对话——马克的生日
2. 生词
3. 注释
4. 语法

　　动词将来时形式　前置词"从……"　不规则动词　不规则名词

5. 练习
6. 格鲁吉亚葡萄酒

第十四课 ··· 99

1. 对话——桑德罗的家庭
2. 生词
3. 注释
4. 语法

　　无人称动词（未完成体过去时体与将来时）　现在时的其他用法

　　前置词"与……相似"　数词变成副词　表示人身心状态与感受的动词将来时

5. 练习
6. "建设者"大卫

第十五课 ··· 108

1. 对话——打电话

2. 生词

3. 注释

4. 语法

    表示动作方向的动词前缀（将来时）　系动词"是"的将来时

    补语标志动词的将来时　补语标志的动词

5. 练习

6. 自学成才的画家匹洛斯曼尼

第十六课 116

1. 对话——服装店；纪念品店

2. 生词

3. 注释

4. 语法

    完成体过去时动词　否定语气词"არ"和"ვერ"　指示语气词

5. 练习

6. 塔玛拉女沙皇

第十七课 124

1. 对话——银行

2. 生词

3. 注释

4. 语法

    愿格时态　表示动作方向的动词前缀（完成体过去时和愿格时）

    系动词"是"的愿格时

5. 练习

6. 格鲁吉亚货币简史

第十八课 134

1. 对话——医院

2. 生词

3. 语法

    表示人身心状态与感受的动词　不规则动词（动词将来时并不一定由动词现在时构成）　命令式　主语和补语变位

4. 练习

5. 普罗米修斯与阿米兰

第十九课 ·· 141

1. 课文——复活节
2. 生词
3. 注释
4. 语法

   不规则动词（将来时动词并不一定由动词现在时构成，完成体过去时并不一定由动词将来时构成）　由名词派生的形容词　间接补语

5. 练习
6. 格鲁吉亚的节日（包括国家、国际、宗教与民间节日）

第二十课 ·· 148

1. 故事——小偷；珍珠；沙皇和画家
2. 生词
3. 注释
4. 语法

   不规则动词（动词将来时并不一定由动词现在时构成的动词）　间接引语
   动词转化和不规则动词（某一时态的动词读法不同）
   补语标志的不规则动词（动词未完成体过去时并不一定由动词现在时构成）
   多人称动词

5. 练习
6. 伊·郭戈巴什维里

第二十一课 ·· 156

1. 童谣——山羊和葡萄园
2. 歌曲——苏丽珂
3. 生词
4. 注释
5. 语法

   带或不带前缀的动词　连接词

6. 练习
7. 阿迦吉·策列特利

词性 ·· 163

名词 ······ 164
  1. 名词变格
  2. 5种结尾的名词变格不同
  3. 复数名词的变格
  4. 名词中的元音弱化
  5. 名词的另一复数形式"那尔塔尼"
  6. 前置词（后缀）

代词 ······ 169
  1. 人称代词
  2. 指示代词
  3. 疑问代词
  4. 物主代词
  5. 疑物代词
  6. 关系代词

数词 ······ 173
  1. 数量数词
  2. 顺序数词
  3. 分数数词

动名词（动词原形） ······ 177

不及物动词和多人称动词 ······ 178

动词 ······ 179

补语变位法 ······ 183
  1. 主语和补语变位法的结合
  2. 间接补语的人称标志

补充选题生词 ······ 186
  1. 课堂情景用语
  2. 打招呼
  3. 时间

4. 月

5. 地理词汇

6. 天气

7. 公共场所

8. 交通

9. 旅游

10. 办公室

11. 住房

12. 家具

13. 家用电器

14. 卫生间用品

15. 厨房用品

16. 食品

17. 蔬菜

18. 水果

19. 颜色

20. 同义词和反义词

21. 职业

22. 身份

23. 体育运动

24. 乐器

25. 动物

26. 亲属名称

27. 衣服

28. 日用品

29. 身体

30. 情绪

31. 人的品质

总词汇表·················195

格鲁吉亚简介（语言与国家）

格鲁吉亚位于欧亚两洲之间的高加索南部、黑海东岸，北临俄罗斯，南临土耳其和亚美尼亚，西南临阿塞拜疆。其具体位置在欧亚大陆和东欧以及西亚国家之间。格鲁吉亚文明与文化发展极早，可追溯到新石器时代与青铜器奴隶社会时代。当时，青铜期各部落业已形成，青铜器技艺出现后，不同部落间方开始正式交流。古代格鲁吉亚形成国家已有三千年的历史。公元319年起，基督教成为格鲁吉亚的国教，它的传入使古格鲁吉亚文字与哲学逐渐被希腊及叙利亚文字取代，并逐渐形成新的文字。格鲁吉亚今天使用的字母形成于公元5世纪，目前格鲁吉亚的官方语言与文字。由于格鲁吉亚处于欧亚交界处，黑海与里海之间，便自然形成了东西经济交往和文化交流的"大陆"或"桥梁"，且是重要的军事必争之地。

格鲁吉亚国土面积69，700平方公里（居世界第119位），海岸线总长310千米，总人口4，934，413人（居世界第111位）。自1922年至1991年3月31日，属原苏联加盟共和国之一，独立后国家的制度是民主共和国，称格鲁吉亚共和国（乔治亚共和国）。格鲁吉亚独立后，成为自主国，正向现代化和民主开放型国家方向发展与变革。目前，格鲁吉亚全国有2个自治共和国（阿布哈兹和阿扎尔），9个州，65个行政区和5个直辖市。

· 阿布哈兹（苏呼米）——აფხაზეთი(სოხუმი)

· 萨梅格列罗-上斯瓦涅季亚（祖格迪迪）——სამეგრელო და ზემო სვანეთი(ზუგდიდი)

· 古利亚（奥祖尔盖蒂）——გურია(ოზურგეთი)

· 阿扎尔（巴统）——აჭარა(ბათუმი)

· 拉恰-列其呼米和下-斯瓦涅季亚（安布罗劳里）——რაჭა-ლეჩხუმი და ქვემო სვანეთი(ამბროლაური)

· 伊梅列季（库塔伊西）——იმერეთი(ქუთაისი)

· 萨姆茨赫-扎瓦赫季（阿哈尔齐赫）——სამცხე-ჯავახეთი(ახალციხე)

· 内-卡特利（哥里）——შიდა ქართლი(გორი)

· 姆茨赫塔-姆季阿涅季（姆茨赫塔）——მცხეთა-მთიანეთი(მცხეთა)

· 低地-卡特利（鲁斯塔维）——ქვემო ქართლი(რუსთავი)

· 卡赫季（泰拉维）——კახეთი(თელავი)

格鲁吉亚人的母语是格鲁吉亚语，这也是格鲁吉亚的官方语言。格鲁吉亚语是高加索语系中最具代表性的语言，在语言学中也被称为"卡尔特维利语系"（ქართველური），这种称谓的来源，是由于格鲁吉亚语与任何其他语系没有关系，自成体系。

格鲁吉亚人自称是“卡尔特维利”（ქართველი）人，国称亦如此。但由于历史原因，外国人称卡尔特维利为格鲁吉亚或乔治亚（Georgia），后者是由波斯古称“Gurji”转成“Gruzi”，而格鲁吉亚国古希腊语称乔治亚国（Georgia），现多用于欧美国家。因此，东方（中亚以及后起的斯拉夫族）多用“格鲁吉亚”，而西方多用“乔治亚”。乔治亚来源于希腊东正教，而东正教中圣乔治被命名为格鲁吉亚保护神，由于格鲁吉亚长期受到侵略，国教成为民族反抗和团结的象征，而民族保护神圣乔治则成为国家独立的象征。

需要说明的是：在现代格鲁吉亚版图上，古代曾有两个血缘相近的公国——西部的“Kolkhida”和东部的“Iberia”，这两个国家文化一直深受古希腊影响，在希腊神话和历史书籍中都有所提及。在漫长的历史过程中，这两个国家逐渐融会相通，经历了“沧桑”之变，形成我们以上所说的格鲁吉亚或乔治亚，从此作为一个统一国家出现在世界舞台上。

格鲁吉亚语的语言特点：

一、需要指出的是，格鲁吉亚语有许多特点，它虽曾受到希腊语、阿拉伯语、波斯语、土耳其语与后起的俄语等影响，而且有很多外来语词汇，但语言基础从未发生过动摇或变化，依旧继承“卡尔特维利”语系，所以在语言学中是独树一帜，也就是说，它一直是独立存在的。此语系在世界上很晚才被很多国家所知晓，基本上到 20 世纪末才被正式纳入语言研究系统。但目前欧美不少国家的大学，甚至中学已经开设格鲁吉亚语专业或课程。

二、格鲁吉亚文字是世界上现有的 14 种文字之一，同样是“自成体系”的。据传说，格鲁吉亚文字是公元前 3 世纪国王帕尔那瓦吉（ფარნავაზი）一世时期形成的，5 世纪。形成初期有 38 个字母，现已简化成 33 个字母，其中包括 5 个元音和 28 个辅音字母。

三、语音与文字完全符合，写法与读法一致，这一点是比较科学的。

四、从 5 世纪至今，文字发展经历了三个阶段：

1. 古代文字称“Asomtavruli”（“Aso”是“字母”的意思）。含义是“关键文字”。
2. 中世纪文字称“Nusxuri”。
3. 现代文字称“Mkhedruli”。这三种文字虽有共同根源，但外形有所不同。本书课文所讲授的是现代文字。

ა	ⴀ	Ⴀ	ს	ⴑ	Ⴑ
ბ	ⴁ	Ⴁ	ტ	ⴒ	Ⴒ
გ	ⴂ	Ⴂ	ჳ	ⴣ	Ⴣ
დ	ⴃ	Ⴃ	უ	ⴓ	Ⴓ
ე	ⴄ	Ⴄ	ფ	ⴔ	Ⴔ
ვ	ⴅ	Ⴅ	ქ	ⴕ	Ⴕ
ზ	ⴆ	Ⴆ	ღ	ⴖ	Ⴖ
ჱ	ⴡ	Ⴡ	ყ	ⴗ	Ⴗ
თ	ⴇ	Ⴇ	შ	ⴘ	Ⴘ
ი	ⴈ	Ⴈ	ჩ	ⴙ	Ⴙ
კ	ⴉ	Ⴉ	ც	ⴚ	Ⴚ
ლ	ⴊ	Ⴊ	ძ	ⴛ	Ⴛ
მ	ⴋ	Ⴋ	წ	ⴜ	Ⴜ
ნ	ⴌ	Ⴌ	ჭ	ⴝ	Ⴝ
ჲ	ⴢ	Ⴢ	ხ	ⴞ	Ⴞ
ო	ⴍ	Ⴍ	ჴ	ⴤ	Ⴤ
პ	ⴎ	Ⴎ	ჯ	ⴟ	Ⴟ
ჟ	ⴏ	Ⴏ	ჰ	ⴠ	Ⴠ
რ	ⴐ	Ⴐ	ჵ	ⴥ	Ⴥ

五、语法规则中有变格现象，共有七格，其中三种人称都参与变格，所以语法较难。名词没有性的变化（例如俄语或德语的阴性、阳性、中性），但有多数和少数之分。

格鲁吉亚的国旗是2004年1月14日确定的。国旗上的五个红十字架是基督教的象征，也是天主和四位圣人的象征。白色是纯洁与信仰的象征，也代表神圣而智慧。红色历来是生命、勇敢、诚恳和博爱的象征，反映了格鲁吉亚人民的价值观。

格鲁吉亚语字母表

印刷体	格鲁吉亚语名称	国际拼音 / 拉丁字母	俄语发音
ა	ან	a	а
ბ	ბან	b	б
გ	გან	g	г
დ	დონ	d	д
ე	ენ	e	э
ვ	ვინ	v	в
ზ	ზენ	z	з
თ	თან	t	-
ი	ინ	I	и
კ	კან	k’	к
ლ	ლას	l	л
მ	მან	m	м
ნ	ნარ	n	н
ო	ონ	o	о
პ	პარ	p’	п
ჟ	ჟან	zh	ж
რ	რაე	r	р
ს	სან	s	с
ტ	ტან	t’	т
უ	უნ	u	у
ფ	ფარ	p	-
ქ	ქან	k	-
ღ	ღან	gh	-
ყ	ყარ	q’	-
შ	შინ	sh	ш
ჩ	ჩინ	ch	ч
ც	ცან	ts	ц
ძ	ძილ	dz	-
წ	წილ	ts’	-
ჭ	ჭარ	ch’	-
ხ	ხან	kh	х
ჯ	ჯან	j	-
ჰ	ჰაე	h	-

拉丁语字母带’ 符号 的为清辅音锋利喉音（კპტყწჭ）。

第一课

გაკვეთილი I (პირველი)

1. 语音 ფონეტიკა

1 格鲁吉亚语字母书写规则

(1) 现代格鲁吉亚语（mkhedruli）共有 33 个字母：5 个元音字母，28 个辅音字母。每个字母发一个音（一个音位；音素）。

元音字母 ა ე ი ო უ
辅音字母 ბ გ დ ვ ზ თ კ ლ მ ნ პ ჟ რ ს ტ ფ ქ ღ ყ შ ჩ ც ძ წ ჭ ხ ჯ ჰ

(2) 格语字母字体的笔画都倾向圆形。笔画中几乎没有折线，但在书法中，为达到美观的目的可以使用折线。格语字母可以写成连体字。

手写体示意图：

【注一】格语字母中只有 ჯ 和 წ 印刷体和手写体写法不同。

2 元音字母

ა：口张大，舌自然放平。例如：მამა（爸爸；父亲）

ი：舌尖接触下齿，舌中部向上抬起并前伸，口微开，双唇舒展。例如：თითი（手指）

ე：从舌中部发元音如 ი 的位置向后缩，同时舌后部抬起，口半张开，比发 ი 时张大，双唇自然舒展。例如：ენა（舌头；语言）

ო：口张得比发 ა 音时小，双唇向前伸，形成圆形，舌根向前抬起。例如：ორმო（沟）

უ：口张得比发 ო 音时小，双唇更向前伸，形成圆形，舌后部高抬。例如：უთო（熨斗）

3 辅音字母

ვ：发音部位与英文 v 相同，声带振动。例如：ვაშლი（苹果）

მ：鼻音，发音时双唇闭紧，气流自由地从鼻腔流出，声带振动。例如：მამა（爸爸；父亲）

ნ：鼻音，发音时舌前部紧贴上齿龈及上齿背，气流自由地从鼻孔流出，声带振动。例如：ნავი（船；舟）

ლ：舌前部紧贴上齿背和齿龈，舌中部往下凹，舌后部稍抬，气流从舌头侧面通过，声带振动。例如：ლიმონი（柠檬）

რ：舌尖稍向上卷，轻触齿龈，肌肉自然放松，气流冲击舌尖，迫使舌尖颤动，声带振动。例如：რადიო（收音机）

ს：舌尖贴近下齿，与上齿间构成小缝隙，但不要接触，气流不断通过此缝隙而出，声带不振动。例如：სალამი（你好）

ზ：发音部位与 ს 相同，但声带振动。例如：ზამთარი（冬天）

თ：舌前都紧贴上齿龈及上齿背，声带不振动，发音与英文 t 相同。例如：თოვლი（雪）

ტ：舌前都紧贴上齿龈及上齿背，形成阻塞，气流冲破阻塞而出，声带不振动。例如：ტანი（身体）

დ：发音都位与 ტ 相同，但声带振动。例如：დედა（妈妈；母亲）

ქ：舌后部接触上颚，声带不振动。例如：ქალი（女人）

კ：舌后部接触上颚，形成阻塞，气流冲破阻塞而出，声带不振动。例如：კაბა（连衣裙）

გ：发音部位与 კ 相同，但声带振动。例如：გოგო（女孩）

ჩ：舌前部紧贴上齿龈，气流冲开缝隙，双唇稍圆，声带不振动。例如：ჩაი（茶）

ჭ：较锋利的英文 ch 音，发音部位与中文 zh 相似，声带不振动。例如：ჭამა（吃）

ჯ：发音部位与英文 j 相似，声带振动。例如：ჯვარი（十字架）

ფ：中文 p 音，声带不振动。例如：ფული（钱）

პ：双唇紧闭，气流冲破双唇阻塞而出，声带不振动。例如：პაპა（爷爷）

ბ：发音都位与 პ 相同，但声带振动。例如：ბებია（奶奶；姥姥；外婆）

ც：舌尖贴近下齿，气流冲开舌前部和上齿背的阻碍后，摩擦而出，声带不振动。例如：ცა（天）

ძ：发音都位与中文 j 相同，声带振动。例如：ძმა（兄弟）

წ：发音都位与中文 z 相同，声带不振动。例如：წითელი（红色）

შ：舌尖贴近上颚前缘，舌中部下凹，双唇微成圆形，气流从缝隙通过而出，声带不振动。例如：შავი（黑色）

ჟ：发音部位与 შ 相同，声带振动。例如：ჟანგი（铁锈）

ღ：发音与法文 r 相似。发音部位在舌中部，声带振动。例如：ღვინო（葡萄酒）

ხ：舌后部向上抬起，与上颚形成缝隙，气流通过缝隙摩擦发音，声带不振动。例如：ხე（树；木；树林。）

ჰ：发音部位与 ხ 相同，但较轻虚，喉部吐气音，声带不振动。发音与英文 h 相似。例如：ჰაერი（空气）

ყ：舌中部抬向上膛并发格文 კ 音，声带不振动。例如：ყური（嗓子）

4 音节

格鲁吉亚语词可以分成音节，构成音节的中心是元音。音节可由一个元音组成，也可以由一个元音和一个或几个辅音组成。一个词里有几个元音，就有几个音节。

2. 对话 დიალოგი

მისალმება（问候）

ნინო: — გამარჯობა, ირაკლი!

ირაკლი: — გაგიმარჯოს, ნინო!

3. 生词 ახალი სიტყვები

1. მისალმება（名）问候；打招呼
2. გამარჯობა 你好
3. გაგიმარჯოს 你好
4. ნინო（名）女名
5. ირაკლი（名）男名

4. 注释 განმარტება

1. **გაგიმარჯოს** —— 祝你胜利！是问候“你好”时的回应。
2. **ნინო** —— 尼诺女圣传教佳话、在格鲁吉亚是家喻户晓的，是格鲁吉亚女性最常见的名字。

5. 练习 სავარჯიშოები

1. 请读字母
2. 拼读下列元音：ა ი ე ო უ
3. 拼读下列词的音节：მა-მა თი-თი ე-ნა ორ-მო უ-თო

速成格鲁吉亚语

4. 请利用下列行线写出字母

ა ____

____ ჰ

5. 回答问题

(1) 格语字母是什么形状的？ ____________________

(2) 哪些字母可用两种方法书写？ ____________________

(3) 格语共有几个字母？几个元音？几个辅音？ ____________________

(4) 单词如何分为音节？ ____________________

6. 格鲁吉亚国王米利安三世与东正教女圣人尼诺
（მირიან მეფე და წმინდა ნინო）

格鲁吉亚是一个古老的东正教国家，它成为宗教国的历史与国王米利安三世是分不开的。根据历史记载，他与拜占庭皇帝康斯坦丁（306-337在位）是同龄人。米利安在位时，曾与伊朗联合，对抗罗马帝国，罗马史学家玛尔策里尼曾记述：罗马赐给米利安三世珍贵礼物，希望反叛伊朗，但他没有服从。他始终反抗罗马占领军，终于解放了格鲁吉亚南部和亚美尼亚不少失地，被誉为伟大的军事家。337年，他宣布耶稣东正教为格鲁吉亚国教，挽救与团结了分割已久的民众，这是他对格鲁吉亚历史的最大贡献。后来以后，米利安又成了格鲁吉亚的第一个东正教国的合法沙皇。[1]

据传，从希腊传入的东正教，是由一位名叫尼诺的女传教士传入的。尼诺来自希腊卡巴多吉亚地区，她出生在信奉东正教的家庭里，很早就已下决心终生传播宗教，她到过罗马，亚美尼亚，最终来到格鲁吉亚。她一直是步行，跋山涉水，非常辛苦，光着脚走过格鲁吉亚干枯的南部山地——扎瓦赫提、波涛汹涌的大湖、水深浪急的库拉河与东部的吴尔布尼希山谷等深山地带……因为当时格鲁吉亚人还在崇拜偶像神灵或自然神祇，各地的格鲁吉亚格人民对她宣扬的新宗教和祈祷法与圣经都感到十分生疏，但尼诺仍耐心传播。

尼诺到处传教，利用给人治病的方法，行过不少神迹，并且用格鲁吉亚人自古以来称为“国树”的葡萄枝，缠上自己的长发，做成十字架，[2]给他们讲道和创造治病的气氛，使得很多人拜倒在她所信仰的上帝面前。这种十字架，格鲁吉亚人一直沿用至今。那时，米利安三世的皇后那娜正患不治之症，被请来的尼诺向她讲道治病，使之得以痊愈，此后皇后就皈依了耶稣正教，国王米利安却感到有些矛盾，可是，有一次他出去打猎，突

---

1 沙皇——东正教各国对国王或帝王的一种称谓。沙皇一词中的“沙”来自拉丁语Caesar的转音，含义是“皇帝”。格语中沙皇与国王都一样用“მეფე”一词。

2 女圣尼诺所创的十字架形状只在格鲁吉亚东正教使用，外形与其他十字架也有所不同。

第一课　გაკვეთილი I (პირველი)

然感到眼前一片漆黑，头晕脑涨，他立刻向偶像神灵祈祷，但一点没见好，他试着向尼诺宣扬的上帝求救，当时见效。从此，他也皈依正教，自此，正教逐渐为国人所接受。此后，旧教偶像被毁灭。米利安派使徒到康斯坦丁堡，请求康斯坦丁给他派遣牧师到格鲁吉亚来传教，而且他个人也接受了洗礼。

尼诺至今仍是国教与善意、博爱与虔诚的象征，深受全国人民永远的崇拜和爱戴。

虽然东正教教义是不赞同强制和命令，但当时的米利安三世皈依宗教后，仍然强制命令不少山民受洗礼，严禁各种旧教偶像，这曾引起过山民起义和反抗，然而，尼诺的形象仍然与施善和救人分不开，所以崇拜尼诺的传统逐渐遍及格鲁吉亚各地。现在仍然有不少名胜古迹和宗教建筑与她的圣名是分不开的。目前，格鲁吉亚旅游路线之一便是以尼诺传教与埋葬的希格那赫市为中心的旅游区。绵延而成的路线，深受国内外旅游者欢迎。

另外也有不少旅游点也与尼诺的传教生涯有关，她的传教佳话在格鲁吉亚是家喻户晓的。尼诺是本国女性最常见的名字。

在任何东正教国家格鲁吉亚女圣的名字也十分普遍，她的命名日是一月二十七日，这一天是格鲁吉亚民间与宗教合一的节日，也是国家性的节日。

圣尼诺宣教生涯的片段

第二课

გაკვეთილი II (მეორე)

1. 语音 ფონეტიკა

1 辅音字母

- 双唇音 —— ბ ფ პ მ
- 齿音 —— დ თ ტ ნ ლ
- 齿唇音 —— ვ
- 齿龈音（舌尖向前）—— ძ ც წ ზ ს
- 齿龈音（舌尖向上）—— ჯ ჩ ჭ ჟ შ
- 软颚音 —— გ კ ქ
- 后软颚音 —— ღ ხ
- 咽喉音 —— ყ
- 喉音形 —— ჰ
- 齿龈带振动的音 —— რ

2 清辅音和浊辅音

格鲁吉亚语辅音分为清辅音和浊辅音。发音时声带不振动发出的音叫做清辅音，例如：თ კ პ ს ტ ფ ქ ყ შ ჩ ც წ ჭ ხ ჰ。声带振动发出的音叫做浊辅音，例如：ბ გ დ ვ ზ ლ მ ნ ჟ რ ღ ძ ჯ。

(1) 清浊辅音可分为

锋利的喉音：ტ წ ჭ კ ყ პ

送气音：თ ფ ქ ჩ ც

浊音送气：ვ ჟ ზ ღ

清音送气：ს შ ხ ჰ

(2) 下列表格 A 组 5 个浊辅音各对应 2 个 B 和 C 组清辅音：一个是喉音，一个是送气音，例如：

A. 浊辅音（闭塞而发出的）	ბ	დ	ძ	ჯ	გ
B. 清喉音	პ	ტ	წ	ჭ	კ
C. 清送气音	ფ	თ	ც	ჩ	ქ

(3) 发音对应关系，如下 A 组 3 个浊辅音各对 B 组 3 个清辅音：

A. 浊辅音	ზ ჟ ღ
B. 清辅音	ს შ ხ

3 复母音

格鲁吉亚语没有二合元音（相当于汉语的复韵母）。俄语字母“ю”—“იუ”；“я”—“ია”。

4 移行规则

词的一部分移写在下一行时，基本规则是按音节移行，并在原行末加一个连写符号“-”。单音节词不能移行。不能将一个字母留在原行或移到下行。

5 重音

格鲁吉亚语大部分单词中第一音节的元音带重音，例如：დილა（早上）。格语中重音并非十分重要。

2. 对话 დიალოგი

შეხვედრა I（相遇 I）

ნინო: — დილა მშვიდობისა!

გიორგი: — დილა მშვიდობისა!

ნინო: — როგორ ბრძანდებით, ბატონო გიორგი?

გიორგი: — კარგად, მადლობა. შენ **როგორა** ხარ?

ნინო: — კარგად, გმადლობთ.

გიორგი: — ნახვამდის.

ნინო: — **კარგად!**

შეხვედრა II（相遇 II）

ელენე: — საღამო მშვიდობისა!

გიორგი: — საღამო მშვიდობისა!

ელენე: — როგორა ხართ?

გიორგი: — კარგად. თქვენ როგორა ხართ, ქალბატონო ელენე?

ელენე: — ცუდად.

3. 生词 ახალი სიტყვები

1. შეხვედრა（名）相遇；相会
2. გიორგი（名）乔治（男名）
3. დილა（名）早晨
4. მშვიდობა（名）平安；和平
5. დილა მშვიდობისა 早上好
6. როგორ（代）怎么；如何
7. ხარ（动）（你）是（现在时）
8. კარგად（副）好
9. მადლობა 谢谢（你）
10. შენ（代）你
11. ბრძანდებით（动）
（您）是（现在时）（客气式）
12. ბატონო 先生
13. გმადლობთ 谢谢（您／你们）
14. ნახვამდის 再见
15. ელენე（名）叶连娜（女名）
16. საღამო（副）晚上
17. საღამო მშვიდობისა 晚上好
18. თქვენ（代）您；你们
19. ხართ（动）（您/你们）是（现在时）
20. ქალბატონო 太太
21. ცუდად（副）不好

4. 注释 განმარტება

1. **გიორგი** —— 东正教男圣名，格鲁吉亚保护神。
2. **როგორ** —— 如果动词 ხარ 之前是疑问代词，在代词之后可以加辅助音 ა。
3. **კარგად!** —— 另一个意思是“再见”。

5. 练习 სავარჯიშოები

1. 拼读下列单词：

ბი-ნა（寓所）	ბა-ღი（花园）	ბა-ყა-ყი（青蛙）
გმი-რი（英雄）	გერ-ბი（国徽）	გვა-რი（姓氏）
დე-და（母亲）	დუ-ქა-ნი（小酒店）	დო-ლი（鼓）
ზა-ზუ-ნა（仓鼠）	ზღვა（海）	ზა-რი（铃）
თუ-თა（桑树）	თოვ-ლი（雪）	თაფ-ლი（蜂蜜）
კუ（乌龟）	კურ-დღე-ლი（兔子）	კა-ლა-მი（钢笔）
მა-მა（父亲）	მე-გო-ბა-რი（朋友）	მე-რი（女名）
პე-პე-ლა（蝴蝶）	პე-რუ（秘鲁）	პა-პა（爷爷）
ჟი-რა-ფი（长颈鹿）	ჟუ-ჟუ-ნა（女名）	ჟე-ტო-ნი（硬币）
რძე（牛奶）	რვე-უ-ლი（练习本）	რი-გი（排；队）

სა-ა-თი（表；钟） სუ-რა-თი（画儿） სპი-ლო（大象）
ტუ-ჩი（唇） ტყე（森林） ტბა（湖）
ფრთა（翅；翼） ფე-ხი（腿；足） ფუ-ლი（钱）
ქუ-დი（帽子） ქმა-რი（丈夫） ქა-მა-რი（腰带）
ღი-ლა-კი（扣子） ღრუ-ბე-ლი（云） ღო-ბე（篱笆）
ყუ-რი（耳朵） ყე-ლი（嗓子；喉） ყი-ნუ-ლი（冰）
შტო（枝子） შა-ვი（黑色） შა-ქა-რი（糖）
ჩი-ტი（鸟） ჩა-ქუ-ჩი（锤子） ჩა-ლა（稻草）
ცო-ლი（妻） ცრემ-ლი（眼泪） ცი-ლა（蛋白质）
ძი-ლი（睡觉） ძუ-ა（雌） ძმა（兄弟）
წი-წი-ლა（小鸡） წე-რო（鹤） წვი-მა（雨）
ჭი-ა（蠕虫） ჭურ-ჭე-ლი（餐具） ჭე-რი（天花板）
ხახ-ვი（葱） ხა-რი（公牛） ხე（树；木）
ჯაჭ-ვი（链） ჯერ（次） ჯა-მი（饭碗）
ჰა-ერ-ი（空气）

2. 拼读下列单词：

(1) 区分 ბ、პ、ფ

ბებია —— პაპა —— ფაფა

(2) 区分 გ、კ、ქ

გერი —— კატა —— ქარი

(3) 区分 დ、თ、ტ

დიდი —— თითი —— ტიტა

(4) 区分 ღ、ყ

ღამე —— ყაყაჩო

(5) 区分 ჩ、ჯ、ჭ

ჩიტი —— ჯიში —— ჭირი

(6) 区分 ც、ძ、წ

ცივი —— ძილი —— წვრილი

(7) 区分 ხ、ჰ

ხარი —— ჰაერი

3. 编对话

ნინო: ______________________________

გიორგი: ______________________________

ნინო: ______________________________

გიორგი: _____
ნინო: _____

6. 金羊毛
(ოქროს საწმისი)

这个希腊神话产生于青铜时代。当时格鲁吉亚西部出现了一个强国，名叫科尔希达。

约公元前三千年前，格鲁吉亚古代部落开始联合——由斯瓦涅季亚、卡特利、萨梅格列罗、扎尼等四个部落组成科尔希达国家，最初这只是一个联盟，但它奠定了格鲁吉亚未来独特的语言、文化与民族的基础。

有关科尔希达的事迹，最早可以从希腊神话"金羊毛"中看到。故事是这样的：希腊国王答应年轻有为的亚宋，如果他能找到金羊毛并带回希腊，他会将本应属于亚宋的王位归还于他。亚宋建好了海船"阿耳戈"，选出最精干、最强悍的希腊青少年组成海军，历经无数困难和危险终于到了科尔希达的海岸，又从法吉斯河口游入内地，最终到达了国王的城堡库塔伊西[1]城。国王表面答应还回金羊毛，却给亚宋出了许多难以完成的难题，实际上是想借机害死他。亚宋却克服了这些常人无法克服的困难，坚持完成了自己的任务，并且和国王女儿公主美狄亚相恋，得到公主的帮助和同情，并将她带回，二人成为夫妻。亚宋能够将金羊毛带回，本来就依靠爱妻美狄亚的协助与爱心，但共同生活数年之后，由于他又娶了另一位公主为妾，美狄亚便坚持要求丈夫将妾害死。她无止境的嫉妒，终于毒死克利昂国公主，后来，由于嫉妒转成仇恨，她又杀死了自己两个亲生的儿子，造成骇人听闻的悲剧……著名的希腊古悲剧正是材取于这一故事。

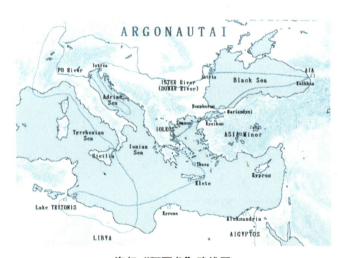

海船"阿耳戈"路线图

---

[1] 库塔伊西市现仍保存古名，是格鲁吉亚首都第比利斯与海港巴统之后的最大城市。库塔伊西大学、库塔伊西汽车厂等享名国内外，是格鲁吉亚国会的驻地。市内的巴格拉提中世纪教堂建筑、附近的中世纪格拉提古建筑群，已被联合国教科文组织纳入世界遗产。此外，恐龙与青铜时代考古地、库市博物物管等——都是最佳的旅游胜地。

第三课

გაკვეთილი III (მესამე)

1. 对话 დიალოგი

უკაცრავად（请问）

ლიუ ლი: — უკაცრავად, თქვენ მასწავლებელი ბრძანდებით?

ნინო: — დიახ.

ლიუ ლი: — ჩემი სახელია ლიუ ლი. მე თქვენი ახალი სტუდენტი ვარ.

ნინო: — ძალიან სასიამოვნოა. მე ნინო ვარ, ნინო მასწავლებელი.

ლიუ ლი: — რა გვარის ხართ?

ნინო: — აბაშიძე. ლიუ ლი შენ სადაური ხარ?

ლიუ ლი: — ჩინელი.

ნინო: — ძალიან სასიამოვნოა!

ლიუ ლი: — ნახვამდის!

ნინო: — კარგად!

ქეთი: — გამარჯობა, ლიუ ლი! როგორა ხარ?

ლიუ ლი: — ისე რა. შენ?

ქეთი: — კარგად, მადლობა.

ლიუ ლი: — რა არის ახალი და საინტერესო?

ქეთი: — არაფერი. ის ქალბატონი ნინოა?

ლიუ ლი: — ხო.

2. 生词 ახალი სიტყვები

1. უკაცრავად（副）请问；抱歉；对不起；麻烦您
2. ლიუ ლი（名）刘丽（女名）
3. მასწავლებელი（名）老师
4. დიახ 是的（客气式）
5. ჩემი（代）我的
6. სახელი（名）名字
7. მე（代）我
8. ახალი（形）新的
9. სტუდენტი（名）大学生
10. ვარ（动）（我）是（现在时）
11. ძალიან（副）很；太；非常
12. სასიამოვნო（形）愉快的；舒服的
13. რა（代）什么
14. გვარი（名）姓
15. აბაშიძე（名）阿巴士泽（人姓）

16. სადაური（代）哪里的；哪国的
17. ჩინელი（名）中国人
18. ქეთი（名）凯蒂（女名）
19. ისე რა（副）不错；没关系；还可以
20. და（连，名）① 和；与；② 姐妹
21. საინტერესო（形）有趣的；有意思的

22. არაფერი（代）什么都不（没有）；什么也不（没有）
23. ის（代）他
24. ქალბატონი（名）太太
25. ხო 是的

3. 语法 გრამატიკა

1. 现在时系动词"是"

现在时系动词"是"是不规则动词。每个人称形式都不同，"არის"是该动词的单数第三人称形式。

（我） მე ვარ
（你） შენ ხარ
（他） ის არის
（我们） ჩვენ ვართ
（您 / 你们） თქვენ ხართ
（他们） ისინი არიან

2. 附属字"ა"

附属字"ა"是"არის"的简化方式。简单句中单数第三人称、名词可加附属字 ა。例如：

- ის **არის** მასწავლებელი   ის მასწავლებელია   （他是老师）
- ის **არის** სტუდენტი   ის სტუდენტია   （他是大学生）

3. 物主代词

（我的） **ჩემი** სახელია ნინო.
（你的） ლიუ ლი **შენი** სტუდენტია?
（他的） **მისი** გვარია აბაშიძე.
（我们的） ნინო **ჩვენი** მასწავლებელია.
（您 / 你们的） ნინო **თქვენი** მასწავლებელია?
（他们的） **მათი** მასწავლებელია გიორგი.

4. 疑问代词

格鲁吉亚语疑问代词分为两种：第一种是在名词之前使用；第二种是在动词之前使用。例如：

- როგორ ბრძანდებით? —— როგორ 之后应是动词。
- რა გვარის ბრძანდებით? —— 如果句中有名词和动词，则疑问代词 რა 之后是名词；

如果句中没有名词，疑问代词 რა（或 ვინ）之后则可直接加动词。

- სადაური სტუდენტი ბრძანდებით? —— 如果句中有名词和动词，则疑问代词 სადაური 之后应是名词；如果句中没有名词，疑问代词 სადაური 之后可直接加动词。

【注一】გვარის —— 是名词所属格的形式（参考第 6 课）。

5. 疑问句

格鲁吉亚语语调对表达句子的意思有重要的作用，不同句子有不同的语调。甚至同一句子，由于语调不同，其意思也不一样。陈述句的语调一般逐渐降低，句末要有停顿。例如：თქვენ。疑问句的调心在疑问词或要求回答的词，最后一个元音上提高并拉长，例如：თქვენ? 而句中有疑问代词时，可省略语调。

4. 练习 სავარჯიშოები

1. 在下列人称代词之后，填入适当的系动词"是"

　　(1) მე　　　＿＿＿＿＿＿

　　(2) შენ　　＿＿＿＿＿＿

　　(3) ის　　　＿＿＿＿＿＿

　　(4) ჩვენ　　＿＿＿＿＿＿

　　(5) თქვენ　＿＿＿＿＿＿

　　(6) ისინი　＿＿＿＿＿＿

2. 将下列句子中的 არის 用附属字 ა 替换，并译成汉语

　　(1) ის ჩინელი არის.

　　(2) გიორგი სტუდენტი არის?

　　(3) ნინო მასწავლებელი არის.

3. 将下列句译成格语

　　(1) 我的名字是尼诺。

　　(2) 你是姓刘吗？

　　(3) 他的名字是乔治。

　　(4) 尼诺是我们的老师。

　　(5) 我是您的大学生。

　　(6) 他们的老师是中国人。

4. 在名词或动词前填入适当的疑问代词（სადაური; როგორ(ა); რა）

　　(1) ＿＿＿＿＿＿＿＿＿＿ ხართ?

　　(2) ＿＿＿＿＿＿＿＿＿＿ გვარის ხართ?

(3) ______________________________ ბრძანდებით?

(4) ______________________________ სტუდენტი ხართ?

5. 指出哪些字母的发音应该提高并拉长，并朗读出来

(1) როგორ ბრძანდებით?

(2) როგორა ხართ?

(3) სადაური ხართ?

(4) თქვენ გიორგი ხართ?

(5) მისი სახელი ნინოა?

(6) რა გვარის ხართ?

(7) თქვენ მასწავლებელი ბრძანდებით?

(8) ლიუ ლი სტუდენტია?

5. 格鲁吉亚姓氏（ქართული გვარი）

格鲁吉亚姓氏的来源和世界其他各国姓氏的形成相似，大部分来自地名、人名、物名、职业以及社会地位，也有一些是由绰号或者祖先外貌的特点转变而来的。格鲁吉亚的姓氏以词头加上词尾组合而成，这种结构中，词尾部分用“什维里”（...შვილი 意思是“儿女”）的姓氏，多数属格鲁吉亚中部与东部（比如：სააკაშვილი; ქართველიშვილი; 等）；以“泽”作结尾的（...ძე 意思是“儿子”）多为西部姓氏（如：ტაბიძე; მაისურაძე; 等）；以“伊阿”（...ია）或“阿瓦”（...ავა）作结尾的几乎全是西部萨梅格列罗地区的姓氏（如：მელია; ელიავა 等），以“伊阿尼”（...იანი）为结尾的全部属高山斯瓦涅季亚地区姓氏（如：ქურდიანი; ჩარკვიანი; 等）。还有少数以“利”（...ლი）作结尾的（如：ყანდარელი; ოცხელი 等）。

格鲁吉亚姓氏没有男性女性的区别（例如斯拉夫语有伊凡诺夫——伊凡诺娃之别，而全名不加俄语通用的父称）。一般写法是名在前，姓在后，如：ნინო აბაშიძე。

格鲁吉亚姓氏的另一特点是能够表明社会地位和身份，这是长期封建社会的产物，例如：巴格拉吉奥尼（ბაგრატიონი）是格鲁吉亚沙皇姓氏，也有一些公爵姓氏至今尚存，虽已不表示社会地位，但仍可识别出原意。

第四课 გაკვეთილი IV (მეოთხე)

 1. 对话 დიალოგი

გაცნობა I (结识 I)

ლიუ ლი:	— გამარჯობა, ბატონო გიორგი. ჩემი სახელია ლიუ ლი.
გიორგი:	— გაგიმარჯოს! თქვენ ჩინელი ბრძანდებით?
ლიუ ლი:	— დიახ, ჩინელი ვარ.
გიორგი:	— რა კარგად საუბრობთ ქართულად! დიდი ხანია აქ ცხოვრობთ?
ლიუ ლი:	— უკვე ექვსი თვეა.
გიორგი:	— სწავლობთ თუ მუშაობთ?
ლიუ ლი:	— ვსწავლობ.
გიორგი:	— ქართული ენა რთულია?
ლიუ ლი:	— დიახ, ცოტა რთულია.
გიორგი:	— ეს ჩინური წიგნია?
ლიუ ლი:	— არა, ქართული.
გიორგი:	— ქართულად კითხულობთ?
ლიუ ლი:	— დიახ, უკვე თავისუფლად ვკითხულობ.
გიორგი:	— რა სასიამოვნოა!
ლიუ ლი:	— **მომავალ შეხვედრამდე!**
გიორგი:	— **კარგად ბრძანდებოდეთ!**

 2. 生词 ახალი სიტყვები

1. გაცნობა 相识；认识
2. საუბრობთ（动）（您/你们）说话；谈话（现在时）
3. ქართულად（副）用格鲁吉亚语
4. დიდი（形）大的
5. ხანი（名）时间；时候
6. აქ（副）这里
7. ცხოვრობთ（动）（您/你们）生活；住；过日子（现在时）
8. უკვე（副）已经
9. ექვსი（数）六
10. თვე（名）月
11. სწავლობთ（动）（您/你们）学习（现在时）
12. თუ（连）① 还是；② 如果
13. მუშაობთ（动）（您/你们）工作（现

19

在时）

14. ქართული（形）格鲁吉亚的

15. ენა（名）①语言；②舌头

16. რთული（形）困难的

17. ცოტა（数）有点；一点；少

18. ეს（代）这

19. ჩინური（形）中国的

20. წიგნი（名）书

21. არ(ა) 不

22. კითხულობთ（动）（您/你们）①问；②读，念（现在时）

23. თავისუფლად（副）流利地；自由地；自主地

24. მომავალი（名）前途；未来；将来

3. 注释 განმარტებანი

1. **მომავალ შეხვედრამდე** —— 以后再见（以后再会）。მომავალი —— 前途（形容词），შეხვედრა —— 相遇（名词），-მდე 是前置词，意为“到……”，应和名词客体格连用（参考第八课）。
2. **კარგად ბრძანდებოდეთ!** —— 也是“再见”的意义，表示将来时祝您一切好。ბრძანდებოდეთ 是将来时动词。

4. 语法 გრამატიკა

1. 动词现在时结尾

动词按人称和数进行变化，叫作动词变位。三种人称动词都带不同的前后缀，这些前后缀表示人称和数。

(1) 动词现在时前加辅音字母 ვ-，表示单数第一人称，例如：**ვ**-სწავლობ

(2) 现代格鲁吉亚语单数第二人称没有结尾，如果动词没有第一和第三人称结尾，则为第二人称，例如：სწავლობ

(3) 动词现在时后加后缀 -ს，表示第三人称，例如：სწავლობ-**ს**

(4) 单数第一人称形式加后缀 -თ，表示复数，例如：ვ-სწავლობ-**თ**

(5) 单数第二人称形式加后缀 -თ，表示复数，例如：სწავლობ-**თ**

(6) 复数第三人称动词的结尾是后缀 -ენ 或 -ან。单数第三人称动词结尾 -ს 应去掉，再加后缀 -ენ 或 -ან，例如：სწავლობ-**ენ**

动词变位结尾表：

人称	单数	复数
第一人称	ვ-	ვ-；-თ
第二人称	ს-；ჰ-；ხ-（或不加）	ს-；ჰ-；ხ-（或不加）；-თ
第三人称	-ს	-ან, -ენ

【注一】为了区分复数第三人称动词结尾 -ენ 和 -ან 需记住：动词现在时以 -ი 结尾的

动词复数第三人称结尾是 -ან，其他所有现在时的及物动词复数第三人称结尾是 -ენ。不及物动词复数第三人称的结尾是 -ან（有一些是不及物不规则动词）。

【注二】格语动词前的人称代词可以省略，因为通过动词变位可以看出主语是哪个人称代词，例如：**სწავლობს**（他在学习）。

2. 名词主格

(1) 名词结尾有辅音和元音: 辅音结尾的名词主格是 -ი; 元音结尾的名词主格没有变化。名词主格回答 ვინ，რა 的问题。例如：

- წიგნი
- თვე
- ენა

(2) 当句中动词为现在时、未完成体过去时和将来时形式时，主语是主格，例如：

- （现在时）**ნინო** სწავლობს.

3. 名词客体格

(1) 形容词变成副词时，需加名词客体格结尾 -ად 或 -დ。去掉形容词的结尾 ი，然后加客体格结尾 -ად，（其他以元音结尾的词，如：ა, ო, ე, უ 应加 -დ）。名词客体格回答 რად 的问题；作为副词回答 როგორ 问题。例如：

· კარგი	კარგ-**ად**
· ქართული	ქართულ-**ად**
· ჩინური	ჩინურ-**ად**
· თავისუფალი	თავისუფლ-**ად**
· რთული	რთულ-**ად**

【注一】变为客体格时，辅音 ლ 前的 ა 需省略，例如：თავისუფალი — თავისუფლად（参考第八课）。

(2) 副词之后只能是动词，例如：

- ლიუ ლი ქართულად **თავისუფლად** საუბრობს.
- მე **კარგად** ვარ.
- ნინო **აქ** ცხოვრობს.

(3) 附属字 ა 也可加在形容词之后，例如：კარგია（是好的）。附属字 ა 的形容词之前加疑问代词 რა（什么）表示“多么”的意义，例如：რა კარგია!（多么好啊！）；რა სასიამოვნოა!（多么舒服啊！）。

4. 国籍或民族的区别

表示国籍或民族的后缀是 -ელი，例如：ჩინელი（中国人）。有时（不规则）表示国籍或民族的形容词后缀是 -ი，例如：რუსი（俄罗斯人）。所有表示某国事物的形容词后缀是 -ული，例如：ქართული（格鲁吉亚的）。词中若无 რ 音，后缀是

-ური，例如：ჩინური（中国的）。

人 事物
- ჩინელი ჩინური
- რუსი რუსული
- ქართველი ქართული

5. 练习 სავარჯიშოები

1. 写出下列动词的适当人称变位

(1) საუბრობ

 მე _____ შენ _____ ის _____
 ჩვენ _____ თქვენ _____ ისინი _____

(2) ცხოვრობ

 მე _____ შენ _____ ის _____
 ჩვენ _____ თქვენ _____ ისინი _____

(3) სწავლობ

 მე _____ შენ _____ ის _____
 ჩვენ _____ თქვენ _____ ისინი _____

(4) მუშაობ

 მე _____ შენ _____ ის _____
 ჩვენ _____ თქვენ _____ ისინი _____

(5) კითხულობ

 მე _____ შენ _____ ის _____
 ჩვენ _____ თქვენ _____ ისინი _____

2. 将下列句译成汉语

(1) მე კარგად ვმუშაობ.

(2) ეს წიგნი წიგნი ახალი და ძალიან საინტერესოა.

(3) ლიუ ლი თავისუფლად კითხულობს.

(4) შენ ქართულად საუბრობ?

(5) ის კარგად სწავლობს.

(6) ისინი ჩინურად საუბრობენ.

3. 调整下列句中词汇的词序

(1) კარგად ნინო არის.

(2) თავისუფლად ის საუბრობს ქართულად.

(3) ლიუ ლი ლაპარაკობს კარგად.

(4) შენ კითხულობ ძალიან სასიამოვნოდ!

(5) ის ქალბატონი მუშაობს ცუდად.

4. 将下列形容词变成“多么的……”句型

(1) კარგი ______________________________

(2) საინტერესო ______________________________

(3) სასიამოვნო ______________________________

5. 根据括号内的名词选择正确的形容词

(1) ქართული, ქართველი (სტუდენტი) ______________（格鲁吉亚大学生）

(2) რუსული, რუსი (წიგნი) ______________（俄罗斯的书）

(3) ჩინური, ჩინელი (მასწავლებელი) ______________（中国老师）

(4) ქართული, ქართველი (სახელი) ______________（格鲁吉亚语名字）

(5) რუსული, რუსი (გვარი) ______________（俄语姓）

(6) ჩინური, ჩინელი (ქალბატონი) ______________（中国太太）

6. 瓦赫坦格·郭尔戈萨里沙皇的故事（ვახტანგ გორგასალი）

格鲁吉亚民间赞美诗对瓦赫坦格·郭尔戈萨里（ვახტანგ გორგასალი）沙皇给予了各种赞颂，使我们从中体会到他的魁伟和英勇。人们称赞他身高 2.4 米，波斯人给他起的绰号叫作“瓦赫坦格狼头”。他的金属头盔上的浮雕是狼，正是他本人战无不胜的象征。他人高马大，作战时，敌人见了他经常不战而逃……虽然这只是传说，但根据保存下来的战袍来看，丝毫不假，他身高确实将近两米半。467 年某次与波斯侵略军对抗，他骑着战马出阵时，大队敌兵一见这神话般的巨人，都吓得高呼:“小心狼崽，小心狼崽！”关于他在战场上的传说故事很多，不一一介绍了。

“狼头人”虽然是郭尔戈萨里的绰号，但已牢牢地被多少代的格鲁吉亚诗歌传颂着。

郭尔戈萨里诞生于公元 442 年，15 岁成为格鲁吉亚沙皇以后，便立刻进行军事和国教改革，加强格鲁吉亚与拜占庭的军事联盟，使得自己在对抗波斯的斗争中有了保障。此外，在他执政期间，首都和各地修建了不少大型教堂，对宗教和文化传统的系统化、正规化，进行了许多改革工作。

根据传说，郭氏是创建首都第比利斯的沙皇。在他以前，首都在今天被称为“古首都”的姆茨赫塔市。关于他选择第比利斯作为首都的传说，在高加索家喻户晓：郭氏热爱打猎，一次狩猎时，他打中了一只野鸡（另一种说法是野鹿），但他的猎鹰（一说猎犬）迟迟不归，沙皇很诧异，于是命令随从去寻找。当人们发现猎物与猎鹰（犬）时，它们已被滚烫的泉水煮熟了！——这就是享誉至今的第比利斯温泉。凡是到过第比利斯市的异乡人或旅游者，也和本地人一样，无不对温泉浴与疗养浴充满兴趣。例如，著名的法国作家大仲马、俄国诗人普希金等，都曾对此有过记述，其他人对温泉的描写更是不计其数……。第比利斯温泉浴至今仍是到访者必不可少的"洗礼"，深受旅游者青睐。

根据传说，正是温泉启示郭氏将首都迁到这里，命名第比利斯（意为"温暖"），但实际上迁都原因并不是如此简单——当时的第比利斯市从政治、军事和地理位置来说，都比旧首都有更多的优势，这一决定是十分明智的。

482年，郭尔戈萨里发动的反波斯统治的起义和解放运动，受到了其他高加索民族的同情，亚美尼亚也在军事上给予了支援。但是，由于波斯军队人数众多，敌我力量不均衡，所以最后联军战败。但郭氏没有气馁，502年再次主动进攻。当时波斯收买了格鲁吉亚沙皇的亲信仆人，他向奸细透露了郭尔戈萨里盔甲的一处缝隙的秘密，致使刺客能够用弓箭行刺，终于杀害了沙皇。虽然如此，民间对这一传奇式"狼头人"的热爱和崇拜并没有减少，许多歌颂他的民歌、赞歌至今仍是格鲁吉亚文化宝库与民间诗歌的明珠，永远闪耀着英雄本色的浪漫光辉。

郭尔戈萨里建立的首都第比利斯城古堡、城池，已历经了1600年的沧桑。歌颂此城的诗歌和民歌也层出不穷，有些格言与诗句，至今仍时常被人提起，例如："第比利斯，阳光与玫瑰的一隅！……"；"你，是红宝石似的格鲁吉亚美人城……"类似例子举不胜举。

这些诗句大多是出自诗人或民间歌手的创作，逐渐变成了家喻户晓的民歌，至今传唱。就乐理的角度而言，格鲁吉亚的复声合唱法有很高的知名度，多少世纪以来都吸引着专家们注目，其中不少歌曲正是咏唱他们所热爱的、风光优美、气候温暖、拥有青翠的山峦、澎湃的库拉河水（მტკვარი）、滔滔温泉的首都——第比利斯。

第比利斯是世界古代文明城市。1958年曾经隆重庆祝首都建城1500周年纪念日。现在，城市东南部是自古以来的市井中心地带，一般习称"旧城"，它至今仍保留着5世纪的安奇斯哈第教堂（ანჩისხატი）和18—19世纪的特殊建筑风格，这里还有那利卡拉（ნარიყალა）城堡和城墙废墟，坐落在库拉河岸、非常雄伟的11—12世纪的美德赫（მეტეხი）教堂，此外，希奥尼（სიონი）主教堂，也位于旧城中心。

13世纪到过中国而路经第比利斯的马可·波罗，曾描述过这一处于"丝绸之路"上的美丽而重要的城市——第弗里斯（Tiflisi）；有史以来这就是一个开放而好客的城市，从来是东西交界的"路口"，位于欧亚之间的要道。这里气候适宜，风光美好，古迹繁多，作为旅游胜地或一些国际性活动地区，也是非常适合的。

"郭尔戈萨里"雕像，雕塑家 E.Amashukeli 作

第五课

გაკვეთილი V (მეხუთე)

1. 对话 დიალოგი

გაცნობა II（结识 II）

გიორგი: — ლიუ ლი, გაიცანი, ეს მარკია. მე მას ქართულ ენას ვასწავლი.

ლიუ ლი: — დიდი ხანია ქართულ ენას სწავლობთ?

მარკი: — უკვე ერთი წელია. თქვენც აქ სწავლობთ?

ლიუ ლი: — დიახ, მეც სახელმწიფო უნივერსიტეტში ვსწავლობ.

მარკი: — ლიუ ლი, თქვენ სადაური ხართ?

ლიუ ლი: — ჩინელი. თქვენ?

მარკი: — მე გერმანელი ვარ.

ლიუ ლი: — ჯგუფში ბევრი უცხოელია?

გიორგი: —კი. ერთი აფრიკელი, ინგლისელი, რუსი, ორი ფრანგი, სამი ამერიკელი და თქვენ. სხვა ჯგუფში კიდევ ათი უცხოელი სტუდენტია.

ლიუ ლი: — რა კარგია!

გიორგი: — მარკი ჩემი საუკეთესო სტუდენტია და კარგი მეგობარიც.

ლიუ ლი: — ძალიან სასიამოვნოა. მარკ, აქ მხოლოდ სწავლობთ?

მარკი: — არა, ხანდახან რესტორანშიც ვმუშაობ, მაგრამ უმეტეს დროს სწავლას ვუთმობ.

ლიუ ლი: — რესტორანში რას საქმიანობთ?

მარკი: — მზარეული ვარ, გერმანულ საჭმელს ვაკეთებ.

ლიუ ლი: — ძალიან საინტერესოა! სად ცხოვრობთ?

მარკი: — საერთო საცხოვრებელში. თქვენ?

ლიუ ლი: — მე ბინას **აქვე** ახლოს ვქირაობ.

2. 生词 ახალი სიტყვები

1. გაიცანი（动）（你）认识一下（完成体过去时）
2. მარკი（名）马克（男名）
3. მას（代）他（给予格）
4. ვასწავლი（动）（我）教课（现在时）
5. ერთი（数）一

6. წელი（名）年
7. სახელმწიფო（名）国家；政府
8. უნივერსიტეტი（名）大学
9. გერმანელი（名）德国人
10. ჯგუფი（名）班；组；队；集团
11. ბევრი（数）多
12. უცხოელი（名）外国人
13. კი ① 是的；② 而；而且
14. აფრიკელი（名）非洲人
15. ინგლისელი（名）英国人
16. რუსი（名）俄罗斯人
17. ორი（数）二
18. ფრანგი（名）法国人
19. სამი（数）三
20. ამერიკელი（名）美国人
21. სხვა（形）另外的
22. კიდევ（副）再；又；还
23. ათი（数）十
24. საუკეთესო（形）最好的；超级的
25. მეგობარი（名）朋友
26. მხოლოდ（副）只是；只有
27. ხანდახან（副）有时
28. რესტორანი（名）饭馆
29. მაგრამ（连）可是；但是；却
30. უმეტესი（形）更多的
31. დრო（名）时间；时候
32. სწავლა 学习
33. ვუთმობ（动）（我）让给（现在时）
34. საქმიანობთ（动）（您 / 你们）做（干什么；搞什么）（现在时）
35. მზარეული（名）厨师
36. გერმანული（形）德国的
37. საჭმელი（名）食物；菜；饭
38. ვაკეთებ（动）（我）作；做（现在时）
39. სად（代）哪里
40. საერთო（形）公共的
41. საცხოვრებელი（名）住宿
42. საერთო საცხოვრებელი（名）宿舍
43. ბინა（名）公寓
44. აქვე（副）附近
45. ახლოს（副）① 离……近；附近 ② 亲密的
46. ვქირაობ（动）（我）租赁（现在时）

3. 注释 განმარტებანი

აქვე —— 意为“附近”。凡是加后缀 -ვე 的副词，指示当时当地。

4. 语法 გრამატიკა

1. 名词给予格

(1) 名词给予格的结尾是 -ს。名词给予格回答 ვინ，რას 的问题。例如：

- მასწავლებელ-**ს**
- სტუდენტ-**ს**
- გიორგი-**ს**

【注一】有些名词是外来词，其大部分的结尾是 -ი，但要注意：这不是名词主格的结尾 -ი，外来词和元音结尾名词的变格相同，如：გიორგი。

第五课　გაკვეთილი V (მეხუთე)

句中给予格必须与动词连接，而该动词需要使用给予格作为补语。名词是给予格时，其作用是直接或间接补语。

(2) 句中动词表示直接或间接补语的行为时，名词是给予格，例如：

直接补语：

• ლიუ ლი **ბინას** ქირაობს.

间接补语：

• გიორგი **მარკს** ქართულს ასწავლის

句中有两个补语时，动物名词是间接补语，非动物名词是直接补语。如果两个名词都是非动物名词，则第一个名词是间接补语，第二个是直接补语。

• გიორგი მარკს ქართულს ასწავლის （画线词——间接补语；黑体词——直接补语）

(3) 名词给予格前以 ი 结尾的任何固定词，例如：代词、数词、形容词（除了物主代词以外）主格中 -ი 应省略；其他元音结尾的名词不变。固定词（代词、数词、形容词）应在名词之前，例如：

主格：ქართული ენა　　　　给予格：ქართულ ენა-ს

主格：საუკეთესო სტუდენტი　给予格：საუკეთესო სტუდენტ-ს

(4) 物主代词与名词给予格连用时，物主代词最后的元音字母 ი 去掉，加字母 -ს；只有第三人称例外，例如：

• ჩემი　　　　ჩემს ბინას
• შენი　　　　შენს ბინას
• მისი　　　　მის ბინას
• ჩვენი　　　ჩვენს ბინას
• თქვენი　　თქვენს ბინას
• მათი　　　　მათ ბინას

(5) 人称代词中，只有第三人称有给予格的变化，例如：

მე **მას** ქართულ ენას ვასწავლი　　　（ის 是主格；მას 是给予格）

მე **მათ** ქართულ ენას ვასწავლი　　　（ისინი 是主格；მათ 是给予格）

2. 前置词 "……里面"；"在……"

前置词（后缀）必须和名词连用。后缀 -ში 意为 "……里面" 或 "在……"。后缀 -ში 加名词给予格时，应去掉结尾 -ს 并加上后缀。后缀 -ში 表示行为发生的地点，回答 "在哪儿"(სად) 的问题，例如：

• ჯგუფი　　ჯგუფ-ს　　ჯგუფ-**ში** ბევრი სტუდენტია
• ბინა　　　ბინა-ს　　　ბინა-**ში** ცოტა წიგნია

【注一】后缀 -ში 后也可加附属字 ა，如：ბინაშია.

3. 名词呼格

(1) 作称呼时，辅音结尾的人名去掉主格结尾 -ი。呼格后用逗号或叹号，例如：

- მარკ-ი　　**მარკ**, თქვენ სად ცხოვრობთ?
- გიორგი　　**გიორგი**, თქვენ სად მუშაობთ?

【注一】მარკ-ი 中的 -ი 是主格结尾。

【注二】გიორგი 中的 -ი 不是主格结尾，所以不能省略。

(2) 名词呼格的结尾是 -ო，例如：

- მასწავლებელ-ი　　მასწავლებელ**ო**, როგორ ბრძანდებით?
- ბატონ-ი　　ბატონ**ო**, როგორ ბრძანდებით?

(3) 名词呼格前以 ი 结尾的任何固定词，例如：代词、数词、形容词，也是呼格；其他元音结尾的名词不变，例如：

主格：ბატონ-ი მარკი　　呼格：ბატონ**ო** მარკ

主格：ბატონ-ი გიორგი　　呼格：ბატონ**ო** გიორგი

4. 语气词“ც”（也）

语气词 ც 意为“也”，与俄语 тоже; также、与英语 too; also 相当。除了动词以外，语气词（后缀）-ც 可加在任何单词之后。有时在语气词 -ც 之前，需加辅助元音字母 ა 或 ი，例如：

- მე**ც** კარგად ვარ　　我也好
- შენ რესტორანში**ც** მუშაობ?　　你也在饭馆工作吗？

5. 练习 სავარჯიშოები

1. 将下列名词变成给予格

(1) თვე

(2) უნივერსიტეტი

(3) სახელმწიფო

(4) ჯგუფი

(5) ბინა

(6) მეგობარი

2. 将下列补语变成给予格

(1) ნინო (წიგნი) ____________________ კითხულობს.

(2) მე (ქართული) ____________________ ვსწავლობ.

(3) ის (ბინა) ____________________ ქირაობს.

(4) გიორგი (საჭმელი) ____________________ აკეთებს.

(5) თქვენ (ქართული) _____ ასწავლით?

(6) ისინი (რესტორანი) _____ ქირაობენ.

3. 将下列句子译成格鲁吉亚语
   (1) 他学习汉语。
   (2) 他是我最好的朋友。
   (3) 乔治教他格鲁吉亚语。
   (4) 乔治在大学工作。
   (5) 马克先生，你是老师吗？
   (6) 尼诺也是我的朋友。

4. 指出下列句中的直接补语和间接补语
   (1) ნინო ლიუ ლის ქართულ ენას ასწავლის.
   (2) გიორგი და ნინო მათ ქართულს ასწავლიან.
   (3) ის მას დროს უთმობს.
   (4) მე გიორგის წიგნს ვუთმობ.

5. 将下列名词和形容词的词组变成给予格
   (1) ქართული ენა   (2) საუკეთესო სტუდენტი
   (3) ჩემი მეგობარი   (4) სასიამოვნო მასწავლებელი
   (5) უმეტესი დრო   (6) მისი წიგნი
   (7) შენი ბინა   (8) სხვა ჯგუფი
   (9) მათი უნივერსიტეტი   (10) რთული ენა
   (11) დიდი ხანი   (12) ექვსი წიგნი
   (13) ცოტა ხანი   (14) ჩინელი სტუდენტი
   (15) ქალბატონი ნინო

6. 将下列名词加后缀 -ში，并将句子译成汉语
   (1) ელენე (ბინა) _____ ცხოვრობს.
   (2) მარკი (საერთო საცხოვრებელი) _____ ცხოვრობს.
   (3) მე (უნივერსიტეტი) _____ ვსწავლობ.
   (4) ის (სახელმწიფო) _____ მუშაობს.
   (5) თქვენ (რესტორანი) _____ მუშაობთ?
   (6) ქეთი (ჯგუფი) _____ საუკეთესოდ კითხულობს.

7. 将下列句子改成称呼句
   (1) მარკი!
   (2) გიორგი!

(3) ქალბატონი ნინო!

(4) ბატონი მარკი!

(5) მეგობარი!

(6) ნინო მასწავლებელი!

8. 用语气词 ც 完成下列句子

(1) ლიუ ლი სტუდენტია, მარკი ____________________.

(2) ნინო მასწავლებელია, გიორგი ____________________.

(3) შენ სწავლობ ქართულ ენას, მე ____________________.

(4) ჩვენ საერთო საცხოვრებელში ვცხოვრობთ, ისინი ____________________.

(5) ეს წიგნი საინტერესოა და სასიამოვნო ____________________.

(6) ის რესტორანში მუშაობს და საერთო საცხოვრებელში ____________________.

9. 绕口令

კაპიკი გაკაპიკებულა, საკაპიკეში ჩაკაპიკებულა. 戈币便宜了，滚入储币罐去。

კაპიკი 是俄语 копейка（戈币）的译音，俄币一分钱的意思。გაკაპიკებულა 变成了戈币，საკაპიკე 意为“储币罐”。ჩაკაპიკებულა 戈币滚到储币罐里。

6. 伊万・扎瓦赫什维里与第比利斯大学（ივანე ჯავახიშვილი）

伊万・扎瓦赫什维里 1876 年生于第比利斯市一个公爵家庭。1895 年毕业于第比利斯市高中，1899 年毕业于圣彼得堡大学东方语系，精通波斯语、亚美尼亚语，他还掌握欧洲几国语言，并有拉丁文、希腊文的功底。1901 年该校研究生毕业，次年获得彼得堡大学博士学位，并成为系主任。

1918 年第比利斯大学成立，他是主要奠基人之一，承担了教学和组织的重任，并且从未间断写作与研究，为列宁格勒和第比利斯市培养了许多东方语学家、人文学家、语言学家等。

伊万・扎瓦赫什维里是高加索语言学、人文学、考古学等一系列学科领域里博学多才、桃李天下的大学者、科学院院士，对民族学、地志学都有特殊的贡献。他对人文学有着特别深入的研究，涉及的学科极为广泛如：格鲁吉亚民乐史，阐述与确定了格鲁吉亚音乐在世界文化中的地位；格鲁吉亚食品比较学；格鲁吉亚建筑与拜占庭艺术关系等等，数不胜数。在考古学、地理学、地志学等学科尚显薄弱的时代，他的著作发挥过莫大的作用，至今仍未失去经典的性质。他所发现和考查的高加索各地名胜古迹也不计其数。在神学方面，伊万・扎瓦赫什维里很早就有过一定成就——例如，曾获得圣彼得堡大学论文金奖的《圣安德烈与圣尼诺在格鲁吉亚传教活动研究》一文，以及发现与阅读古代

第五课　გაკვეთილი V (მეხუთე)

王后安娜手笔、研究格鲁吉亚古代宗教乐谱等。扎氏在20世纪30年代被"错划"为"公敌"，受到镇压，但他始终没有放弃研究工作，他所写的《格鲁吉亚历史》一书，享誉至今。

　　1940年，这位伟大的学者逝世。今天，第比利斯大学以学者的名字命名：第市国立扎瓦赫什维里大学。

第比利斯大学第一楼

第六课 | გაკვეთილი VI (მეექვსე)

 1. 对话 დიალოგი

ლიუ ლის ბინა (刘丽的公寓)

მარკი: — ლიუ ლი, შენ სად ცხოვრობ?
ლიუ ლი: — ვაკეში.
მარკი: — რა ქუჩაზე?
ლიუ ლი: — აბაშიძის №10-ში (ათში 或 ათ ნომერში).
მარკი: — კერძო სახლში?
ლიუ ლი: — არა, მაღალსართულიან ბინაში.
მარკი: — რომელ სართულზე ცხოვრობ?
ლიუ ლი: — ბოლო სართულზე.
მარკი: — კარგი მეზობელი გყავს?
ლიუ ლი: — კი, ძალიან მეგობრული და ყურადღებიანი.
მარკი: — როგორია შენი ბინა?
ლიუ ლი: — დიდი არ არის. ერთი საძინებელი ოთახი, პატარა სასტუმრო ოთახი, სამზარეულო და აბაზანა.
მარკი: — სასადილო ოთახი არა გაქვს?
ლიუ ლი: — სასადილო ოთახი და აივანი არა მაქვს, მაგრამ ლამაზი ხედი მაქვს.
მარკი: — რა ტრანსპორტით სარგებლობ?
ლიუ ლი: — ავტობუსით, თუმცა, ფეხითაც ხშირად ვსეირნობ ძაღლთან ერთად.
მარკი: — უი, ძაღლიც გყავს?
ლიუ ლი: — კი, ძაღლი და ორი თევზი მყავს.
მარკი: — რა კარგია!

ლიუ ლი: — ნინო მასწავლებელი რა უბანში ცხოვრობს?
ქეთი: — ნინო მასწავლებელი რუსთაველის პროსპექტზე ცხოვრობს.
ლიუ ლი: — კერძო სახლში თუ ბინაში?
ქეთი: — კერძო სახლში. მას ძალიან დიდი და ნათელი სახლი აქვს.
ლიუ ლი: — ეზო დიდი აქვს?
ქეთი: — არა, მაგრამ ბევრი ყვავილი და რამდენიმე ხილის ხე აქვს.

2. 生词 ახალი სიტყვები

1. ვაკე（名）地区名称
2. ქუჩა（名）街道
3. ნომერი（名）号码
4. კერძო（形）个人的；私人的；私有的；私营的
5. სახლი（名）房子
6. მაღალი（形）高的
7. მაღალსართულიანი（形）高层的
8. რომელი（代）哪一个
9. სართული（名）楼层
10. ბოლო（副）后；后部；结尾
11. მეზობელი（名）邻居
12. გყავს（动）（你）有（现在时）
13. მეგობრული（形）友好的
14. ყურადღებიანი（形）用心的；留神的；细心的
15. როგორი（代）什么样的；如何的
16. საძინებელი ოთახი（名）卧室
17. ოთახი（名）房间
18. პატარა（形）小的
19. სასტუმრო（名）饭店
20. სასტუმრო ოთახი（名）客厅
21. სამზარეულო（名）厨房
22. აბაზანა（名）洗澡间
23. სასადილო ოთახი（名）餐厅
24. მაქვს（动）（我）有（现在时）
25. აივანი（名）阳台
26. ლამაზი（形）漂亮的
27. ხედი（名）风景
28. ტრანსპორტი（名）交通
29. სარგებლობ（动）（你）使用（现在时）
30. ავტობუსი（名）公共车；公交车
31. თუმცა（连）虽然
32. ფეხი（名）腿脚
33. ხშირად（副）常常；时常
34. ვსეირნობ（动）（我）散步（现在时）
35. ძაღლი（名）狗
36. ერთად（副）一起
37. უი（感）哎呀
38. თევზი（名）鱼
39. უბანი（名）地区
40. რუსთაველი（名）鲁斯塔维里
41. პროსპექტი（名）大街
42. ნათელი（形）明亮的
43. ეზო（名）园子
44. ყვავილი（名）花
45. რამდენიმე（代）几个；一些
46. ხილი（名）水果
47. ხე（名）树

3. 语法 გრამატიკა

1. 名词所属格

(1) 表示"属于谁的"或"属于什么"。句中所属格名词是确定意义的名词，其他的主格名词是被确定的名词。辅音结尾的名词和以元音 ა 和 ე 结尾的名词的所属格结尾是 -ის，以元音 ო 和 უ 结尾的名词的所属格结尾是 -ს(ი)。名词所属格回答

ვის(ი)，რის(ი) 的问题。例如：

· რუსთაველის პროსპექტი

· ბინის ხედი

· ნინოს სახლი

(2) 名词所属格前以 ი 结尾的固定词，例如：代词、数词、形容词等，是主格；其他元音结尾的名词不变，例如：

主格：დიდი სახლი　　所属格：დიდი სახლ-ის

主格：პატარა ეზო　　所属格：პატარა ეზო-ს

2. 否定句语气词

格鲁吉亚语否定句和汉语一样，动词前加否定语气词 არ（不），该句就会变成否定句。动词和否定语气词 არ 之间不能有任何词。否定句中不可加附属字 ა, 应用 არის。例如：

· ნინოს ბინა დიდი **არ** არის

· მე ქართულ ენას **არ** ვსწავლობ

3. 动词"有"

动词"有"有两种形式：一种用于非动物名词，另一种用于动物名词（人、动物或车）。这两个动词都是补语标志的动词（人称标志和主语格不同），即主语带补语的标志，所以主语在句中是给予格，例如：

მაქვს 我有（非动物名词）	მყავს 我有（动物名词）
მე **მ**-აქვს	მე **მ**-ყავს
შენ **გ**-აქვს	შენ **გ**-ყავს
მას აქვს	მას (**ჰ**-)ყავს
ჩვენ **გვ**-აქვს	ჩვენ **გვ**-ყავს
თქვენ **გ**-აქვ-**თ**	თქვენ **გ**-ყავ-**თ**
მათ აქვ-**თ**	მათ (**ჰ**-)ყავ-**თ**

【注一】口语中单数和复数第三人称的"ჰ"可以省略。

【注二】如果句中动词的主语是积极的，其动作指向直接补语，这就是主语带有补语的标志；相反，补语则带有主语标志，即动词的人称可以转换。动词的意义决定某动词是否为转换动词。可转换的动词只能是一人称动词。动词 აქვს 和 ჰყავს 是补语标志的动词，所以主语是给予格（მას — მათ），而补语是主格（ის — ისინი）。

【注三】人称代词除第三人称外，各格相同（不变）。

4. 前置词"在……上面"；"关于"

(1) 后缀 -ზე 是"在……上面"的意思。后缀 -ზე 加给予格时，变格法（-ს）应去掉并加后缀。后缀 -ზე 表示行为发生的地点，回答“在哪儿”(სად) 的问题，例如：

- პროსპექტი პროსპექტ-ს რუსთაველის პროსპექტ-**ზე** ბევრი სახლია.
- ქუჩა ქუჩა-ს ჩემი ბინა აბაშიძის ქუჩა-**ზე**ა.

【注一】后缀 -ზე 后也可加附属字 ა，例如：ქუჩაზე**ა**.

(2) 后缀 -ზე 还有“关于”的意义，如：

- ჩვენ მარკ**ზე** ვსაუბრობთ.
- ისინი რუსთაველ**ზე** კითხულობენ.

5. 前置词“在……旁边”

(1) 后缀 -თან 表示“在……旁边”或“跟着……”“随着……”的意思。后缀 -თან 应接给予格，以辅音结尾的名词变声给予格时 ,-ს 应去掉并加后缀；以元音结尾的名词变成给予格时 ,-ს 不能去掉并直接加后缀。-თან 表示行为发生的地点，回答“在哪儿”(სად) 的问题，例如：

- ძაღლი ძაღლ-ს ხშირად ვსეირნობ ძაღლ-**თან** ერთად.
- ბინა ბინა-ს ნინოს ბინა-**ს-თან** ვარ.
- ეზო ეზო-ს ნინოს ეზო-**ს-თან** ვარ.

(2) 人称代词和前置词（后缀 -ზე 和 -თან）连接时，代词是给予格，例如：

- ის მას**თან** მუშაობს.
- ის მათ**თან** ცხოვრობს.
- მე მას**ზე** საუბრობს.
- მე მათ**ზე** კითხულობს.

(3) 单数第一人称不是 მე，而是 ჩემი（单数第一人称加任何后缀时，代词 მე 变成 ჩემ）。代词结尾 -ი 去掉并加后缀 -თან。后缀 -თან 加人称代词表示某人或某物“在……（人称代词）那儿”，例如：

- ის ჩემ**თან** არის.
- ის ჩემ**ზე** საუბრობს.

6. 名词工具格

(1) 名词工具格表示“用……做的”，工具格词尾是 -ით。名词工具格回答 რით(ი) 的问题。例如：

- ავტობუს**ით** ვსარგებლობ.
- ფეხ**ით** ვსეირნობ.

【注一】以元音 ო 和 უ 结尾的名词的工具格结尾是 -თ(ი)（所属格同样）。

(2) 词工具格前以 ი 结尾的固定词，如：代词、数词、形容词，是主格；其他元音结尾的名词不变（工具格和所属格同样），例如：

主格：კარგი ტრანსპორტი　　工具格：კარგი ტრანსპორტ-ით
主格：პატარა ავტობუსი　　工具格：პატარა ავტობუს-ით

4. 练习 სავარჯიშოები

1. 将下列词组变成所属格

(1) ნინო ბინა

(2) სტუდენტი ოთახი

(3) ბინა აივანი

(4) ლიუ ლი ძაღლი

(5) ეზო ყვავილი

(6) უნივერსიტეტი წიგნი

2. 将下列名词和形容词的词组变成所属格

(1) ქალბატონი ნინო ჯგუფი

(2) ბატონი გიორგი მეზობელი

(3) დიდი ბინა სამზარეულო

(4) მაღალი ბინა ხედი

(5) პატარა ეზო ყვავილი

(6) კერძო სახლი ეზო

3. 将下列句子变成否定句

(1) მისი სახლი პატარაა.

(2) ეს ძაღლი ლამაზია.

(3) ის სახელმწიფო უნივერსიტეტში სწავლობს.

(4) ისინი უნივერსიტეტში ასწავლიან.

(5) მარკი რესტორანში მუშაობს.

(6) ჩვენ აქ ვცხოვრობთ.

4. 在下列名词后面填入动词“有”的适当形式

(1) მე ძალიან დიდი ძაღლი ______________________.

(2) შენ ნათელი ბინა ______________________?

(3) მას ათი პატარა თევზი ______________________.

(4) ჩვენ საინტერესო წიგნი ______________________.

(5) თქვენ ბევრი სტუდენტი ______________________?

(6) მათ ჩინელი მასწავლებელი ______________________.

5. 给下列名词加后缀 -ზე，并将句子译成汉语

(1) მისი ბინა რუსთაველის (პროსპექტი) ______________________ არის.

第六课 გაკვეთილი VI (მეექვსე)

(2) ეს წიგნი (რუსთაველი) ________________________ არის.

(3) ბატონი გიორგიც აბაშიძის (ქუჩა) ________________________ ცხოვრობს.

(4) ჩვენ (სწავლა) ________________________ ვლაპარაკობთ.

(5) ისინი (აივანი) ________________________ არიან და საუბრობენ.

(6) ლიუ ლი გერმანულ (რესტორანი) ________________________ კითხულობს.

6. 给下列名词加后缀 -თან，并将句子译成汉语

(1) ჩემი ბინა (უნივერსიტეტი) ________________________ ახლოს არის.

(2) გიორგი (ნინო) ________________________ ერთად მუშაობს.

(3) მე (მეგობარი) ________________________ ერთად ვსეირნობ.

(4) ისინი (გიორგი) ________________________ სახლში არიან.

(5) ლიუ ლი (მარკი) ________________________ ერთად სწავლობს.

(6) მათი მასწავლებელი (ძაღლი) ________________________ ერთად ცხოვრობს.

(7) ლიუ ლი (მე) ________________________ ერთად სწავლობს.

(8) (შენ) ________________________ უნივერსიტეტი ახლოს არის?

(9) მარკი (ის) ________________________ არის.

(10) (ჩვენ) ________________________ კარგი რესტორანია.

(11) ნინო (თქვენ) ________________________ არის?

(12) (ისინი) ________________________ ბევრი ახალი სახლია.

7. 将下列名词变成工具格

(1) ოთახი

(2) ბინა

(3) ხე

(4) ეზო

8. 将下列名词变成工具格并将句子译成汉语

(1) გიორგი (ტრანსპორტი) ________________________ სარგებლობს.

(2) მე ქუჩაში (ფეხი) ________________________ ვსეირნობ.

(3) ლიუ ლი (ქართული წიგნი) ________________________ სწავლობს.

(4) ჩვენ (ავტობუსი) ________________________ ვსარგებლობთ.

(5) შენ ქეთის (ბინა) ________________________ სარგებლობ?

(6) ეს სტუდენტი (ბევრი წიგნი) ________________________ სავლობს.

9. 将下列名词和形容词的词组变成工具格

(1) ნათელი სახლი

(2) პატარა ბინა

(3) დიდი ფეხი

(4) საინტერესო წიგნი

(5) ლამაზი ხიდი

(6) ცოტა ყვავილი

10. 名言（აფორიზმა）

მოყვარეს პირში უძრახე, მტერს — პირს უკანაო.

对朋友的批评要面对直言，对仇人的批评应背后宣扬。

Другу высказывай упрек в лицо, врагу — за спиной (дословно за лицом)

5. 伟大的文豪、思想家、诗人炼塔·鲁斯塔维里（შოთა რუსთაველი）

12 世纪格鲁吉亚伟大的诗人鲁斯塔维里，是世界名著长诗《虎皮骑士》（ვეფხისტყაოსანი）的作者。关于他的任何信息，都不是非常确切的。根据古代历史、文学、诗歌、民间传说等，我们可以作出如下总结：诗人生活在 12 世纪，这是格鲁吉亚的“文艺复兴”时代，正是女皇塔玛拉执政的时代。根据一些学者的考证，他可能是当朝的高级官吏，必定受过很完备的教育。他的个人才能和修养都是非凡的。此外，根据他的长诗的语言可以断定，他受过高深宗教学的训练，并对各种宗教都有相当的认识，对哲学也很精通，运用母语的能力更是达到极高的水平。除此以外，他还掌握波斯语、希腊语和阿拉伯语中至少两种语言。根据这些资料，有些学者认为他曾是掌管国教（东正耶稣教）部门的官员。由此可见，他必是出身于名门贵族，有可能他是当时格鲁吉亚拥有两个神学院文凭的毕业生，并曾在拜占庭留学，否则他不可能拥有如此广博的知识，并精通母语和外语。

长诗《虎皮骑士》句句充满浪漫而优美的激情，从结构到内容、从思想性到语言，都是别致和精致的。鲁斯塔维里歌颂了人与人之间真实而纯洁的友谊、高尚的爱情、男性与女性智力与感情上的平等。这一切正是中世纪最早期“文艺复兴”的主旨所在。

长诗以一个波斯爱情故事为情节，但二者除了梗概以外，没有任何思想性和艺术性的共同点。长诗歌颂了男女之间高尚而平等的爱情，以及他们对祖国的忠诚和牺牲个人的爱国精神，并将友谊提高到人生美德的高度，使忠于友情的仁义价值观超越阶级、国界、民族。长诗并不鼓励任何政治性的爱国主义，它的宗旨是倡导人道、平等、真善美、绝对的相互尊重等。从这部长诗中，我们除了可以找到深刻的哲学性和极高的艺术性的文学语言之外，其中还涵盖了许多有关天文、地理、人文、法学、历史、军事以及当时国家的社会情况的知识。所有这些集合在一起，使这一作品自然而然地成为伟大的杰作。

今天，格鲁吉亚首都第比利斯主要大街及某些文化场所，都以鲁氏命名。

鲁氏的墓地从来无人知晓。有人猜测，他年迈时曾去过位于希腊的格鲁吉亚修道院修行。那里的一幅壁画上有位老者的肖像，有些学者认为正是他的形象。然而，这也不过是一种假设罢了。鲁斯塔维里墓与他热爱和崇拜的女皇塔玛拉的墓一样，是至今未解的历史之谜。

格鲁吉亚人称鲁氏为"无冕之王""伟大的文豪和思想家"。

有关鲁斯塔维里的生平和传说，不但在格鲁吉亚有很多，在高加索的邻国也有不少流传。

值得一提的是，鲁氏的长诗中有一句名言，根据他自己的说法，是"取自中国的碑文"。我们知道，12世纪时，西方对中国的认识非常浅显，鲁氏引用中国的成语作为名言，是两国文化与思想在古代交流的象征和证据。名言内容如下："在中国有一个碑石，上边铭刻了一句名言：谁不寻求朋友，不珍视友谊，谁便是自己的仇敌！"——这名言格鲁吉亚人至今仍时常应用，并引以自豪。正如中国人对孔子的名句："有朋自远方来，不亦乐乎"一样，鲁氏的名言对格鲁吉亚人民精神素质的提高仍有相当的影响。

《虎皮骑士》中常用的名言（აფორიზმები）：

1. ბოროტსა სძლია კეთილმან, არსება მისი გრძელია!
   慈善战胜了残暴而流芳百世。
   Evil is vanquished by good for the essence of good enduring.
   Зло сразив, добро пребудет в этом мире беспредельно.

2. გრძელი სიტყვა მოკლედ ითქმის, შაირია ამად კარგი.
   诗之所以为无价之宝，源于它能使繁言变得简练。
   The pre-eminence of poetry is that it can say things shortly.
   Длиный сказ поведать кратко-вот шаири в чем цена.

3. ვინ მოყვარესა არ ეძებს, იგი თავისა მტერია.
   不寻求友谊的人，必是自身的仇敌。
   He is his own foe who seeks not a friend when afflicted.
   Кто себе друзей не ищет, самому себе он враг.

4. თუ ყვავი ვარდსა იშოვნის, თავი ბულბული ჰგონია.
   偶尔，乌鸦找到一枝玫瑰花，竟得意地认为自己是只夜莺。
   If a black crow finds a rose it imagines itself a nightingale.
   Коль найдет ворона розу мнит себя уж соловьем.

5. მტერი მტერსა ვერას ავნებს, რომე კაცი თავსა ივნებს.
   愚者害自己比任何凶恶的仇人还要彻底。
   Man does more harm to himself than the cruelest of foes to his foe.
   Так и враг не вреден, как иной себе вредит.

6. რასაცა გასცემ შენია, რაც არა დაკარგულია!

   施舍之物永远属于你，私隐之物却必消失殆尽。

   That which we give makes us richer, that which is hoarded is lost!

   Что ты спрячешь, то пропало, что ты отдал, то твое!

7. სიცრუე და ორპირობა ავნებს სულსა, მერმე ხორცსა.

   讹者和骗子不但形体朽烂，其灵魂也早已腐朽殆尽了。

   It is love that exalts our souls, this the refrain of their singing.

   Вслед за плотью тленен духом, как двуличный, так и лжец.

8. სჯობს სახელისა მოხვეჭა ყოვლისა მოსახვეჭელსა.

   追求富有，不如争取荣誉。

   The valorous knight craves glory, he cares little for booty.

   Богатств добытых лучше добыванье доброй славвы.

9. სჯობს სიცოცხლესა ნაზრახსა სიკვდილი სახელოვანი.

   与其苟延残喘地生，不如光辉灿烂地死。

   Better a glorious death, than life dragged out in dishonour.

   Лучше смерть, но смерть со славой, чем в постыдной жизни жить.

刘光文（Liu-Kandareli）汉译

烁塔·鲁斯塔维里像，人民画家 S.Kobuladze 作

第七课

გაკვეთილი VII (მეშვიდე)

1. 课文 ტექსტი

ამინდი და სეზონები（天气与季节）

მსოფლიოს სხვადასხვა ქვეყანაში სხვადასხვა სეზონია. ბრაზილიაში გაზაფხულია, თბილი და მზიანი ამინდია. ხალხი სანაპიროზე სეირნობს და ბუნებით ტკბება.

ინდოეთში ზაფხულია, ყველას ძალიან სცხელა, მაგრამ ქუჩები მაინც გადატვირთულია ტრანსპორტით და ბევრი ხალხით.

ინგლისში შემოდგომაა. საკმაოდ გრილა, წვიმს და ქუხს.

რუსეთში ზამთარია. უკვე ძალიან ცივა, თოვს და ყინავს. თუმცა ბავშვებს არ სცივათ, თოვლში თამაშობენ, აკეთებენ თოვლის პაპას და აშენებენ თოვლის სახლებს. ამ დროს ბუნებას სძინავს და ცხოველებიც იმალებიან.

საქართველოში（在格鲁吉亚）

საქართველოში ზაფხული ცხელია, განსაკუთრებით, ცხელა თბილისში, მაგრამ ქალაქგარეთ შედარებით გრილა. ზღვისპირეთის გარდა, ჰავა თითქმის ყველგან მშრალია.

შემოდგომაზე ცა ხშირად მოღრუბლულია და ხანდახან წვიმს. გარშემო მთები ყვითელი და წითელია, ბუნება ძალიან ლამაზია.

ზამთარში ცივა, დღე მოკლეა და ღამე გრძელი. მთაში მთელი სეზონი თოვს, მთები ყველგან თოვლიანია.

გაზაფხულზე დღე ნელ-ნელა იზრდება და თოვლი დნება. ხშირად ქუხს და წვიმს. სეზონის ამ დროს ხალხი ბედნიერი და მხიარულია.

2. 生词 ახალი სიტყვები

1. ამინდი（名）天气
2. სეზონი（名）季节
3. მსოფლიო（名）世界
4. სხვადასხვა（形）各种的；各种各样的
5. ქვეყანა（名）国家
6. ბრაზილია（名）巴西
7. გაზაფხული（名）春天
8. თბილი （形）温暖的
9. მზე（名）太阳
10. ხალხი （名）人们；人民

11. სანაპირო（名）岸
12. ბუნება（名）大自然
13. ტკბება（动）（他）享受；欣赏（现在时）
14. ინდოეთი（名）印度
15. ზაფხული（名）夏天
16. ყველა（代）都；所有；一切；全部；全
17. სცხელა（动）（他）觉得热（现在时）
18. მაინც（副）仍然；还是；虽然……还是……
19. გადატვირთული（形）负重的；荷重的
20. ინგლისი（名）英国
21. შემოდგომა（名）秋天
22. საკმაოდ（副）相当；足够
23. გრილა（动）凉快（现在时）
24. წვიმს（动）下雨（现在时）
25. ქუხს（动）打雷（现在时）
26. რუსეთი（名）俄罗斯
27. ზამთარი（名）冬天
28. ცივა（动）冷
29. თოვს（动）下雪（现在时）
30. ყინავს（动）冷冻（现在时）
31. ბავშვი（名）孩子
32. სცივათ（动）（他们）觉得冷（现在时）
33. გარეთ（副）外面；外边
34. თოვლი（名）雪
35. თამაშობენ（动）（他们）① 玩；玩耍；游戏；② 表演；演（现在时）
36. პაპა（名）爷爷；姥爷；公公
37. აშენებენ（动）（他们）修建（现在时）
38. სძინავს（动）（他）睡觉（现在时）
39. ცხოველი（名）动物
40. იმალებიან（动）（他们）隐藏；藏身（现在时）
41. საქართველო（名）格鲁吉亚
42. ცხელი（形）热的
43. განსაკუთრებით（副）特别地；特殊地
44. თბილისი（名）第比利斯
45. ქალაქგარეთ（副）城外
46. შედარებით（副）比较
47. ზღვისპირეთი（名）海滨
48. გარდა（前）……外
49. ჰავა（名）空气
50. თითქმის（副）几乎；差不多
51. ყველგან（副）到处
52. მშრალი（形）干的
53. ცა（名）天空
54. მოღრუბლული（形）阴天（的）；有云的
55. გარშემო（副）四周；周围
56. მთა（名）山
57. ყვითელი（形）黄色的
58. წითელი（形）红色的
59. დღე（名）天；白天
60. მოკლე（形）短的
61. გრძელი（形）长的
62. მთელი（形）整个的；全部的
63. ნელ-ნელა（副）慢慢地；渐渐地
64. იზრდება（动）（他）长；长大（现在时）
65. დნება（动）（他）融化（现在时）
66. ბედნიერი（形）幸福的；愉快的；快乐的
67. მხიარული（形）快乐的

3. 语法 გრამატიკა

1. 名词复数变格法

(1) 名词复数的标志是 -ებ。名词变格结尾前加音节 -ებ，其后无论名词结尾是元音或辅音，必加以辅音结尾名词的变格结尾。以 ა 结尾的名词复数变格时，元音 ა 应省略，例如：

变格法	ი 结尾	ა 结尾	ე 结尾	ო 结尾	უ 结尾	复数标志	变格法结尾
主格	სახლ	ბინ	დღე	ეზო	კუ（乌龟）	**-ებ**	-ი
前置格	სახლ	ბინ	დღე	ეზო	კუ	**-ებ**	-მა
给予格	სახლ	ბინ	დღე	ეზო	კუ	**-ებ**	-ს
所属格	სახლ	ბინ	დღე	ეზო	კუ	**-ებ**	-ის
工具格	სახლ	ბინ	დღე	ეზო	კუ	**-ებ**	-ით
客格	სახლ	ბინ	დღე	ეზო	კუ	**-ებ**	-ად
呼格	სახლ	ბინ	დღე	ეზო	კუ	**-ებ**	-ო

(2) 除部分名词外，通常名词为所属格、工具格、客体格（参考第八课）和复数各格时，辅音 ლ, მ, ნ, რ 前的元音 ა 和 ე 应省略，例如：

主格	所属格	工具格	复数
· ქვეყანა	ქვეყნ-ის	ქვეყნ-ით	ქვეყნ-ებ-ი
· მეგობარი	მეგობრ-ის	მეგობრ-ით	მეგობრ-ებ-ი
· წელი	წლ-ის	წლ-ით	წლ-ებ-ი

【注一】部分不规则的名词：ცხოველები; ქარი（风）; რუსთაველის。

【注二】名词 საჭმელი 变成所属格、工具格和客体格时，按规则省略，但是其复数形式 ლ 之前的 ე 不可省略：საჭმელები。

(3) 名词为单数所属格和工具格时，以 ა 和 ე 结尾的名词最后一个元音 ა 或 ე 应省略（除了人名和地名）。以 ა 结尾的名词变复数各格时，元音 ა 应省略，例如：

主格	所属格	工具格	复数
· ბინა	ბინ-ის	ბინ-ით	ბინ-ებ-ი
· დღე	დღ-ის	დღ-ით	დღე-ებ-ი

(4) 如果动物名词是复数形式，与之连用的动词和形容词也应是复数形式；如果非动物名词是复数形式，与之连用的动词和形容词应是单数形式，例如：

· ეს **სტუდენტები** ჩინელები **არიან**.

· ეს **წიგნები** საინტერესოა.

【注一】如果名词前面有数词或表示数量的词，名词应是单数形式，例如：**ბევრი** წიგნი；**ათი** წიგნი.

【注二】复数名词前的形容词是单数，例如：მხიარული ბავშვები.

2. 前置词“带……”或“有……的”

后缀 -იანი 表示“带……”或“有……的”的意义。后缀 -იანი 应加名词客体格。以辅音结尾的名词变格时，-ად 应去掉并加后缀；以元音 ა 和 ე 结尾的名词变格时，-დ 和名词元音结尾应去掉并加后缀。后缀 -იანი 回答“什么样的”(როგორი) 的问题，例如：

• თოვლი	თოვლ-ად	თოვლ-**იანი** ზამთარია.
• მთა	მთა-დ	საქართველო მთ-**იანი** ქვეყანაა.
• მზე	მზე-დ	ცხელი და მზ-**იანი** დღეა.
• ეზო	ეზო-დ	ეს ეზო-**იანი** სახლია.

3. 不及物动词现在时

除了单数第三人称外，各人称动词结尾是 -ი，只有单数第三人称的 -ი 替换为 -ა，例如：

• მე ვ-ტკბებ-ი
• შენ ტკბებ-ი
• ის ტკბებ-ა
• ჩვენ ვტკბებ-ი-თ
• თქვენ ტკბებ-ი-თ
• ისინი ტკბებ-ი-ან

【注一】根据动词 ვტკბები（享受；欣赏）的意义，它后面可加名词工具格。

4. 无人称动词（现在时）

句中没有主语也不可能有主语的句子叫做无人称句。无人称句一般表示自然环境或人的情绪。无人称句中动词应用单数第三人称形式。

(1) 无人称动词没有主语，它们表示天气状况。这类动词是形容词和系动词“ა”的结合，例如：

• თბილი —— თბილ**ა**
• ცხელი —— ცხელ**ა**
• გრილი —— გრილ**ა**
• ცივი —— ცივ**ა**

(2) 这类动词只有第三人称主语标志（-ს），在语法方面它们不表示主语的行为，只能表示自然现象、天气变化等，例如：

• წვიმ-ს
• თოვ-ს

• ყინავ-ს

• ქუხ-ს

5. 表示人身心状态与感受的动词（补语标志动词）

(1) 有些动词主语带补语标志（მ-；გ-；გვ-；ს-；ჰ-）。动词中主语带有补语标志时，表示主语进行某一行为。表示自然现象的无人称动词中，有些动词可以加补语标志，表示主语的身心状态与感受，例如：

• მე **მ**ცივა

• შენ **გ**ცივა

• მას **ს**ცივა

• ჩვენ **გვ**ცივა

• თქვენ **გ**ცივათ

• მათ **ს**ცივათ

补语标志表：

人称	单数	复数
第一人称	მ-	გვ-
第二人称	გ-	გ-; -თ
第三人称	ჰ-/ს-	ჰ-/ს-; -თ

【注一】句中有这类动词时，主语是给予格。

(2) 如果动词主语带补语标志（მ-；გ-；გვ-；ს-；ჰ-），除复数第二、第三人称都带结尾 -ს，复数第二、第三人称带复数标志 -თ。这种标志表示哪一个人称被行为所左右，例如：

• მე მ-ძინავ-ს

• შენ გ-ძინავ-ს

• მას ს-ძინავ-ს

• ჩვენ გვ-ძინავ-ს

• თქვენ გ-ძინავ-თ

• მათ ს-ძინავ-თ

6. 指示代词变格法

指示代词 ეს 指出事物与它的形式。当名词与指示代词连用时，各个格也随之变化，除主格外，各变格标志是 ამ。指示代词没有呼格，例如：

• სეზონის **ეს დრო** ძალიან ცივია.

• **ამ დროს** ბუნებას სძინავს.

• **ამ ბატონის** წიგნი ძალიან საინტერესოა.

4. 练习 სავარჯიშოები

1. 将下列名词变成下列格

主格	მთა	რესტორანი	თვე	მეგობარი	მეზობელი	ეზო	უბანი
给予格							
所属格							
工具格							
客体格							
复数							

2. 改正句中错误的词序

(1) ეს სტუდენტები სწავლობს.

(2) ეს მათი სახლები არიან.

(3) ეს წიგნები საინტერესო არიან.

(4) მეგობრები ერთად მუშაობს.

(5) რუსთაველზე ბინები ძალიან ლამაზები არიან.

(6) მზარეულები საჭმელს ერთად აკეთებს.

(7) ეს ქალბატონები ჩინელი არის.

(8) მას ცოტა წიგნები აქვს.

(9) ლიუ ლი უკვე ექვსი თვეებია ქართულს სწავლობს.

(10) მე მეგობრულები და ყურადღებიანები მეზობლები მყავს.

3. 给下列名词加后缀 -იანი 并译成汉语

(1) შემოდგომაზე ბევრი (წვიმა 雨) ______________ დღეა.

(2) ეს (ბავშვი) ______________ ქალბატონი ძალიან ლამაზია!

(3) ზამთარი (თოვლი) ______________ სეზონია.

(4) რა (ქარი 风) ______________ ამინდია!

(5) ბრაზილიაში (მზე) ______________ დღეებია!

(6) ნინო (მაღალსართული) ______________ ბინაში ცხოვრობს.

4. 将下列括号中动词变成适当的形式

(1) მე კარგი ამინდით (ტკბები) ______________.

(2) ჩვენ სახლში (იმალები) ______________.

(3) შენ სახლში (იმალები) ______________?

(4) თქვენ ახალი ბინით (ტკბები) ______________?

(5) გაზაფხულზე თოვლი (დნები) ______________.

第七课　გაკვეთილი VII (მეშვიდე)

(6) ბავშვები მთაში (იზრდები) _____.

5. 将下列词语变成适当的形式填空

   ცხელა   გრილა   თბილა   ცივა

 (1) შემოდგომაზე კარგად _____.

 (2) ცხოველებს _____ ამინდში სძინავთ.

 (3) სახლში კარგად _____.

 (4) ინდოეთში _____ ამინდია.

 (5) ზაფხულში მზიანი დღეებია და ძალიან _____.

 (6) ზამთარში მთაში განსაკუთრებით _____.

6. 按天气图示造句

  _____

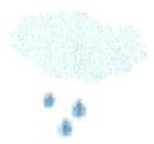

  _____

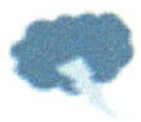

  _____

  _____

7. 用下列动词造句

 (1) მცხელა _____.

 (2) მცივა _____.

 (3) მძინავს _____.

8. 在下列名词前填入指示代词的适当格

 (1) _____ სტუდენტის წიგნი ქართულია.

 (2) _____ სახლი ძალიან ლამაზია.

 (3) მე _____ ავტობუსით ვსარგებლობ.

 (4) _____ ბავშვს ცოტა სცხელა.

 (5) ნინო _____ მაღალსართულიან ბინაში ცხოვრობს.

 (6) _____ ბავშვები თოვლში თამაშობენ.

9. 作文：题目"პეკინის ამინდი"（北京的天气）。

47

5. 格鲁吉亚的旅游业
（ტურიზმი საქართველოში）

格鲁吉亚历史悠久、古迹众多。其自然资源与地势，与瑞士的旅游胜地相似，长久以来对于旅行家、冒险家、美食家、高山运动爱好者、航海家、人文学家以及对舞蹈、音乐、合唱与民俗感兴趣的研究者等都是很有吸引力的地方。最新发现的欧亚大陆最古老的直立原始人头骨，更吸引了众多前来参观的学者和宾客。此外，西部萨塔普利阿的恐龙繁衍地，也早已闻名世界。格鲁吉亚的高山、平原、海滨的风景都有特殊的吸引力，而山地居民的人文文化更是独具魅力。高加索山脉蕴藏着丰富的矿泉水资源，而格鲁吉亚发达的矿泉水医疗与浴疗业，对来自世界各地的人们都极具吸引力。除此以外，格鲁吉亚为研究拜占庭艺术发展史和东正教建筑，以及拜占庭艺术史的专家与爱好者们，提供了难得的平台。

格鲁吉亚拥有欧洲最高峰 Shkhara（施哈拉山），其海拔达 5057 米。这里不仅有登山运动所需的条件，也有很好的步行、狩猎、骑马、自行车骑行、山河冒险、划船等旅游线路。格鲁吉亚地处高加索平原，孕育了千年的葡萄园与酿酒业的传统工艺一直蓬勃发展。格鲁吉亚的名胜古迹与古建筑，无论是山区的石堡建筑，抑或古代宗教建筑、洞窟壁画等，都有其独特的文物价值与吸引力。

格鲁吉亚人的好客传统世界闻名。这个古老的民族拥有罕见的、可持续的、独特的文化和历史。格鲁吉亚拥有 12 000 处历史与文化遗产，其中有几处古迹已被联合国教科文组织纳入世界文化遗产，这对于国土面积不大，曾有过长期被侵略历史的国家来说，是十分可观的数字。

格鲁吉亚的地理气候条件复杂多样，从终年积雪的高加索山脉到亚热带的黑海沿岸，千变万化，山区气候变化尤为显著，无须长途跋涉便可体验不同的气候。旅游者不费吹灰之力便可以在海水浴后半小时内，乘直升机飞赴雪山滑雪——这样的自然条件实为独特稀有。

总而言之，格鲁吉亚拥有温和的气候和富饶的土地以及丰富的水利资源，和美丽的自然景色。此外，格鲁吉亚的美食也独具特色，大受旅游者欢迎。所有这一切，是格鲁吉亚一直以来吸引众多游客，并受到联合国教科文组织和旅游公司青睐的重要因素。

第七课　გაკვეთილი VII (მეშვიდე)

①

②

③

④

1. 欧洲最高山峰施哈拉（Shkhara）山，海拔 5057 米。
2. 瓦尔吉亚（Varzia）是 11-12 世纪很重要的山城，也是石窟壁画艺术名城，驰名国内外。
3. 格鲁吉亚西北部高山地区斯瓦涅季亚（Svaneti）的一个高山古堡村。
4. 巴统（Batumi）重要的海港城市。巴统海岸线是世界最长的海岸线之一，长达 7 千米。

第八课 | გაკვეთილი VIII (მერვე)

1. 对话 დიალოგი

ახალი სამსახური (新工作)

მარკი: — ლიული, ახალი სამსახური მაქვს.

ლიული: — გილოცავ! სად მუშაობ?

მარკი: — ფრანგულ რესტორანში, შარდენის ქუჩაზე.

ლიული: — უი, ეგ ის რესტორანია, სადაც შაბათ-კვირას ბენდი უკრავს?

მარკი: — კი, ახალგაზრდა მუსიკოსები უკრავენ.

ლიული: — რად მუშაობ? მიმტანად?

მარკი: — არა, მზარეულად.

ლიული: — მართლა? რა დღეებში მუშაობ?

მარკი: — კვირის დღეებში, ორშაბათიდან პარასკევამდე.

ლიული: — რომელ საათზე იწყებ მუშაობას?

მარკი: — ხუთ საათზე. უნივერსიტეტის შემდეგ.

ლიული: — ასე გვიან? რომელ საათამდე მუშაობ?

მარკი: — საღამოს თერთმეტის ნახევრამდე, თუმცა, ხანდახან პირველის თხუთმეტ წუთამდეც ვრჩები.

ლიული: — ალბათ ძალიან იღლები! სწავლაც და მუშაობაც ერთად ძნელია, არა?

მარკი: — არც ისე, რადგან ძალიან მომწონს ჩემი ახალი სამსახური.

ლიული: — ძალიან კარგი, წარმატებას გისურვებ!

მარკი: — მადლობა.

ლიული: — არაფრის.

მარკი: — შენ არ მუშაობ?

ლიული: — არა, მე საკმაოდ დაკავებული ვარ.

მარკი: — სწავლის გარდა, მთელი დღე რას აკეთებ?

ლიული: — დილას ქართული ენის გაკვეთილები მაქვს. შუა დღეს უნივერსიტეტის სასადილოში ვსადილობ. შემდეგ გაკვეთილებს ვაკეთებ. საღამოს ოჯახთან ინტერნეტით ვსაუბრობ. შაბათ-კვირას მეგობრებთან ერთად ვატარებ.

50

第八课　გაკვეთილი VIII (მერვე)

 2. 生词 ახალი სიტყვები

1. სამსახური（名）工作
2. გილოცავ（动）（我）祝贺（你）（现在时）
3. ფრანგული（形）法国的
4. ეგ（代）这个
5. შაბათი（名）星期六
6. კვირა（名）星期；星期天；星期日；礼拜天
7. ბენდი（名）乐队
8. უკრავს（动）（他）演奏（现在时）
9. ახალგაზრდა（形）年轻的
10. მუსიკოსი（名）音乐家
11. მიმტანი（名）服务员
12. მართლა（副）真正地
13. ორშაბათი（名）星期一
14. პარასკევი（名）星期五
15. საათი（名）小时；手表；钟表
16. იწყებ（动）（你）开始（现在时）
17. მუშაობა（名）工作
18. შემდეგ（副）之后；后来；以后
19. ასე（副）这样；这么；如此
20. გვიან（副）晚
21. ნახევარი（形）半个的
22. პირველი（数）第一
23. წუთი（名）分钟
24. ვრჩები（动）（我）留在；留下来（现在时）
25. ალბათ（副）可能；也许
26. იღლები（动）（你）累（现在时）
27. ძნელი（形）困难的；不易的
28. არც ისე 没有那么……
29. რადგან（连）由于……；因此；因为
30. მომწონს（动）（我）喜欢（现在时）
31. წარმატება（名）成功
32. გისურვებ（动）（我）祝（你）（将来时）
33. არაფრის 客气；不客气；没关系
34. დაკავებული（形）忙碌的
35. გაკვეთილი（名）课
36. შუა（前）在……中间
37. შუა დღე（名）中午
38. ვსადილობ（动）（我）吃午饭（现在时）
39. ოჯახი（名）家庭
40. ინტერნეტი（名）网际；网络
41. ვატარებ（动）（我）① 度过；② 使（谁）通过（现在时）

 3. 语法 გრამატიკა

1. 指示代词

　　指示代词 ეგ 表示特别加重的"这"。名词和指示代词连用时，各个格也随之变化，除主格以外各格标志为 მაგ。指示代词没有呼格。

- **ეგ** რესტორანი ძალიან კარგია.
- მე **მაგ** წიგნს ვკითხულობ.
- **მაგ** რესტორნის მუსიკოსები კარგად უკრავენ.

51

2. 关系代词

(1) 关系代词由疑问代词构成。疑问代词加语气词 ც，就变成关系代词。关系代词用来说明主句中某一名词（或名词化的其他词类），起关系的作用。

(2) 疑问代词 სად 应加辅助音 ა 并加语气词 ც 例如：

- ეგ ის რესტორანია, **სადაც** შაბათ-კვირას ბენდი უკრავს?
- იმ რესტორანში ვმუშაობ, **სადაც** მუსიკოსები უკრავენ.

(3) 有些疑问代词变成关系代词时，不加辅助音 ა，例如：

- როგორ   როგორც
- რა   რაც
- რომელი   რომელიც

3. 疑问代词"谁"和"什么"的客体格

疑问代词 ვინ（谁）没有客体格，只有 რა（什么）的客体格，所以 ვინ 的客体格与 რა 的客体格相同，例如：

- რად ?
- რად მუშაობ?

4. 名词客体格

(1) 以辅音结尾的名词的客体格标志是 -ად；以元音结尾的名词的客体格标志是 -დ。客体格的功能之一是表示人的职业或人的作用，与俄语工具格 врач**ом**；студент**ом**（Кем，Чем）或英语的 as 相似，例如：

- მიმტან**ად** ვმუშაობ.

(2) 如果客体格前是辅音 ლ, მ, ნ, რ 字母、且这些字母前是元音 ა 或 ე 时，这些元音应省略，例如：

主格   客体格

- მასწავლებელი   მასწავლებლ-ად მუშაობს

【注一】მიმტანი 是不规则名词，所以字母 ნ 前的 ა 不能去掉。

(3) 名词客体格前以 ი 结尾的任何固定词，如：代词、数词、形容词的主格中的 -ი 应省略；其他以元音结尾的名词不变，例如：

主格：კარგი მზარეული   客体格：კარგ მზარეულ-ად
主格：საინტერესო მზარეული   客体格：საინტერესო მზარეულ-ად

5. 数量数词

(1) 格鲁吉亚语数词是二十进位的。数量数词回答"多少"（რამდენი）的问题。

1	ერთი		11	თერთმეტი
2	ორი		12	თორმეტი
3	სამი		13	ცამეტი
4	ოთხი		14	თოთხმეტი
5	ხუთი		15	თხუთმეტი
6	ექვსი		16	თექვსმეტი
7	შვიდი		17	ჩვიდმეტი
8	რვა		18	თვრამეტი
9	ცხრა		19	ცხრამეტი
10	ათი		20	ოცი

(2) 二十以上的数词用连接词“和”（და）连接。数词连接时，前面数词的结尾 -ი 省略并加连接词，例如：

· 21 —— ოც**და**ერთი

· 30 —— ოც**და**ათი

· 31 —— ოც**და**თერთმეტი

(3) 四十（40）、六十（60）和八十（80）不需要连接词“和”（და），前面数词的结尾 -ი 省略并加二十（ოცი）、四十（40）和八十（80）：两个数词之间加字母 მ，例如：

· 40 —— ორ**მ**ოცი

· 60 —— სამოცი

· 80 —— ოთხ**მ**ოცი

(4) 数词分为两种：简单数词和复合数词。简单数词是一到十、二十、一百（ასი）和亿（მილიონი）。复合数词由两个或两个以上基数词组成，例如：十二（თორმეტი）、二十七（ოცდაშვიდი）等。

(5) 两百、三百等和十几个数词同样不需要连接词“和”（და），构成时，前面数词的结尾 -ი 省略、并加一百（ასი），例如：

· 200 —— ორასი

· 800 —— რვაასი

· 1000 —— ათასი

(6) 除了与一到一百和几百等数词连用以外，数词应分开写。此时，前面数词的结尾 -ი 省略；只有一千和百万前面数词的结尾 -ი 不能省略，例如：

· 120—— ას ოცი

· 1990 —— ათას ცხრაას ოთხმოცდაათი

- 2012 —— ორი ათას თორმეტი

【注一】数词和名词一样，有格的变化。

【注二】与数词连用的名词是单数。

6. 前置词"到……"

后缀 -მდე 表示方向，意为"到……"，表示"到……地方""到……物""到……时间"。后缀 -მდე 加客体格，客体格标志 -ად 应去掉并加后缀 -მდე。辅音结尾的名词，后缀前应加辅助音 ა 并加后缀 -მდე。后缀 -მდე 表示行为"到达……"，回答"到哪里"（სადამდე) 的问题，例如：

- საათი   საათ-ად   ხუთ საათ-ა-მდე მაქვს გაკვეთილები.
- ბინა   ბინა-დ   ბინა-მდე ფეხით ვსეირნობ.
- სასადილო   სასადილო-დ   ჩემი ბინა სასადილო-მდე ახლოა.

7. 前置词"从……"或"离……"

后缀 -დან 有"从……"或"离……"的意思：表示"从……地方""从……物""从……时间"。后缀 -დან 加工具格，工具格 -ით 的 -თ 应去掉并加后缀 -დან。辅音结尾的名词与 ა 和 ე 结尾的名词，后缀前应加辅助音 ა 并加后缀 -მდე。后缀 -დან 表示行为"从……"发生，回答"从哪里"(საიდან) 的问题，例如：

- ორშაბათი   ორშაბათ-ით   ორშაბათ-ი-დან პარასკევამდე ვმუშაობ.
- კვირა   კვირ-ით   გიორგი კვირ-ი-დან სწავლობს.
- თვე   თვ-ით   თებერვლის თვ-ი-დან თბილისში ვარ.
- ეზო   ეზო-თ   ეზო-დან სახლამდე ძალიან ახლოა.

8. 钟点表示法

(1) 问现在"几点钟"时，用疑问代词 რომელი（哪一个）；回答时用数量数词，例如：

რომელი საათია?  სამი საათია.

(2)  可以说：თორმეტი საათი და თხუთმეტი წუთია。但较常用的形式是：პირველის თხუთმეტი წუთია。这里数词"第一"是所属格（第一个小时的十五分钟，即十二点十五分）。პირველის ნახევარია（第一个小时的一半，即十二点半。）

【注一】只有数词"一"（ერთი）用顺序数词（პირველი）。

(3) 可以说：თორმეტი საათი და ორმოცდახუთი წუთია。但较常用的形式

是：პირველს აკლია თხუთმეტი წუთი。这里第一数词是给予格（აკლია 是“差”的意义）。但常用的形式不能加前置词（后缀）。在句中常用第一种形式。

【注一】名词 საათი 加后缀 -ზე，是“点钟”的意义，例如：ორ საათზე（在两点钟）。

9. 否定语气词 არა 的其他功能（疑问句）

陈述句加否定语气词 არა，会变成疑问句。这种疑问句表示“是否”或“是吗”，前面陈述句中的信息是已知的。არა 之前需要加逗号（მძიმე）。例如：

- თქვენ ქალბატონი ნინო ბრძანდებით, არა?
- შაბათ-კვირას ბენდიც უკრავს, არა?

10. 表示人身心状态与感受的动词

当句中谓语是引起感觉或感受的动词时，主语用名词给予格。这类动词中，有些动词人称标志之前带有各种前缀，前缀 მო- 是常用前缀之一，前缀之后是人称标志，例如：

- მე **მო-მ**-წონს ეგ რესტორანი.
- შენ **მო-გ**-წონს თბილისი?
- მას **მო-ს**-წონს წვიმიანი ამინდი.
- ჩვენ **მო-გვ**-წონს ახალი სამსახური.
- თქვენ **მო-გ**-წონთ ქართული ენა?
- მათ **მო-ს**-წონთ ნინოს ბინა.

【注一】这些动词结尾 ს（复数第二和第三人称结尾是 თ）表示补语是第三人称。

4. 练习 სავარჯიშოები

1. 在下列名词前面写出指示代词 ეგ 的相应格

(1) _______ რესტორანი ძალიან მომწონს.

(2) _______ ბენდის მუსიკოსები ახალგაზრდები არიან.

(3) _______ კარგი რესტორანია, _______ რესტორანში კარგი მზარეულები ჰყავთ.

(4) _______ მასწავლებელს რესტორანი აქვს, _______ რესტორანი შარდენის ქუჩაზეა.

2. 用关系代词 სადაც 补充完成下列句子

(1) ეგ ის უნივერსიტეტია, ____.

(2) მარკი ამ რესტორანში მუშაობს, ____________________________________.

(3) იმ ბინაში ვცხოვრობ, ____.

3. 将下列括号中的名词变成客体格

(1) თქვენ აქ (ვინ) ________________________ მუშაობთ?

(2) ჩვენ აქ (მზარეულები) ________________________ ვმუშაობთ.

(3) ნინო (მასწავლებელი) _____ მუშაობს უნივერსიტეტში.

(4) მარკი (ვინ) _____ მუშაობს რესტორანში?

(5) ის (მუსიკოსი) _____ მუშაობს რესტორანში.

(6) მე (მიმტანი) _____ ვმუშაობ შარდენზე.

4. 将下列名词和形容词的词组变成客体格

(1) დიდი სამზარეულო

(2) პატარა სასტუმრო

(3) ცუდი მიმტანი

(4) კარგი მზარეული

(5) ჩინური ენა

(6) საინტერესო ქვეყანა

5. 将下列数量数词用格鲁吉亚语写出

(1) 23 _____

(2) 40 _____

(3) 42 _____

(4) 60 _____

(5) 64 _____

(6) 70 _____

(7) 75 _____

(8) 80 _____

(9) 90 _____

(10) 106 _____

(11) 215 _____

(12) 426 _____

(13) 1998 _____

(14) 2010 _____

(15) 3000 _____

6. 给下列名词加后缀 -მდე 并译成汉语

(1) მე (პარასკევი) _____ ვმუშაობ.

(2) (მომავალი თვე) _____ კიდევ ბევრი დროა.

(3) ჩემს (ბინა) _____ ძალიან ახლოა.

(4) თქვენ (რომელი საათი) _____ მუშაობთ?

(5) (რესტორანი) _____ ძალიან ახლოა.

(6) (ეზო) _____ ორი დიდი სახლია.

7. 给下列名词加后缀 -დან 并译成汉语

(1) მარკი (ორშაბათი) ______________________ მუშაობს.

(2) ის (შემოდგომა) ______________________ სწავლობს ქართულ ენას.

(3) ჩვენ (სამი საათი) ______________________ ვსეირნობთ.

(4) შენ (რომელი საათი) ______________________ კითხულობ ამ წიგნს?

(5) მისი (ბინა) ______________________ ჩემს ბინამდე ძალიან ახლოა.

(6) (დღე)______________________ ახალ სამსახურში ვმუშაობ.

8. 将下列时间用格鲁吉亚语写出

(1) 1:00 ______________________.

(2) 4:10 ______________________.

(3) 7:20 ______________________.

(4) 9:30 ______________________.

(5) 11:45 ______________________.

(6) 17:55 ______________________.

9. 将下列陈述句用 არა 变成疑问句

(1) მარკი მზარეულია.

(2) შენ ჩინელი ხარ.

(3) გიორგი მასწავლებელია.

(4) ლიუ ლი ქართულ ენას სწავლობს.

(5) ეგ ფრანგული რესტორანია.

(6) მარკი თბილისის სახელმწიფო უნივერსიტეტში სწავლობს.

10. 用动词 მომწონს 造句

(1) ______________________.

(2) ______________________.

(3)______________________.

11. 绕口令

ფეფე ტაფაზე ფეტვს თუშავდა (ფშუკავდა).

佩佩（人名）在平底锅上炒麦子。

5. 大音乐家帕里阿什维里
（ზაქარია ფალიაშვილი）

帕里阿什维里（1871—1930）是格鲁吉亚古典音乐大师。2011年8月是他诞生140周年，格鲁吉亚音乐界举行了隆重的纪念活动。

他生长在格鲁吉亚非东正教家庭，由于天赋很高，从小在唱诗班就受到天主教神父的器重，这一经历培养了他对古典音乐的兴趣，并使他积累了丰富的音乐知识。不仅如此，这一大家庭中的六个兄弟姐妹都有着特殊的音乐天赋，经常在家庭聚会时合唱格鲁吉亚民歌和传统宗教赞歌，因此，他的才华受到了祖国民间复声合唱法与西洋音乐融汇一体的熏陶。帕里阿什维里最初在库塔伊希及第比利斯音乐学校读书，然后到莫斯科和彼得堡继续接受高等音乐学院的教育，这一切为他成为音乐作曲、歌剧创作、交响乐及室内乐大师级著名音乐家奠定了坚实的基础。帕氏在俄罗斯学习和工作期间，与当时音乐界著名音乐家柴可夫斯基等人建立了深厚的友谊，曾在专业方面与他们进行了深入的交往与切磋。

年轻的帕氏将当时世界最高水平的音乐带回祖国，同时并没有忘记格鲁吉亚民乐底蕴与宗教音乐对民族音乐的浓厚影响。在帕氏的创作中，以大型歌剧最为突出，影响深远。他创作的两部著名歌剧：《阿比萨罗姆与艾特丽》，是一部以民间爱情故事为主要情节、美丽动听的歌剧。剧中运用了许多民乐素材，是民族音乐与西方古典乐的完美融合，不仅美丽动听，而且成为民族音乐的古典典范之作。另一部大型歌剧《达伊希》（意为"晚霞"），取材于爱国主义历史题材，音乐雄伟壮丽而不失婉转，是格鲁吉亚文化领域中的一枚瑰宝，极富号召力与感染力。格鲁吉亚20世纪90年代独立后，《达伊希》中的一支合唱曲被选为格鲁吉亚国歌，此举深受社会各界欢迎。

今天，在第比利斯歌剧院的院子中有一座帕氏的纪念雕像，他一只手举着火炬、另一只手在翻阅乐谱，象征其音乐如火焰一般，作品流芳百世。

帕里阿什维里，雕塑家 L.Berdzenishvili 作

第九课

გაკვეთილი IX (მეცხრე)

1. 对话 დიალოგი

ფოტოსურათები (照片)

ლიუ ლი: — ეს სად არის?

მარკი: — ეს ტაილანდშია. რამდენიმე წლის წინ ვიყავი.

ლიუ ლი: — საქმეზე იყავი?

მარკი: — არა, მეგობრებთან ერთად ვმოგზაურობდი. ეგზოტიკური ბუნებით ვტკბებოდით და ვერთობოდით. ყველაზე ძალიან ნავით გასეირნება და ჯუნგლებში ხეტიალი მოგვწონდა.

მარკი: — ეს ჩემი ერთ-ერთი ოჯახის წევრია, მიკი. ძალიან ჭკვიანი და ერთგულია.

ლიუ ლი: — რა ლამაზი ძაღლია! გერმანული ნაგაზია, არა?

მარკი: — კი. სხვათა შორის კავკასიური ნაგაზიც არსებობს, იცი?

ლიუ ლი: — როგორ არ ვიცი, ჩემს მეგობარს ჰყავდა.

მარკი: — ეს ჩემი ბავშვობის ამხანაგია, მაქსი. ჩვენ პირველი კლასიდან ერთად ვსწავლობდით სკოლაში და ძალიან ვმეგობრობდით.

ლიუ ლი: — ახლა აღარ მეგობრობთ?

მარკი: — არც ისე, ინტერნეტში იშვიათად ვწერთ ერთმანეთს. არც ტელეფონით ვსაუბრობთ.

ლიუ ლი: — რატომ?

მარკი: — სკოლის დამთავრების შემდეგ, მაქსი სამხატვრო აკადემიაში აბარებდა, მე კი - უნივერსიტეტში, ამიტომ ბევრ დროს ერთად აღარ ვატარებდით.

2. 生词 ახალი სიტყვები

1. ფოტოსურათი（名）照片
2. ტაილანდი（名）泰国
3. წინ（副）之前；……前；从前
4. საქმე（名）事情
5. ვმოგზაურობდი（动）（我）旅游；旅行（未完成体过去时）
6. ეგზოტიკური（形）猎奇的；异地的
7. ვერთობოდით（动）（我们）玩；消遣（未完成体过去时）
8. ყველაზე（形）最；顶
9. ნავი（名）船；舟
10. გასეირნება 散步
11. ჯუნგლი（名）热带丛林
12. ხეტიალი 徘徊；逛
13. ერთ-ერთი（名）……之一；其中之一
14. წევრი（名）部分；成分；成员
15. მიკი（名）米克（狗名）
16. ჭკვიანი（形）聪明的
17. ერთგული（形）忠实的；忠诚的
18. ნაგაზი（名）牧羊犬；狼狗
19. სხვათა შორის（副）顺便说一下
20. კავკასიური（形）高加索的
21. არსებობს（动）（他）存在；生存（现在时）
22. იცი（动）（你）知道（现在时）
23. ბავშვობა（名）童年
24. ამხანაგი（名）朋友；同志
25. მაქსი（名）马克思（男名）
26. კლასი（名）① 年级（学校）；② 阶级
27. სკოლა（名）学校
28. ვმეგობრობდით（动）（我们）成为朋友（未完成体过去时）
29. ახლა（副）现在；正在
30. აღარ 不也再
31. იშვიათად（副）稀少地；稀有地；不经常地
32. ვწერთ（动）（我们）写（现在时）
33. ერთმანეთი（代）互相
34. არც（助）也不
35. ტელეფონი（名）电话
36. რატომ（副）为什么
37. დამთავრება 末端；末尾；终点；毕业
38. სამხატვრო აკადემია（名）美术学院
39. აბარებდა（动）（他）考；考上（未完成体过去时）
40. ამიტომ（连）所以；因此

3. 语法 გრამატიკა

1. 过去时助动词"是"

助动词"是"只有一种过去时形式，它是不规则动词，所以过去时词根变化，例如：

- მე ვარ —— ვიყავი
- შენ ხარ —— იყავი
- ის არის —— იყო

• ჩვენ ვართ —— ვიყავით
• თქვენ ხართ —— იყავით
• ისინი არიან —— იყვნენ

2. 未完成体过去时体

未完成体过去时体表示说话之前进行的行为，同时可以表示习惯性的或经常进行的行为，但是此行为不知是否完成或达到目的，并且可能正在进行中。未完成体过去时体动词（除一些表示状况和不规则动词以外）由动词现在时形式构成，表示未完成体过去时体的后缀。

(1) 单数第一人称动词后缀是 -დი，例如：მე ვსწავლობ-**დი**
(2) 单数第二人称动词后缀是 -დი，例如：შენ სწავლობ-**დი**
(3) 单数第三人称动词去掉人称标记 -ს，加后缀 -და，例如：სწავლობ-**და**
(4) 复数第一人称动词后缀是 -დი、加复数结尾 -თ，例如：ვსწავლობ-**დი**-თ
(5) 复数第二人称动词后缀是 -დი、加复数结尾 -თ，例如：სწავლობ-**დი**-თ
(6) 复数第三人称动词后缀是 -დ、加复数结尾 -ნენ，例如：სწავლობ-**დ**-ნენ

3. 不及物动词未完成体过去时体

未完成体过去时以 -ი 结尾（单数第三人称 –ა 结尾）的不及物动词的未完成体过去时体，与上述动词相同，但是在未完成体过去时体后缀 -დი 前加元音 -ო-，例如：

(1) მე ვტკბებ-**ოდი**
(2) შენ ტკბებ-**ოდი**
(3) ის ტკბებ-**ოდა**
(4) ჩვენ ვტკბებ-**ოდი**-თ
(5) თქვენ ტკბებ-**ოდი**-თ
(6) ისინი ტკბებ-**ოდ**-ნენ

4. 要求补语格未完成体过去时体动词

要求补语格的未完成体过去时体动词通过各人称去掉主语标志 -ს，加第三人称未完成体过去时体后缀 -და 构成。复数第二和第三人称的后缀在复数结尾之前，例如：

• მე მომწონს —— მომწონ-**და**
• შენ მოგწონს —— მოგწონ-**და**
• მას მოსწონს —— მოსწონ-**და**
• ჩვენ მოგვწონს —— მოგვწონ-**და**
• თქვენ მოგწონთ —— მოგწონ-**და**-თ
• მათ მოსწონთ —— მოსწონ-**და**-თ

5. 动词 იცი 的现在时和未完成体过去时

未完成体过去时以 -ი 结尾（单数第三人称 –ს 结尾）的动词未完成体过去时体，与上述的不及物动词（单数第三人称 –ა 结尾）的未完成体过去时体相同，在后缀

-დი 前加元音 -ო-，例如：

现在时	未完成体过去时
ვიცი	ვიცოდი
იცი	იცოდი
იცის	იცოდა
ვიცით	ვიცოდით
იცით	იცოდით
იციან	იცოდნენ

6. 名词前置格

(1) 以辅音结尾的名词前置格结尾是 -მა，以元音结尾的名词前置格结尾是 -მ。名词前置格回答 ვინ，რამ 的问题。例如：

- მასწავლებელ-მა
- მზე-მ

(2) 句中完成体过去时和愿格时态动词（参考 16，17 课）的主语是前置格，补语是主格；而要求补语格的各个时态动词相同（主语是给予格；补语是主格）。动词 ვიცი 的主语无论现在时，还是未完成体过去时体，均为前置格（此动词为不规则动词），补语为主格，例如：

- ლიუ ლი**მ** კარგად **იცის** ქართული ენა.
- სტუდენტ**მა** ცუდად **იცოდა** ქართული ენა.

(3) 第三人称代词 ის 和 ისინი 的主格变成前置格是 მან 和 მათ，例如：

- **მან** იცის ჩინური ენა.
- **მათ** იცოდნენ ჩინური ენა.

(4) 指示代词 ეს 的其他格都是 ამ，而 ის 是 იმ，如：

- **ამ** სტუდენტმა იცის ქართული ენა.
- **იმ** სტუდენტმა არ იცოდა ქართული ენა.

(5) 名词前置格前以 -ი 结尾的任何固定词，如：数词、代词、形容词，也是前置格；元音结尾的固定词不变，如：

主格：ჭკვიანი ძაღლი　　　　前置格：ჭკვიან-მა ძაღლ-მა

主格：საინტერესო ძაღლი　　　前置格：საინტერესო ძაღლ-მა

(6) 元音结尾的名词加语气词 ც 时，前置格和语气词之间应加辅助音 ა，例如：

- ლიუ ლი-მ-ა-ც

(7) 前置格的疑问代词是 ვინ，რამ。

- ვინ იცის?　　ვინ იცოდა?　　（谁知道？）
- რამ იცის?　　რამ იცოდა?　　（什么知道？）

7. 补语标志动词的过去时

补语标志的动词 მყავს 和 მაქვს 只有一种过去时。构成时，各人称去掉主语标志 -ს，加第三人称未完成体过去时后缀 -და。复数第二和第三人称的后缀加在复数标志之前，例如：

- მე მყავს —— მყავ-**და**
- შენ გყავს —— გყავ-**და**
- მას ჰყავს —— ჰყავ-**და**
- ჩვენ გვყავს —— გვყავ-**და**
- თქვენ გყავთ —— გყავ-**და**-თ
- მათ ჰყავთ —— ჰყავ-**და**-თ

动词 მაქვს 的过去时词根发生变化，例如：

- მე მაქვს —— მქონ-**და**
- შენ გაქვს —— გქონ-**და**
- მას აქვს —— ჰქონ-**და**
- ჩვენ გვაქვს —— გვქონ-**და**
- თქვენ გაქვთ —— გქონ-**და**-თ
- მათ აქვთ —— ჰქონ-**და**-თ

8. 语气词 კი

常用语气词 კი 有几种意义，其中一个是“而”的意义。首先它可以表示两个条件、事情或某两人的不同，与俄语的 a 及英语的 but 和 and 相似。其次，当句中有两个名词或动词时，第二个名词或动词（谓语）省略，而用破折号代替第二个名词或动词（谓语）。如果句中第二个动词前有否定语气词 არ，则省略动词后 არ 的辅助音 ა。句中语气词 კი 用另一个名词或动词替换，例如：

第一种情况

- აქ უნივერსიტეტია, იქ（那儿）**კი** რესტორანი.

第二种情况

- მაქსი აკადემიაში აზარებდა, მე უნივერსიტეტში ვაზარებდი.
  მაქსი აკადემიაში აზარებდა, მე **კი** - უნივერსიტეტში.
- მე ტაილანდში ვმოგზაურობდი, ნინო ტაილანდში არ მოგზაურობდა.
  მე ტაილანდში ვმოგზაურობდი, ნინო **კი** - არა.

4. 练习 სავარჯიშოები

1. 在下列句中填入动词“是”过去时的适当形式

(1) ისინი სამი წლის წინ ტაილანდში ____________________.

(2) თქვენ დღეს რესტორანში უკვე _____?

(3) მე კარგი სტუდენტი _____.

(4) ჩემს ბავშვობაში ოჯახის წევრები ძალიან დაკავებულები _____ და იშვიათად _____ სახლში.

(5) ჩვენ ჩინეთში საქმეზე _____.

(6) შენ თბილისის სახელმწიფო უნივერსიტეტის სტუდენტი _____?

2. 将下列括号中的动词变成未完成体过去时体

(1) მე დილას ერთი საათი (ვკითხულობ) _____ წიგნს, შემდეგ სანაპიროზე (ვსეირნობ) _____.

(2) ქეთი დიდი ხანი მეგობრებთან ერთად (ცხოვრობს) _____.

(3) უცხოელი სტუდენტები ქართულად (საუბრობენ) _____ და (თამაშობენ) _____.

(4) ჩემი მეზობელი კარგ საჭმელებს (აკეთებს) _____, ჩვენ ხშირად ერთად (ვსადილობთ) _____.

(5) თქვენ რას (საქმიანობთ) _____ საქართველოში?

(6) მე ბავშვობაში ბევრ დროს (ვუთმობ) _____ სწავლას.

(7) ისინი ამ სახლს ათი წელი (აშენებენ) _____ .

(8) ეს ბავშვები თოვლიან ეზოში (თამაშობენ) _____ .

(9) ისინი სახელმწიფო უნივერსიტეტში ქართულ ენაზე (აბარებენ) _____.

(10) შენ ტაილანდში კარგ დროს (ატარებ) _____?

(11) შენ ბენდში (უკრავ) _____ თუ ამ მუსიკოსებთან (მეგობრობ) _____?

(12) მე იშვიათად (ვმოგზაურობ) _____ და იშვიათად (ვსარგებლობ) _____ ავტობუსით.

(13) მარკი საქართველოში ერთი წელი (მუშაობს) _____ და ბინას (ქირაობს) _____.

(14) ისინი ერთად (სწავლობენ) _____? მათ ბატონი გიორგი (ასწავლის) _____?

(15) ტაილანდში ბევრი ეგზოტიკური ცხოველი (არსებობს) _____.

(16) ჩვენ აღარ (ვმეგობრობთ) _____, თუმცა, საკმაოდ ხშირად (ვწერთ) _____ ერთმანეთს.

3. 将下列括号中的不及物动词变成未完成体过去时体的适当人称形式

(1) თქვენ ტაილანდში როგორ (ერთობა) _____?

(2) ისინი მთაში ლამაზი ბუნებით (ვტკბები) _____.

(3) ბავშვები თამაშობდნენ და ეზოში (იმალებით) ____________________.

(4) მთაში თოვლი (დნები) ____________________.

(5) ეს უცხოელი სტუდენტები საღამოს რითი (ერთობიან) ____________________?

(6) შენ საქართველოს რომელ ქალაქში (ვიზრდებით) ____________________?

(7) ჩვენ სამსახურში ძალიან (იღლებიან) ____________________.

(8) ისინი სამსახურში პირველ საათამდე (ვრჩები) ____________________.

(9) მე ეს უკვე (ვიცი) ____________________.

(10) ამ ეზოში ლამაზი წითელი და ყვითელი ყვავილები (იზრდებია) ____________.

4. 根据动词将下列句中的人称代词和名词变成相应格

(1) (მარკი) ______________ ბავშვობაში (ქართული ენა) ______________იცოდა.

(2) (ეს სტუდენტი) ____________________ (ქართული ენა) ____________________ არ იცის.

(3) (ის) __________________ (ეს საქმე) __________________ არ იცოდა?

(4) (ეს ჭკვიანი ძაღლი) __________________ (მეგობრობა) __________________ იცის.

(5) (ნინო) __________________ (ჩინური ენა) __________________ არ იცის.

(6) (ისინი) __________________ (ბევრი ენა) __________________ იციან.

5. 将下列名词和形容词的词组变成前置格

(1) ყურადღებიანი და მეგობრული მეზობელი

(2) მაღალი მიმტანი

(3) ლამაზი თევზები

(4) დაკავებული მასწავლებელი

(5) ჭკვიანი სტუდენტი

(6) ერთგული მეგობარი

6. 将下列补语标志动词未完成体过去时体的适当形式填入句中

მოგწონდა　　　გყავდა　　　გქონდა

(1) ჩვენ ბავშვობაში ძალიან ______________________ ერთმანეთი.

(2) თქვენ დიდი ოჯახი ______________________?

(3) მათ ძალიან დიდი სახლი ______________________.

(4) მე ერთ-ერთი ყველაზე კარგი მასწავლებელი ______________________.

(5) მათ ორი წლის წინ ტაილანდში საქმე ______________________.

(6) თქვენ რამდენიმე წლის წინ ძაღლი ______________________, არა?

(7) მე უნივერსიტეტში ბევრი მეგობარი ______________________.

(8) მას ქალბატონი ნინო ძალიან ______________________.

7. 将下列短文中的动词现在时改为未完成体过去时体

ლიუ ლი ჩინელი (არის) ____________________, თბილისში (ცხოვრობს) და ბინას (ქირაობს) ____________________. ის უნივერსიტეტში (სწავლობს) ____________________ ქართულ ენას. მას ქართულ ენას ნინო (ასწავლის) ____________________. ლიუ ლი და მარკი ძალიან (მეგობრობენ) ____________________, ისინი საუკეთესო მეგობრები (არიან) ____________________. მარკი გერმანელი (არის)____________________. მარკიც ქართულ ენას (სწავლობს) ____________________ და ფრანგულ რესტორანში (მუშაობს) ____________________ მზარეულად. მათ (მოსწონთ) თბილისი, ამიტომ ხშირად ერთად (სეირნობენ) ____________________ და (მოგზაურობენ) ____________________ საქართველოს სხვადასხვა ქალაქში.

8. 将句子改成带语气词 კი 的句子

(1) ნინო მასწავლებელია, ლიუ ლი სტუდენტია.

(2) მე სკოლაში ვსწავლობდი, ის უნივერსიტეტში სწავლობდა.

(3) მარკი რესტორანში მუშაობს, გიორგი უნივერსიტეტში მუშაობს.

(4) შენ ტაილანდში ბუნებით ტკბებოდი, ის ტაილანდში ერთობოდა.

(5) მე ზაფხული მომწონს, მას ზამთარი მოსწონს.

(6) მას მიკი მოსწონდა, მიკის ის არ მოსწონდა.

9. 将下列句子译成汉语

(1) წლის ბოლოს სწავლა მთავრდება.

(2) საღამოს უკვე ძალიან ცივა!

(3) შენ სადაური საჭმელი მოგწონს, ჩინური თუ ტაილანდური?

(4) მას მხოლოდ თბილი ამინდი მოსწონს.

(5) მოგზაურობის გარდა, კიდევ რას აკეთებთ?

(6) აქვე ძალიან ლამაზი ფრანგული რესტორანია.

(7) ყველაზე ძალიან გერმანული ნაგაზი მომწონს, თუმცა, სხვა ძაღლებიც ძალიან მომწონს.

(8) მე ხშირად სხვადასხვა სამსახურში ვმუშაობ.

(9) ზამთარში, გარეთ ცხოველებს ძალიან სცივათ.

(10) მე მხოლოდ რამდენიმე საუკეთესო მეგობარი მყავს და ბევრი ამხანაგი.

10. 作文：题目“ჩემი ფოტოსურათი”（我的照片）

第九课　გაკვეთილი IX (მეცხრე)

5. 高加索牧羊犬
（კავკასიური ნაგაზი）

狗是人类最早驯化的动物，狗的驯化有近一万年的历史。当时，人类和狗结盟与残酷的自然进行斗争，一起生存下来。渐渐地，人类交给狗的任务日益增加，由于其忠实的特性，狗慢慢就成了人们的家庭成员，能分享主人的喜怒哀乐。

狗具有将动物聚在一起的本能，它会看守动物和儿童，一条狗甚至能帮人集合大群的牛羊。经过人类对狗的培育和选种，形成了两大类牧羊犬：第一类是放牧犬，第二类是监视犬。无论做什么都需要它们的体力、智力、勇气、识别能力、敏锐的嗅觉和良好的视力等。狗具备很强的奔跑能力，牧羊犬一般能不间断地奔走 24—42 英里。对牧羊犬而言，重要的还有记忆力，以及必要时只吠叫而不用口咬，没有必要时就决不吠叫等能力。现代的牧羊犬又增加了担任救护的任务。

每种牧羊犬还有亚种，亚种是因其他目的培养的牧羊犬新种，它们只在形体上有所改变，但这些差异并不影响其品种的优势。高加索牧羊犬的亚种有南高加索、北高加索牧羊犬之分。南高加索牧羊犬也叫格鲁吉亚牧羊犬，是非常珍稀的品种，不亚于中国的藏獒，在世界上诸多的牧羊犬名种中占有一席之地，在全世界这种牧羊犬的饲养越来越多。

高加索牧羊犬的亚种高约 26 英寸，气势非凡、身强力壮、性格冷静，具有强烈的保护意识和牺牲精神。其体重约 110 磅，力气奇大，和狼搏斗时宁死不屈。它保护羊群的本领也很强，总是尽心尽力地为主人服务，忠实可靠。这种犬的幼犬必须切去外耳，以免被狼咬伤。

高加索牧羊犬格鲁吉亚亚种的幼犬

第十课

გაკვეთილი X (მეათე)

1. 对话 დიალოგი

მთავარი ქუჩა（大街）

ლიუ ლი: — სად არის თბილისის ეროვნული მუზეუმი?

ნინო: — მთავარ ქუჩაზე, კინოთეატრის მარჯვენა მხარეს.

ლიუ ლი: — აქედან რა ნომერი ავტობუსი მიდის?

ნინო: — ყველა ავტობუსი, რომელიც ჩვენთან მოდის, მთავარ ქუჩაზეც გადის.

ლიუ ლი: — მთავარი ქუჩის გაჩერება მერამდენე გაჩერებაა?

ნინო: — მეორე ან მესამე გაჩერებაა, თანაც ავტობუსი მუზეუმის პირდაპირ აჩერებს, თუმცა, ფეხითაც ძალიან ახლოს არის.

ლიუ ლი: — მუზეუმთან ახლოს კიდევ რა შენობებია?

ნინო: — მუზეუმს და კინოთეატრს შორის ვიწრო ქუჩა ჩადის, ეროვნული მუზეუმის უკან ხელოვნების მუზეუმია.

ლიუ ლი: — მართლმადიდებლური ეკლესიაც ხომ არ არის იქვე?

ნინო: — როგორ არა, კინოთეატრის მარცხენა მხარეს ქაშვეთის ეკლესიაა. ეკლესიის გვერდზე კი თანამედროვე ხელოვნების გალერეაა. იქვე კუთხეში სასტუმრო „მარიოტია". ეკლესიის პირდაპირ პირველი სკოლაა, სკოლის წინ კი ორი ქართველი მწერლის ძეგლი დგას. სკოლის გვერდზე ყოფილი პარლამენტის შენობაა.

ლიუ ლი: — ახლა სად არის პარლამენტი?

ნინო: — ქალაქ ქუთაისში. ქუთაისი მნიშვნელობით საქართველოს მეორე სამრეწველო და კულტურული ქალაქია. ეს ქალაქი ძველი **კოლხეთის** დედაქალაქად ითვლება.

ტაქსით მგზავრობა（坐出租车）

ლიუ ლი: — გამარჯობა!

მძღოლი: — გამარჯობა! სად მიდიხართ?

ლიუ ლი: — რუსთაველის პროსპექტზე, თუ შეიძლება!

მძღოლი: — რუსთაველის პროსპექტზე რა ადგილზე გნებავთ?

ლიუ ლი: — საჯარო ბიბლიოთეკასთან.

მძღოლი: — კი, ბატონო!

ლიუ ლი: — რამდენი ლარი გინდათ?

მძღოლი: — ექვსი ლარი.

ლიუ ლი: — ექვსი ლარი ძალიან ძვირია. ოთხი ლარი?

მძღოლი: — არა, ოთხი ლარი ძალიან იაფია. რუსთაველზე ხუთ ლარად მივდივარ **ხოლმე**.

 2. 生词 ახალი სიტყვები

1. მთავარი（形）主要的
2. ეროვნული（形）民族的；人民的；国家的
3. მუზეუმი（名）博物馆
4. კინოთეატრი（名）电影院
5. მარჯვენა（形）右边的
6. მხარე（名）边；旁
7. აქედან（副）从这里；从此地
8. მიდის（动）（他）去（现在时）
9. რომელიც（代）哪一个也；任何一个也
10. მოდის（动）（他）来（现在时）
11. გადის（动）（他）① 出；② 通向；通（现在时）
12. გაჩერება（名）车站；停车站
13. მერამდენე（代）第几个
14. ან（连）或者（选取其中一个）
15. თანაც（副）也是；同时；以及；并且；并
16. პირდაპირ（副）① 对面；② 直；一直
17. აჩერებს（动）（他）停；停止（现在时）
18. შენობა（名）大型建筑；高楼
19. შორის（副）之间
20. ვიწრო（形）窄的
21. ჩადის（动）（他）下去（现在时）
22. უკან（副）……之后；后边

23. ხელოვნება（名）艺术
24. მართლმადიდებლური（形）东正教的
25. ეკლესია（名）教堂
26. იქვე（副）也在那里
27. მარცხენა（形）左边的
28. გვერდზე（名）旁边
29. თანამედროვე（形）现代的
30. გალერეა（名）画廊
31. კუთხე（名）角落
32. ქართველი（名）格鲁吉亚人
33. მწერალი（名）作家
34. ძეგლი（名）纪念碑；历史性建筑
35. დგას（动）（他）站（现在时）
36. პარლამენტი（名）国会；议会
37.ყოფილი（形）以前的
38. ქალაქი（名）城市
39. ქუთაისი（名）库塔伊希（格鲁吉亚西部）
40. მნიშვნელობა（名）意义；意思
41. სამრეწველო（形）生产行业的
42. კულტურული（形）文化的
43. ძველი（形）古老的；古代的；老的；旧的
44. დედაქალაქი（名）首都
45. ითვლება（动）（他）属于；属；算是（现

在时）

46. ტაქსი（名）出租汽车

47. მგზავრობა 旅行（在交通工具上的那段过程）

48. მძღოლი（名）司机

49. თუ შეიძლება 请

50. ადგილი（名）① 地方；② 座位

51. გნებავთ（动）（您/你们）要；需要；想要（现在时）（客气式）

52. საჯარო（形）公共的

53. ბიბლიოთეკა（名）图书馆

54. რამდენი（代）多少

55. ლარი（名）格鲁吉亚货币：拉利

56. გინდათ（动）（您）想；要；愿；需（现在时）

57. ძვირი（形）贵的

58. იაფი（形）便宜的

59. ხოლმე 有时；常常；经常；一般

3. 注释 განმარტება

1. კოლხეთი —— 科尔希达（Kolkheti）王国。古代格鲁吉亚的国家，位于西部。希腊神话中的英雄阿尔戈曾到这里取金羊毛。

2. ხოლმე —— 有时；常常；经常；一般。常用于句末。

4. 语法 გრამატიკა

1. 表示动作方向的动词前缀（现在时和未完成体过去时）

(1) 大部分表示动作方向的动词词根是 -დი-。有几种表示方向的基本前缀，每个前缀表示动作的不同方向，如：往里；往上；往下等。这种动词的现在时通过加助动词 არის 构成，例如：

- მე მივდივარ
- შენ მიდიხარ
- ის მიდის
- ჩვენ მივდივართ
- თქვენ მიდიხართ
- ისინი მიდიან

【注一】动词现在时"去"：前缀 + 人称标志 + 动词词根 + 助动词。

(2) 如果替换前缀，意义也随之变化，例如：

- მიდის　　　去
- ადის　　　往上去
- ჩადის　　　往下去
- შედის　　　进去
- გადის　　　出去

- დადის　　　　走来走去
- მოდის　　　　来
- გადადის　　　通过；走过去

【注一】前缀 მი- 和 მო- 同样，前缀 ჩა- 又表示从一个地方、国家、城市，到另一个地方、国家、城市。

【注二】前缀 მო- 及上述的其他前缀（除 მი-、და-、მო- 以外）可连接构成复合前缀，各种前缀后面加前缀 მო- 表示"朝说话者方向"，例如：ჩამოდის（他向我走下来）。此时，前缀 გადა- 的结尾 ა- 去掉，例如：გადმოდის（他向我走过来）。

(3) 表示动作方向的未完成体过去时体动词构成过去时形式时，助动词 არის 由未完成体过去时体不及物动词过去时标志 -ოდი 代替，例如：

- მე მივდიოდი
- შენ მიდიოდი
- ის მიდიოდა
- ჩვენ მივდიოდით
- თქვენ მიდიოდით
- ისინი მიდიოდნენ

2. 顺序数词

(1) 顺序数词由数量数词构成。构成时，数量数词加前缀 მე-，最后的元音 -ი 或 -ა 去掉并加后缀 -ე，变成顺序数词。顺序数词回答 მერამდენე（第几个）或 რომელი（哪一个）的问题，例如：

- ორი　　　　მეორე
- რვა　　　　მერვე

【注一】只有顺序数词 პირველი（第一）是不规则顺序数词。

(2) 除四十、六十、八十以外，二十以上（复合数词）的顺序数词，只有最后一个数词带前、后缀，例如：

- ორმოცი　　　მეორმოცე
- ოცდახუთი　　ოცდამეხუთე

(3) 顺序数词的另一种写法：另一种写法与第一种写法发音相同，但写法可以不同：在顺序数词之前写前缀 მე-，然后写连字符并加数词，例如：

- მე-2
- მე-100

如果顺序数词是复合数词，则第二数词带前后缀，此时应先写数词并加后缀 -ე，例如：

- 25-ე

71

- 103-ე

第一（პირველი）只能写数词，如：

- 1-ლი，1-ლმა，1-ლს，1-ლის，1-ით，1-ად，1-ლო。

第二十一、第四十一等末位数为"一"的数词的顺序数词用ერთი，而不是პირველი，例如：

- ოცდაერთი   ოცდამეერთე
- ორმოცდაერთი   ორმოცდამეერთე

3. 带语气词是 / 否 ხომ არ (ა) 的疑问句

否定语气词 არ(ა) 之前加语气词（辅助词）ხომ，可将句子变成语气比较客气的句子，类似于汉语的：你是否去？ ხომ არ(ა) 应加在动词之前，例如：

- **ხომ არ** იცით, ბანკი სად არის?
- ნინო აქ **ხომ არ** არის?

4. 带助动词的不及物动词

动词表示状况，而不是行为时，带助动词 არის。单数第三人称助动词的标志是 -ს，复数第三人称标志是 -ან。这类动词除现在时外，其他时态都不带助动词，词根也有变化，例如：

现在时	未完成体过去时体
მე ვდგავარ	ვიდექი
შენ დგახარ	იდექი
ის დგას	იდგა
ჩვენ ვდგავართ	ვიდექით
თქვენ დგახართ	იდექით
ისინი დგანან	იდგნენ

【注一】为读音方便，单音节动词中有些动词的复数第三人称，是双人称结尾 დგ-ან-ან。

5. 陈述句与疑问句中单词的词序

(1) 句中单词的词序很简单，单词词序不影响句子含义，例如：

- ლიუ ლი წიგნს კითხულობს.
- წიგნს ლიუ ლი კითხულობს.
- კითხულობს წიგნს ლიუ ლი.
- ლიუ ლი კითხულობს წიგნს.

(2) 有些单词和其他单词连用时，它们之间不能有任何其他词，原因如下：第一、名词与其限定词（如：形容词、代词、数词等）是不可分的；第二、否定语气词 არ 与其后的动词是不可分的；第三、有些疑问代词（例如：სად，როგორ，ვინ 等）与其后的动词是不可分的（参考第3课），例如：

第十课　გაკვეთილი X (მეათე)

- ლიუ ლი ეროვნულ ბანკში არ მიდის.
- ეროვნულ ბანკში ლიუ ლი არ მიდის.
- არ მიდის ლიუ ლი ეროვნულ ბანკში.
- არ მიდის ეროვნულ ბანკში ლიუ ლი.

- ის სად მიდის?
- სად მიდის ის?

- როგორ ბრძანდება ბატონი გიორგი?
- ბატონი გიორგი როგორ ბრძანდება?
- ვინ იცის ქართული ენა?
- ქართული ენა ვინ იცის?

 5. 练习 სავარჯიშოები

1. 根据内容在下列句子中增加适当的动词现在时

   მიდის　　　გადის　　　ჩადის　　　მოდის：

   (1) დღეს მე სახლში _____.
   (2) ნინო აქ _____.
   (3) ჩემი მეგობრები თბილისში _____.
   (4) აქედან ავტობუსი სამ საათზე _____.
   (5) დღეს ჩემი მეგობრები ჩემთან _____.
   (6) ჩვენ სახლიდან ხუთ საათზე _____.
   (7) მარკი გერმანიაში _____.
   (8) ლიუ ლის მშობლები ერთი თვით საქართველოში _____.

2. 根据内容在下列句子中增加适当动词现在时

   (1) ლიუ ლის მეგობარი თბილისში（来）_____.
   (2) შენ პირველ სართულზე（往下来）_____?
   (3) ზაფხულში ჩვენ მთაში（往上去）_____.
   (4) მე მეორე ბინაში（走过去）_____.
   (5) ნინო უნივერსიტეტში მთელი კვირა（走来走去）_____.
   (6) თქვენ რომელ საათზე（出去）_____ სახლიდან?
   (7) ჩვენ（进去）_____ გაკვეთილზე.
   (8) ისინი მეექვსე სართულზე（往上去）_____.

73

3. 根据内容在下列句子中增加适当的未完成体过去时体动词

(1) მე ბოლო სართულზე（往上去）__________________.

(2) შენ დილას სად（去）__________________?

(3) ნინო ავტობუსში（往上去）__________________.

(4) ლიუ ლი ავტობუსიდან（往下来）__________________.

(5) ისინი სახლიდან რომელ საათზე（出去）__________________?

(6) თქვენ ეს დღეები სად（走来走去）__________________?

(7) სტუდენტები ახალ საერთო საცხოვრებელში（走过去）__________________.

(8) ჩვენ შენთან（来）__________________.

4. 将下列数量数词变成顺序数词（两种写法）

(1) ერთი __________________

(2) რვა __________________

(3) თერთმეტი __________________

(4) ოცი __________________

(5) ოცდარვა __________________

(6) ორმოცი __________________

(7) ორმოცდათერთმეტი __________________

(8) სამოცდაერთი __________________

(9) სამოცდათხუთმეტი __________________

(10) ოთხმოცდაცხრა __________________

5. 为下列疑问句加 ხომ არ 并将句子译成汉语：

(1) შენ იცი ეს რა შენობაა?

(2) მასთან ახლოს რესტორანი არის?

(3) უკაცრავად, თქვენ აქ ცხოვრობთ?

(4) ის მზარეული არის?

(5) ეს მუზეუმია?

(6) ნინოსთან მიდიხარ?

(7) იცით, მარკი სად არის?

(8) იცით, რომელი საათია?

6. 按人称写出动词 დგას 现在时的适当形式

(1) მე მუზეუმთან __________________.

(2) შენ გაჩერებაზე __________________?

(3) ის პარლამენტთან __________________.

(4) ჩვენ უკვე ერთი საათი ქუჩაში ________________________.

(5) თქვენ მერამდენე გაჩერებაზე ________________________?

(6) ისინი სკოლასთან ________________________.

7. 将下列错句按正确次序排列

(1) ნინო ხელოვნების არ მუზეუმში მუშაობს.

(2) ვინ ის ჭკვიანი სტუდენტი არის?

(3) წიგნი საინტერესო მაქვს არა მე.

(4) ის თბილისში ქირაობს არ დიდ ბინას.

(5) სად ეროვნული არის მუზეუმი?

(6) ეს დიდ და ნათელ სტუდენტები ცხოვრობენ საერთო საცხოვრებელში.

(7) როგორ შენი საქმე არის?

(8) სწავლობს ვინ ქართულ ენას?

8. 绕口令

ჩინეთიდან ჩინელებმა ჩაი ჩამოიტანეს, ჩაიდანში ჩაყარეს და ჩაატარ-ჩამოატარეს.
（中国人从中国把茶带来了，放在茶壶里，送到每个人面前，让他们喝。）

9. 请描述一条街道

6. 伊利亚·恰夫恰瓦泽 —— 格鲁吉亚伟大的社会活动家、经济家学、大文豪（ილია ჭავჭავაძე）

伊利亚·恰夫恰瓦泽（1863-1907）是格鲁吉亚东部卡赫提区人，出生于公爵家庭，毕业于第比利斯市高中，中学时代成绩突出，年轻时便因其文学才能而闻名。中学毕业后，伊利亚·恰夫恰瓦泽进入彼得堡大学学习。20 世纪 80 年代，在他诞辰百周年之际，为他举行了庆祝活动。中国著名翻译家戈宝权先生，曾翻译了他的许多诗作并发表在《译文》和《苏联文学》杂志上。

目前恰氏在格鲁吉亚的知名度无人能及，除了他的天才杰作以外，主要原因在于他一生致力于社会活动和民族解放运动以及复兴本国经济、工农业，在银行业的建立和民族经济干部的培养等方面，作出了空前努力。此外，他的巨大贡献表现在对本国艺术和语言以及古代文学的复兴和保护、资助派遣留学生去俄国和其他欧洲国家学习。当时恰氏的所作所为不仅受到沙皇俄国的阻碍，举步维艰，也没得到后来革命派的孟什维克及布尔什维克的支持，不少民族资产阶级代表对他的民主改革与经济独立的计划也不予接受。终于在 1907 年，当恰氏和夫人乘马车从第比利斯回到 23 公里以外的萨顾拉姆

（საგურამო）别墅时，被刺杀。他的死亡当时震惊了整个社会，葬礼当日，成千上万的人前来送别，以至变成颇具影响力的社会性、政治性示威运动。1991年格鲁吉亚独立以后，教会提议授予恰氏圣人的称号，被各国东正教会接受。目前，在格鲁吉亚还成立了研究与宣传恰氏功绩的协会。

恰夫恰瓦泽的主要文学作品是诗歌，他的许多诗已变成了现代的民歌，传唱至今。此外，他的讽刺小说、社会杂文也都十分著名。

恰氏萨顾拉姆别墅现已是对外开放的纪念馆，是旅游度假胜地。在他遇害的地方竖立着他的雕塑纪念碑。

伊利亚·恰夫恰瓦泽和阿迦吉·策列特利，雕塑家 Sh.Mikatadze 与 V.Topuridze 作

第十一课

გაკვეთილი XI (მეთერთმეტე)

1. 课文 ტექსტი

მეგობრების აღწერა（描述朋友）

მარკს საქართველოში ორი საუკეთესო მეგობარი ჰყავს: ლიუ ლი და სანდრო. ლიუ ლი ჩინელია, სანდრო კი - ქართველი. ისინი როგორც ხასიათით, ასევე, გარეგნობითაც ძალიან განსხვავდებიან.

ლიუ ლი ძალიან მომხიბვლელი გოგოა, გამხდარი და საშუალო სიმაღლის. შავი გრძელი თმა აქვს, მუქი ფერის თვალები, გრძელი წამწამები და პატარა ცხვირი. ლიუ ლი ზრდილობიანი და ასევე ცნობისმოყვარე გოგოა, ყველაფერი ძალიან აინტერესებს, განსაკუთრებით კი სხვადასხვა ქვეყნის კულტურა და ტრადიციები. იგი ასევე ძალიან კეთილი და ჭკვიანია.

სანდრო მაღალი და კარგი აღნაგობის ბიჭია. ქერა, მოკლე თმა აქვს, ღია ფერის თვალები და დიდი ცხვირი. ლიუ ლიზე ნაკლებად ცნობისმოყვარეა, მაგრამ უფრო გაბედული და მამაცია. ის მარკის მეგობრებში ყველაზე ნიჭიერი და მხიარულია. მას ყველაზე მეტად უყვარს მეგობრებთან ერთად გართობა, იგი ძალიან მეგობრულია.

— მარკ, ის გოგო ვინ არის?
— რომელი გოგო? მსუქანი?
— არა, გამხდარი გოგო, ლამაზი სახით და კარგი ტანით.
— ეგ ქეთია. ფრანგული ენის ფაკულტეტზე სწავლობს.

2. 生词 ახალი სიტყვები

1. აღწერა 描述
2. სანდრო（名）桑德罗（男名）
3. როგორც （代）如……一样；像……一样
4. ხასიათი（名）性格
5. ასევე（副）也是；同样地
6. როგორც ..., ასევე ... 也和……一样；不但……，而且……
7. გარეგნობა（名）外貌
8. განსხვავდებიან（动）（他们）有区别；有差别（现在时）
9. მომხიბვლელი （形）吸引人的；引人注目的；使人喜欢的
10. გოგო（名）姑娘
11. გამხდარი（形）瘦的（人）
12. საშუალო（形）中等的

13. სიმაღლე（名）身高
14. შავი（形）黑色的
15. თმა（名）头发
16. მუქი（形）深色的
17. ფერი（名）颜色
18. თვალი（名）眼睛
19. წამწამი（名）睫毛
20. ცხვირი（名）鼻子
21. ზრდილობიანი（形）礼貌的
22. ცნობისმოყვარე（形）好奇的
23. ყველაფერი（代）所有的；全部
24. აინტერესებს（动）（他）感兴趣（现在时）
25. კულტურა（名）文化
26. ტრადიცია（名）传统
27. იგი（代）他
28. კეთილი（形）善良的
29. აღნაგობა（名）身材
30. ბიჭი（名）男孩
31. ქერა（形）浅黄色头发的
32. ღია（形）① 浅色的；② 开着的；开放的
33. ნაკლები（形）更少；较少
34. უფრო（副）更
35. გაბედული（形）大胆的
36. მამაცი（形）勇敢的
37. ნიჭიერი（形）有才能的；有才华的；天分的
38. მეტი（形）更多的；较多的
39. უყვარს（动）（他）爱（他）（现在时）
40. გართობა 玩儿；消遣；娱乐
41. მსუქანი（形）胖的
42. სახე（名）脸；面
43. ტანი（名）身体
44. ფაკულტეტი（名）系

3. 语法 გრამატიკა

1. 形容词比较级

形容词有表示不同程度的三种形式：原形、比较级、最高级。

(1) 构成比较级时，大部分形容词在原形前面加 უფრო。构成最高级时，大部分形容词在原形前面加 ყველაზე，例如：

- დიდი
   მე **დიდი** ხანია ქართულ ენას ვსწავლობ.
- **უფრო** დიდი
   მას **უფრო დიდი** სახლი აქვს.
- **ყველაზე** დიდი
   ყველაზე დიდი ოჯახი მე მყავს.

(2) 有些形容词的比较级和最高级用不规则的形式表示，例如：

- კარგი
   რა **კარგია**!
- უკეთესი
   ის უკვე **უკეთესად** საუბრობს ქართულად.
- საუკეთესო
   ელენე ჩემი **საუკეთესო** მეგობარია.
- ბევრი
   ჩვენს ქალაქში **ბევრი** უცხოელია.
- მეტი
   ჩინური საჭმელი ყველაზე **მეტად** მიყვარს.
- უმეტესი
   უმეტეს დროს ოჯახს ვუთმობ.

第十一课　გაკვეთილი XI (მეთერთმეტე)

- ცოტა　　　　　　　　ქართული ენა **ცოტა** რთულია.
- ნაკლები　　　　　　ახალი სამსახური **ნაკლებად** მომწონს.
- ყველაზე ნაკლები　　**ყველაზე ნაკლებად** მასთან შეხვედრა მომწონს.

【注一】有些形容词只有比较级特殊，比较级前面加最高级的标志 ყველაზე。

【注二】不规则词应一一记住。

【注三】这些形容词前面也可加 უფრო 和 ყველაზე，例如：უფრო კარგი, ყველაზე ბევრი 等。

(3) 最常用的比较级与后缀 -ზე 连接。两个名词或代词比较时，被比较词（名词或代词）加后缀 -ზე，这时比较级中的 უფრო 可省略，例如：

- სანდრო ლიუ ლი**ზე** (უფრო) გაბედულია.
- ლიუ ლი სანდრო**ზე** (უფრო) კარგად საუბრობს ქართულად.

如果形容词有不规则形式，则 უფრო 或 ყველაზე 用不规则的形式替换，如：

- სანდროს ლიუ ლიზე **უკეთესი** ძაღლი ჰყავს.
- მას ნინოზე **მეტი** წიგნი აქვს.
- მე მასზე **ნაკლები** მეგობარი მყავს.

有时根据句子内容需要使用副词，此时形容词的不规则形式需变成客体格，例如：

- მე უკვე **უკეთესად** ვარ.
- სანდრო ლიუ ლიზე **ნაკლებად** ცნობისმოყვარეა.
- მას ყველაზე **მეტად** უყვარს გართობა.

(4) 在复数句中，形容词是单数，而名词是复数，例如：

- ლამაზი გოგოები.
- ჭკვიანი ბიჭები.

2. 指示代词

指示代词（也是人称代词）იგი 常和 ის 互相替换。句中如不需再提人名或人称代词 ის 时，可用 იგი 代替，例如：

- ლიუ ლი ძალიან ლამაზია, **იგი** ასევე ძალიან ჭკვიანია.
- ნინო მასწავლებელი, ის უნივერსიტეტში ასწავლის. **იგი** ძალიან ჭკვიანია.

3. 表示人身心状态与感受的动词

动词 უყვარს 是补语标志的动词，和 მოსწონს 变位相同。如果这类动词以元音 ი- 开始，则第三人称时 ი- 由 უ- 替换，例如：

- მე მიყვარს ის
- შენ გიყვარს ის
- მას **უყვარს** ის
- ჩვენ გვიყვარს ის

- თქვენ გიყვართ ის
- მათ უყვართ ის

4. 练习 სავარჯიშოები

1. 用形容词比较级和最高级填空

(1) ლიუ ლი მხიარულია, მარკი ______________ მხიარულია, ქეთი ______________ მხიარულია.

(2) მე მაღალი ვარ, ნინო ______________ მაღალია, ირაკლი ______________ მაღალია.

(3) მე ბედნიერი ვარ, შენ ______________ ბედნიერი ხარ, ისინი ______________ ბედნიერები არიან.

(4) ის ჭკვიანია, შენ ______________ ჭკვიანი ხარ, ქეთი ______________ ჭკვიანია.

(5) მარკი მამაცია, სანდრო ______________ მამაცია, გიორგი ______________ მამაცია.

(6) მარკი ცნობისმოყვარეა, ლიუ ლი ______________ ცნობისმოყვარეა, ნინო ______________ ცნობისმოყვარეა.

2. 把下列句中的 უფრო 替换为 -ზე 并变成比较级

(1) მარკი მხიარულია, სანდრო კი უფრო მხიარულია.

____

(2) ის ზრდილობიანად საუბრობს, ის კი უფრო ზრდილობიანად.

____

(3) ნინოს გრძელი თმა აქვს, ლიუ ლის კი უფრო გრძელი აქვს.

____

(4) ეს გოგოები გაბედულები არიან, ის ბიჭები კი უფრო გაბედულები არიან.

____

(5) გიორგი გამხდარია, მარკი კი უფრო გამხდარია.

____

(6) ჩვენ მეგობრულები ვართ, ისინი კი უფრო მეგობრულები არიან.

____

3. 用形容词比较级或最高级的不规则形式填空

(1) მარკი კარგი სტუდენტია, ლიუ ლი კი უფრო კარგი.

____

(2) მე ბევრი მეგობარი მყავს, მას კი უფრო ბევრი ჰყავს.

____

(3) ქეთის ცოტა სავარჯიშო აქვს, ირაკლის კი უფრო ცოტა აქვს.

____

(4) მე კარგად ვსწავლობ, ლიუ ლი უფრო კარგად, მარკი კი ყველაზე კარგად.

____

(5) ნინო ცოტა ცნობისმოყვარეა, სანდრო კი უფრო ცოტა.

____

4. 在下列句中填入适当的代词

(1) მარკი ბევრს მუშაობს, __________ ძალიან იღლება. __________ სახლში გვიან მოდის.

(2) __________ ძალიან მეგობრულია, __________ უყვარს მეგობრებთან ერთად გართობა. __________ ძალიან მხიარულია.

(3) ლიუ ლი ჭკვიანი და ცნობისმოყვარეა, __________ უყვარს სხვადასხვა ქვეყნის ისტორია და ტრადიცია. __________ ჩინელი სტუდენტია.

5. 将动词 უყვარს 按人称填入下列句中

(1) მე ძალიან __________ ჩემი მეგობრები.

(2) შენ წიგნები __________?

(3) მას __________ მოგზაურობა.

(4) ჩვენ არ __________ მოგზაურობა.

(5) თქვენ __________ თქვენი მასწავლებელი?

(6) მათ __________ ქართული ენა.

6. 用下列词语造句

(1) როგორც ... , ასევე ... __________

(2) ... გარდა, კიდევ ... __________

(3) ნელ-ნელა __________

(4) სხვათა შორის __________

7. 将下列句子译成汉语

(1) ჩინეთში საკმაოდ ბევრი ლამაზი ქალაქი და ადგილია.

(2) მე განსაკუთრებით კარგად ვწავლობ, თუმცა, ქეთი მაინც ჩემზე უკეთესად სწავლობს.

(3) ამ ჯგუფში თითქმის ყველა სტუდენტი ჭკვიანია, ამიტომ მასწავლებელი ძალიან ბედნიერია.

(4) საქართველოში ყველგან მთებია, მაღალი და ლამაზი კავკასიური მთები.

(5) ჩემს გარშემო ბევრი ყურადღებიანი მეგობარია.

(6) ის ქართულად ცუდად საუბრობს, ალბათ აღარ სწავლობს ქართულ ენას.

(7) ამ ქუჩის ბოლოს არც ისე ბევრი შენობაა, მაგრამ ძალიან ბევრი ხე და ყვავილია.

(8) გაკვეთილების შემდეგ, ჩვენ ერთად ხშირად ვსადილობთ და ვთამაშობთ.

(9) ლიუ ლი კარგად სწავლობს და ჩვენს ჯგუფში საუკეთესო სტუდენტად ითვლება.

(10) ქართული და ჩინური ენა ძალიან განსხვავდება, ასევე ქართული და ჩინური საჭმელი.

8. 作文：题目“ჩემი მეგობრები”（我的朋友们）

9. 绕口令

თეთრი თრითინა თეთრ თრთვილზე თრთოდა.

白色的黄鼠狼在白色的雪地上颤抖。

5. 帕尔那瓦斯一世（ფარნავაზ პირველი）

《卡特利之生活》（ქართლის ცხოვრება）是一本关于格鲁吉亚历史的古书，它概括了格鲁吉亚古代历史的基本情况。格鲁吉亚 11 世纪的一位著名诗人列奥基·姆洛维利（ლეონტი მროველი）曾写道：“卡特利的国王帕尔那瓦斯一世在位共 65 年，公元前 264 年去世，享年 92 岁，他统一了国家。在统一之前，格鲁吉亚国内使用多种语言——格鲁吉亚语（也就是卡特利语）、亚美尼亚语、希伯来语、希腊语、可萨语（ხაზარული）、亚述语等。统一后，虽然少数民族仍在日常生活中应用本民族语言，但格鲁吉亚语（卡特利语）被确定为格鲁吉亚的国语。” 帕尔那瓦斯一世不仅统一了语言，而且对格语的普及和发展作出了贡献。他丰富了格鲁吉亚的语言，使之正规化，此举促进了本国文字的形成。另一位著名诗人戈里高·奥尔贝里阿尼（გრიგოლ ორბელიანი）曾写道：“帕尔那瓦斯一世不仅统一了国家，而且留给后世一本经典的历史书《卡特利之生活》，为各民族的团结作出了不可磨灭的贡献……”。

帕尔那瓦斯一世于公元前 4-3 世纪在位，他出身于格鲁吉亚王朝氏族——巴格拉基奥尼家族，母亲曾是波斯贵族。帕氏三岁时，由于贵族内讧，全家人几乎被杀害，母亲只好将他隐藏在高加索山脉的一处深山中。长大后，帕氏成为一位英勇、有学识、有才干的人。公元前 329 年，他先战胜了格鲁吉亚东部和西部的公爵军队，然后与联军一同反抗波斯在卡特利的占领军。这次起义使他拥有了伊贝利亚国王的合法地位。他一生中进行了多项有利的政治改革，不仅为统一国家和普及格鲁吉亚语作出巨大贡献，还致力于本国文字的创造。约公元前 328 年，他 27 岁时，曾专程到中亚地区拜见亚历山大·马其顿，请求他承认格鲁吉亚（时称伊贝利亚）统一国家的合法地位，于是这个国家在历史上第一次得到了国际承认。此后，他将国家分为 8 个封建公国，以姆茨赫塔为首都，并且修建了巍峨的城堡。这 8 个封建公国是：俄格里斯（ეგრისი）、阿尔戈维提（არგვეთი）、奥兹利希（ოძრიხი）、克拉尔哲提（კლარჯეთი）、棕第（წუნდი）、萨姆史维朵（სამშვილდო）、乎纳尼（ხუნანი）、卡赫季（კახეთი）、卡特利（ქართლი）。每个公国由王公（公爵）管理税收、军事、内政，但自古以来的传统各公国必须服从卡特利，也就是服从中央集权的国王。此外，他还解放了一部分原被外族抢占的亚美尼亚边区。当时，俄格里斯公爵库芝（ქუჯი）比较强大，有相当的政治与军事力量，曾是帕尔那瓦斯国王的有力支柱，对其忠心耿耿，并立志将卡特利国变成强国。

帕尔那瓦斯对统一和发扬格鲁吉亚文化做出了杰出的贡献。

格鲁吉亚字母，版画家 L.Kutateladze

第十二课

გაკვეთილი XII (მეთორმეტე)

1. 课文 ტექსტი

შობა და ახალი წელი（圣诞节与新年）

საქართველოში ახალ წელს **პირველ** იანვარს ვზეიმობთ, შობას კი - შვიდ იანვარს. ამ დროს **ყველა** დაწესებულებაში **არდადეგებია**. შობა და ახალი წელი ყველასათვის საყვარელი დღესასწაულებია. დიდსაც და პატარასაც ერთნაირად უხარიათ. **დეკემბერს** და იანვარში ყველგან მორთული ნაძვის ხეები დგას და ქუჩებში განათებაც განსაკუთრებულია.

საახალწლოდ ერთმანეთს წინასწარ ვუმზადებთ საჩუქრებს, ბავშვები კი თოვლის პაპას წერილებს უგზავნიან, სთხოვენ ოცნებების შესრულებას და სხვადასხვა საჩუქრებს. ქალაქის მთავარ მოედანზე (თავისუფლების მოედანი) ყოველთვის დიდი ნაძვის ხე დგას. ახალ წელს ყველა ოჯახი საჭმელს იმზადებს. საახალწლო მაგიდაზე აუცილებელია ღვინო, გოზინაყი და საცივი. ოცდათერთმეტ დეკემბერს ოჯახის ყველა წევრი ერთად ვახშმობს, ღამის თორმეტ საათზე კი მაშხალებს აფეთქებენ და ბედნიერად ხვდებიან ახალ წელს. მხიარულება მთელი ღამე გრძელდება.

შვიდ იანვარს ზოგი ეკლესიაში ხვდება შობას, ზოგი კი - სახლში. ეს დღე ყველასათვის განსაკუთრებულია, ამიტომ ყველა ძალიან ბედნიერია.

2. 生词 ახალი სიტყვები

1. შობა（名）圣诞节
2. ახალი წელი（名）新年
3. იანვარი（名）一月
4. ვზეიმობთ（动）（我们）庆祝；过节日（现在时）
5. დაწესებულება（名）机构；机关
6. არდადეგები（名）假期
7. საყვარელი（形）亲爱的；可爱的
8. დღესასწაული（名）节日
9. ერთნაირად（副）同样；一样
10. უხარია（动）（他）高兴（现在时）
11. დეკემბერი（名）十二月
12. მორთული（形）装饰的；装潢的
13. ნაძვი（名）松树
14. განათება（名）照明
15. განსაკუთრებული（形）特别的；特殊的
16. საახალწლო（形）新年的

17. წინასწარ（副）提前
18. ვუმზადებთ（动）（他给他/他们）准备（现在时）
19. საჩუქარი（名）礼物
20. თოვლის პაპა（名）圣诞老人
21. წერილი（名）信
22. უგზავნიან（动）（他们）发；送；寄；遣派（现在时）
23. სთხოვენ（动）（他们）请求（现在时）
24. ოცნება（名）梦想；理想
25. შესრულება 实现；做成
26. მოედანი（名）广场
27. თავისუფლება（名）自由
28. ყოველთვის（副）总是；一直；永远
29. მაგიდა（名）桌子
30. აუცილებელი（形）必然的；必须的；一定的
31. ღვინო（名）葡萄酒
32. გოზინაყი（名）核桃仁儿蜜糖（格鲁吉亚人新年夜必备甜食）
33. საცივი（名）核桃鸡（格鲁吉亚传统菜肴）
34. ვახშმობს（动）（他）吃晚饭（现在时）
35. ღამე（名）夜
36. მაშხალა（名）爆竹
37. აფეთქებენ（动）（他们）爆炸（现在时）
38. ბედნიერად（副）愉快地；快乐地
39. ხვდებიან（动）（他们）接；迎接（现在时）
40. მხიარულება 快乐；高兴
41. გრძელდება（动）（他）继续（现在时）
42. ზოგი（形）有的

3. 注释 განმარტება

1. პირველი —— "第一"。表示 某月某日时，先说日后说月；表示一日时用顺序数词，表示其他日时用数量数词。
2. ყველა —— 意为 "都；所有；一切；全部；全"，和数词（ბევრი, ცოტა, ათი）用法相同，它后面的名词是单数。
3. არდადეგები —— "假期"，没有单数，只有复数。
4. დეკემბერს —— "十二月"。当两个名词都带前置词时，第一个名词的前置词要省略，如：დეკემბერს და იანვარში。

4. 语法 გრამატიკა

1. 前置词 "为了……" 或 "对于……"

(1) 后缀 -თვის 表示 "为了……" 或 "对于……"。后缀 -თვის 要求名词所属格，名词所属格中的 -ის 不可去掉。所属格和后缀之间可加附加音 -ა，例如：

- მეგობარი   მეგობრ-ის   მეგობრ-ის-(ა)-თვის
- ბინა   ბინ-ის   ბინ-ის-(ა)-თვის

85

- თვე　თვ-ის　თვ-ის-(ა)-**თვის**
- ეზო　ეზო-ს　ეზო-ს-(ა)-**თვის**

【注一】代词 ყველა 的变化不规则：它的所属格是 ყველას，而不是 ყველის。

(2) 表示时间（დღე; კვირა; თვე; წელი）的名词后面加后缀 -თვის 表示"……时前"；"快到……时"的意义，和俄语 к 或英语 by 意义相同，例如：

- კვირა　კვირ-ის　კვირ-ის-(ა)-**თვის**.
- ორი საათი　ორი საათ-ის　ორი საათ-ის-(ა)-**თვის**.

(3) 后缀 -თვის 应和物主代词连用。物主代词的结尾 -ი 应去掉，加后缀 -თვის，例如：

- ჩემი　ჩემ-**თვის**
- შენი　შენ-**თვის**
- მისი　მის-**თვის**
- ჩვენი　ჩვენ-**თვის**
- თქვენი　თქვენ-**თვის**
- მათი　მათ-**თვის**

2. 动词转化

从有些动词的意义可以看出，用元音字母能够理解其行为的主体。

(1) 中立的动词：这类没有客体，即看不出行为对象是谁。这类动词的标志是 -ა 或完全没有标志，例如：

- მე სახლს ვ**ა**შენებ.
- შენ რას სწერ?
- ის საჭმელს **ა**მზადებს.

(2) 主观的动词：有主体，即能看出行为是从主体（主观）本身发出的。这类动词的标志是 -ი，例如：

- მე სახლს ვ**ი**შენებ.
- შენ რას **ი**წერ?
- ის საჭმელს **ი**მზადებს.

(3) 客观的动词：客体为第三人称，即能看出行为是从非当事人（其他人）发生的。这类动词的标志是 -უ，例如：

- მე მას სახლს ვ**უ**შენებ.
- შენ მას რას **უ**წერ?
- ის მას საჭმელს **უ**მზადებს.
- ის მას წერილს **უ**გზავნის.

【注一】当动词为主观动词时，前置词 -თვის 和动词可以连接，如：ჩემ**თვის** ვიკეთებ；当动词为客观动词时，前置词 -თვის 和动词不能连接，如：**მათ** ვუკეთებ。

5. 练习 სავარჯიშოები

1. 给下列名词加后缀 -თვის，并将句子译成汉语

(1) ნინო (მასწავლებელი) ______________________ წერილს სწერს.

(2) ეს მაგიდა შენი ახალი (ბინა) ______________________ გინდა?

(3) ისინი (ახალი წელი) ______________________ საჩუქრებს ამზადებენ.

(4) მე (ყველა) ______________________ ვამზადებ საახალწლო საჭმელს.

(5) მას (ორშაბათი) ______________________ ბევრი საქმე აქვს.

(6) მარკი სამსახურში (ხუთი საათი) ______________________ მიდის.

(7) შენ (მომავალი წელი) ______________________ ჩინეთში მიდიხარ?

(8) ეს (ჩემი) ______________________ ძალიან კარგია!

(9) ამ ბინას (მისი) ______________________ ვქირაობ.

(10) (მათი) ______________________ ეს ახალი სამსახური ძალიან კარგია.

2. 在下列括号中填入动词转化的适当形式

აკეთებს　　აშენებს　　სწერს　　აჩერებს　　ამზადებს　　აფეთქებს

(1) ავტობუსი მათ ______________________.

(2) ის გოგო ახლა თმას ______________________.

(3) მშობლები მას სახლს ______________________.

(4) ის ბავშვებს საჩუქრებს ______________________.

(5) ავტობუსი ამ გაჩერებაზე ______________________.

(6) ნინო ლიუ ლის თმას საღამოსათვის ______________________.

(7) ბავშვები თოვლის პაპას წერილებს ______________________.

(8) მე აბაშიძის ქუჩაზე ჩემთვის სახლს ______________________.

(9) საახალწლოდ ჩვენ საჩუქრებს ყველას ______________________.

(10) მარკი წიგნში სავარჯიშოს ______________________.

(11) ახალ წელს ბავშვები აივანზე მაშხალებს ______________________.

(12) სახელმწიფო ამ უბანში ახალ სკოლას ______________________.

(13) ეს ქარხანა（工厂）საუკეთესო მაგიდებს ______________________.

(14) ბატონი გიორგი ახალ წიგნს ______________________.

(15) საახალწლოდ ყველა ოჯახი გოზინაყს ______________________.

3. 用下列词语造句

(1) ვუგზავნი ______________________________________

(2) საყვარელი ______________________________________

(3) ერთნაირად _____

(4) განსაკუთრებული _____

(5) წინასწარ _____

(6) უხარია _____

(7) სთხოვენ _____

(8) მორთული _____

(9) ოცნება _____

(10) შესრულება _____

(11) თავისუფლება _____

(12) ყოველთვის _____

(13) აუცილებელი _____

(14) მხიარულება _____

(15) გრძელდება _____

4. 将下列句子译成汉语

(1) ნინო იშვიათად მოდის ჩვენთან, თანაც ძალიან ცოტა ხნით.

(2) მე ნელ-ნელა ვსწავლობ სხვადასხვა ენას.

(3) ჩემი მეგობარი ძალიან წარმატებულია, ის საკმაოდ განსაკუთრებულია.

(4) მოგზაურობა ჩემი ოცნებაა, სხვათა შორის მე უკვე ძალიან ბევრ ქვეყანაში ვიყავი.

(5) დღესასწაულებზე ქუჩებში ლამაზი განათებაა და ყველაფერი მორთულია.

(6) ელენე წელს ან ინგლისურ ენაზე აბარებს ან გერმანულზე.

(7) ჩვენ ძალიან მოგვწონს შენი ახალი სახლი, ასევე შენი ლამაზი ეზოც.

(8) მასწავლებელს ერთნაირად უყვარს ყველა სტუდენტი.

(9) მე სახლში მივდივარ, უკვე ძალიან გვიან არის.

(10) ეს ლამაზი სახლი 1870 წელს ააშენეს, ახლა აქ სახელმწიფო დაწესებულებაა.

5. 在表格中将横向或竖向排列出来的下列词语标出

(1) მადლობა   (2) ჩინელი   (3) ქართველი

(4) მომავალი   (5) საუკეთესო   (6) მეგობრული

(7) ბედნიერი   (8) ყოველთვის   (9) რთული

(10) ვინ

მ	ა	დ	ლ	ო	ბ	ა	ა	წ	ე	დ	ს
ნ	ა	წ	ი	ლ	ე	ლ	ქ	კ	მ	უ	ა
გ	რ	ხ	შ	ე	დ	ვ	ა	ნ	ო	ბ	უ
ა	ჩ	ზ	ც	კ	ნ	ს	რ	ო	მ	ტ	კ
რ	ი	ძ	ჩ	ვ	ი	ნ	თ	ფ	ა	კ	ე
ი	ნ	რ	უ	ი	ე	დ	უ	უ	ვ	ჰ	თ
მ	ე	გ	ო	ბ	რ	უ	ლ	ი	ა	ტ	ე
ი	ლ	ძ	ო	კ	ი	ჰ	ი	ი	ლ	ყ	ს
ბ	ი	ყ	ო	ვ	ე	ლ	თ	ვ	ი	ს	ო

6. 作文：题目“ჩინური ახალი წელი”（გაზაფხულის დღესასწაული）（春节）

7. 绕口令

ნიორი ნანიორალში, რიონი ნარიონალში.

没有具体的含意，但适合练习，锻炼口舌。ნიორი 是蒜，რიონი 是格鲁吉亚西部一条河的名称。

6. 欧洲最早的文明（დმანისი）

20 世纪末，考古学家在格鲁吉亚境内德玛尼希（Dmanisi）镇，发现了人类历史上最早的欧亚大陆原始人，其年龄近 200 万年。法国人类学家对遗骨进行了严谨的科学研究后，又完成了头颅复原，并亲切地赋予他们格鲁吉亚人的名字：女子叫姆吉娅（მზია），男子叫瑟斯瓦（ზეზვა）。他们是现今公认的、目前所知欧亚大陆上最早的原始人。

此前，格鲁吉亚境内曾有不少石器时代的考古点，发现了许多旧石器时代的文物，从旧石器时代上半期直到新石器时代，各种器物应有尽有。此文明与亚洲其他早期文明有着明显的血缘关系，并且再次确定了欧亚原始人所处的地理位置。目前，学者已将格鲁吉亚列入世界上三个原始人发源地之一，他们认为人类在地球上繁衍，是从这几个地区开始的。

新石器时代，制作石器工具的文化促进了人类聚集共处，加速了人类集体共处和部落化，推动了畜牧业和农耕的发展。当时格鲁吉亚的气候适于生物繁殖，这片土地上生长着许多对人类有益的植物，例如食用麦穗、葡萄等。

公元前 4000 年的远古时代，人类开始了空前的技术革命，发明了青铜和黄铜，并用来制成器皿和武器，大大促进了社会经济发展，提高了生产力。那时人类已经使用牛耕田和运输。此外，由于上述原因，男人的社会地位日益提高，由于他们在农垦中的贡献较大，促使母系社会向父系社会过渡。德玛尼希正是远古时代和人类文明相继承的地方。

瑟斯瓦和姆吉娅

德玛尼希位于库拉河支流玛沙维拉河畔。公元前4世纪，由于手工业、商业、贸易的发展以及其重要的地理位置，那里已经形成了城市，人口开始迅速增加。6-7世纪时，市内已有大型教堂，其废墟至今仍然存在。德玛尼希最繁盛的时代是12-13世纪初叶，除本国人外，市内还居住着突厥人、亚美尼亚人、阿拉伯人、波斯人、北高加索人等侨民。13世纪，城市被土耳其赛尔柱王朝侵占后，人口几乎灭绝。1123年，德玛尼希被大卫建设者解放。13世纪蒙古人再次入侵，城市遭到扫荡，14世纪已不复存在。直到20世纪，考古学家在一片废墟和旷野中，发现了二十几处石器、青铜器、铁器等诸时代的出土文物。1991年，考古队在进行发掘工作时，偶然在深层发现了直立猿人的两个头颅，就是上文中提到的姆吉娅和瑟斯瓦，德玛尼希从此开始了"新的生命"。目前，遗址被建成博物馆，与当地的中世纪贝坦尼亚大教堂一起成为举世瞩目的古遗址和旅游名胜。

第十三课 გაკვეთილი XIII (მეცამეტე)

1. 对话 დიალოგი

მარკის დაბადების დღე (马克的生日)

ლიუ ლი: — მარკ, ამ შაბათ-კვირას რა გეგმები გაქვს?

მარკი: — შაბათს დაბადების დღეს გადავიხდი, კვირას კი დავისვენებ.

ლიუ ლი: — დაბადების დღეზე რას აპირებ?

მარკი: — რესტორანში **ხუთ კაცზე** მაგიდას შევუკვეთავ და ყველა ერთად ვივახშმებთ. კარგი მუსიკოსები დაუკრავენ, ჩვენც ვიცეკვებთ და ვიმხიარულებთ. იმედი მაქვს, კარგ დროს გავატარებთ.

ლიუ ლი: — ვის დაპატიჟებ?

მარკი: — ბატონ გიორგის, ნინო მასწავლებელს, სანდროს და, რა თქმა უნდა, შენ.

ლიუ ლი: — რა კარგია! ბევრ საჩუქარს მიიღებ, ასევე მოლოცვებს შენი ნათესავებისაგან და მეგობრებისაგან. რამდენი წლის ხდები?

მარკი: — ოცდასამის.

ლიუ ლი: — ჩემზე ერთი წლით უფროსი ხარ.

მარკი: — შენი დაბადების დღე როდის არის?

ლიუ ლი: — ოცდასამ ივლისს, წლის ყველაზე ცხელ დროს. რესტორანში რა საჭმელებს შეუკვეთავ?

მარკი: — სალათებს, მწვადებს, ხაჭაპურებს ...

ლიუ ლი: — ტორტს მე გავაკეთებ.

მარკი: — საჭმლის გაკეთება იცი?

ლიუ ლი: — კი, ვიცი, მაგრამ საჭმლის გაკეთება არ მიყვარს, ცხობა კი ძალიან მიყვარს და კარგადაც ვაცხობ.

მარკი: — სანდრო ღვინოს მოიტანს.

ლიუ ლი: — რა ღვინოს? ქარხნის თუ სოფლის?

მარკი: — სოფლის, **თავის დაწურულს**. მის სოფელში ყველამ იცის ღვინის გაკეთება. აღმოსავლეთ საქართველოში ბევრი ჯიშის ყურძენია და თითქმის ყველას თავისი ვენახი აქვს.

ლიუ ლი: — აღმოსავლეთში არა, მაგრამ დასავლეთში ორი თვის წინ ვიყავი.

იქაც ძალიან გემრიელი ღვინო აქვთ.

მარკი: — აღმოსავლეთში ძალიან საინტერესო ქალაქებია და თბილისიდან ძალიან ახლოს არის, შარშან სანდროს დაბადების დღეზე ქალაქ სიღნაღში ვიყავით.

ლიუ ლი: — შემდეგ თვეში აღმოსავლეთში აუცილებლად ვიმოგზაურებ.

2. 生词 ახალი სიტყვები

1. დაბადება 生；产
2. დაბადების დღე（名）生日
3. გეგმა（名）计划
4. გადავიხდი（动）（我）① 庆祝；过；② 付钱（将来时）
5. დავისვენებ（动）（我）休息（将来时）
6. აპირებ（动）（你）打算；计划（现在时）
7. კაცი（名）人；男人
8. შევუკვეთავ（动）（我）订（将来时）
9. ვიცეკვებთ（动）（我们）跳舞（将来时）
10. ვიმხიარულებთ（动）（我们）快乐；高兴（将来时）
11. იმედი（名）希望
12. დაპატიჟებ（动）（你）邀请（将来时）
13. თქმა 说一下
14. უნდა（动）① 应该；②（他）想；要；愿；需（现在时）
15. რა თქმა უნდა 无话可说；当然
16. მიიღებ（动）（你）收到；得到（将来时）
17. მილოცვა（名）祝愿；祝福
18. ნათესავი（名）亲戚
19. გახდები（动）（你）① 变成；成为；② 将（人）（将来时）
20. უფროსი（形）① 年长的；② 老板；头目
21. როდის（代）什么时候
22. ივლისი（名）七月
23. სალათა（名）沙拉
24. მწვადი（名）烤肉
25. ხაჭაპური（名）格鲁吉亚奶酪饼
26. ტორტი（名）蛋糕
27. გაკეთება 作；做；做好
28. ცხობა 烤
29. ვაცხობ（动）（我）烤（现在时）
30. მოიტანს（动）（他）带来；拿来（将来时）
31. ქარხანა（名）工厂
32. სოფელი（名）农村
33. თავისი（代）自己的
34. დაწურული（形）挤出的；拧过的
35. აღმოსავლეთი（名）东方
36. ჯიში（名）类型；种
37. ყურძენი（名）葡萄
38. ვენახი（名）葡萄园
39. დასავლეთი（名）西方
40. იქ（副）那里
41. გემრიელი（形）美味的
42. შარშან（副）去年
43. სიღნაღი（名）希格纳赫市（格鲁吉亚东部）
44. აუცილებლად（副）一定；必须

3. 注释 განმარტება

1. **ხუთ კაცზე** —— კაცი 有“男人”的意义，也可以表示“人”。它前面加数量数词和后缀 -ზე，表示俄语 на пять человек 的意义。
2. **თავისი** —— “自己的”，只有当主语是第三人称时使用，如：**მას** თავისი წიგნი მოსწონს，但是 **მე ჩემი** წიგნი მომწონს（我的）。
3. **დაწურულს** —— “挤出的；拧过的”是给予格。

4. 语法 გრამატიკა

1. 动词将来时形式

动词将来时有几种形式。主语标志的动词将来时由动词现在时构成，有些补语标志的动词现在时和动词将来时的词根不同。

(1) 动词将来时最常用的形式: 动词现在时人称标志前直接加前缀即变成将来时，例如:

- მე **გა**ვაკეთებ
- შენ **გა**აკეთებ
- ის **გა**აკეთებს
- ჩვენ **გა**ვაკეთებთ
- თქვენ **გა**აკეთებთ
- ისინი **გა**აკეთებენ

这类前缀有几种（გა-；გადა-；და-；მო-；შე-；ა-；მი-；ჩა-），每个动词将来时有不同的前缀，它们没有规律，所以需要分别记住，例如：

- ჩვენ რესტორანში კარგ დროს **გა**ვატარებთ.
- მე დიდ დაბადების დღეს **გადა**ვიხდი.
- თქვენ ზაფხულში არდადეგებით **და**ტკბებით.
- ის დაბადების დღისათვის **მო**ემზადება.
- შენ რესტორანში მაგიდას როდის **შე**უკვეთავ?
- ბავშვები ახალ წელს ბევრ საჩუქარს **მი**იღებენ.

(2) 动词将来时另一种常用的形式：动词现在时人称标志后直接加元音字母 -ი- 或 -უ-，并将最后的音节 -ობ, -ავ（有时是 -ებ）替换为 -ებ, -ი，例如：

- მე ვ**ი**ცეკვ**ებ**
- შენ **ი**ცეკვ**ებ**
- ის **ი**ცეკვ**ებ**ს
- ჩვენ ვ**ი**ცეკვ**ებ**თ

· თქვენ **იცეკვებ**თ

· ისინი **იცეკვებ**ენ

【注一】有时不规则动词中出现辅音 ვ，如：ვიქირა**ვ**ებ; ვიმუშა**ვ**ებ。

【注二】动词 სწავლობს 最后的音节 -ობ 替换为 -ი，如：ისწავლ**ი**ს。

2. 前置词“从……”

(1) 后缀 -გან 表示“从……”的意义，与后缀 -დან 相似，但是后缀 -გან 只可用于与表人名词连用。后缀 -გან 应加名词所属格 -ის，所属格和后缀之间可以加辅助音 ა，例如：

· მეგობარი	მეგობრ-ის	მეგობრ-ის-(ა)-**გან** მილოცვას მიიღებ?
· ძმა（兄弟）	ძმ-ის	ძმ-ის-(ა)-**გან** ახალ წიგნს მივიღებ.

【注一】元音结尾的人名加给予格而不是所属格，例如：ნინო-**ს**-(ა)-გან；თინა-**ს**-(ა)-გან。

(2) 后缀 -გან 应和物主代词连用。物主代词的结尾 -ი 应去掉，加后缀 -გან，例如：

· ჩემ**ი**	ჩემ-**გან** მეგობრები უკვე მიდიან.
· შენ**ი**	შენ-**გან** დაბადების დღეზე რას მივიღებ?
· მის**ი**	მის-**გან** წერილი მოდის.
· ჩვენ**ი**	ეს მას ჩვენ-**გან** დაბადების დღის საჩუქარი.
· თქვენ**ი**	თქვენ-**გან** რა ავტობუსი მიდის იქ?
· მათ**ი**	მათ-**გან** წერილი მაქვს.

3. 不规则动词

(1) 动词 მოიტანს 表示“带……”（非动物名词）。未完成体过去时体动词（带……）的现在时和过去时，是由 აქვს (ჰქონდა) 和 ჰყავს (ჰყავდა) 动词构成的，它们前面应加表示动作方向的前缀（მო-; მი-; ა-; ჩა-; შე-; გა-; და-; გადა-），例如：

非动物名词（现在时）	动物名词（现在时）
· მე **მო**მაქვს	**მო**მყავს
· შენ **მო**გაქვს	**მო**გყავს
· მას **მო**აქვს	**მო**ჰყავს
· ჩვენ **მო**გვაქვს	**მო**გვყავს
· თქვენ **მო**გაქვთ	**მო**გყავთ
· მათ **მო**აქვთ	**მო**გყავთ

非动物名词（未完成体过去时）	动物名词（未完成体过去时）
· მე **მო**მქონდა	**მო**მყავდა
· შენ **მო**გქონდა	**მო**გყავდა
· მას **მო**ჰქონდა	**მო**ჰყავდა
· ჩვენ **მო**გვქონდა	**მო**გვყავდა

• თქვენ **მოგ**ქონდათ	**მოგ**ყავდათ
• მათ **მოჰ**ქონდათ	**მოჰ**ყავდათ

(2) 动词（带……）的将来时与未完成体现在时或过去时的词根不同，但有相同的前缀，且动词将来时有主语人称标志，例如：

非动物名词	动物名词
• მე მო**ვ**იტან	მო**ვ**იყვან
• შენ მოიტან	მოიყვან
• ის მოიტან**ს**	მოიყვან**ს**
• ჩვენ მო**ვ**იტან**თ**	მო**ვ**იყვან**თ**
• თქვენ მოიტან**თ**	მოიყვან**თ**
• ისინი მოიტან**ენ**	მოიყვან**ენ**

句中将来时主语和补语也有变化：主语是主格，补语是给予格，例如：

• ის წიგნს უნივერსიტეტში მიიტანს.

• ის ძაღლს ქუჩაზე გადაიყვანს.

【注一】动词（带……）将来时不能加后缀 და-。

【注二】如果补语是第三人称，则由 უ 代替 ი，例如：ის მას მი**უ**ტანს（მი**უ**ყვანს）（将来时）。

【注三】本动词可加其他表示动作方向的前缀，例如：**შე**იყვანს; **მო**იყვანს; **წა**იყვანს 等。

4. 不规则名词

只有一个名词 ღვინო（葡萄酒）变化是不规则的。它以 ო 结尾，变所属格和工具格时，应去掉 -ო 并加 -ის 或 -ით，例如：

• საქართველო ღვინ**ის** ქვეყანაა.

• ისინი ღვინ**ით** თვრებიან（喝醉）.

5. 练习 სავარჯიშოები

1. 将下列动词将来时变成现在时

(1) მე საჭმელს (გავაკეთებ) ____________________.

(2) გიორგი მარკს ქართულ ენას (შეასწავლის) ____________________.

(3) რესტორანში მუსიკოსი (დაუკრავს) ____________________.

(4) ჩვენ მას წერილს (მივწერთ) ____________________.

(5) თქვენ სკოლას როდის (დაიწყებთ) ____________________?

(6) შენ უნივერსიტეტში (ჩააბარებ) ____________________?

(7) ისინი არდადეგებზე კარგ დროს (გაატარებენ) ____________________.

(8) ეს ავტობუსი იმ გაჩერებაზე (გააჩერებს) ______________________________.

(9) მე მარკს დაბადების დღისათვის საჩუქარს (მოვუმზადებ) ______________________.

(10) ის გიორგის სახლს (აუშენებს) ______________________________.

(11) ჩვენ ახალ წელს მაშხალებს (ავაფეთქებთ) ______________________________.

(12) ლიუ ლი ტორტს (დააცხობს) ______________________________.

(13) ნინო დღეს რას (დააპირებს) ______________________________?

(14) ჩვენ დღეს ყველას ახალ სახლში (დავპატიჟებთ) ______________________________.

(15) მე გიორგისათვის ინტერნეტით საჩუქარს (შევუკვეთავ) ______________________.

(16) ავტობუსი ამ გაჩერებაზე (გააჩერებს) ______________________________.

(17) ბავშვები ეზოში (დაიმალებიან) ______________________________.

(18) ჩვენ სანდროს დაბადების დღეზე კარგად (გავერთობით) ______________________.

(19) მე ტაილანდში კარგი ამინდით (დავტკბები) ______________________________.

(20) შენ რამდენი წლის (გახდები) ______________________________?

(21) თქვენ რესტორანში გვიანობამდე (დარჩებით) ______________________________?

(22) ქალაქში თოვლი (დადნება) ______________________________.

(23) ჩემს ეზოში ლამაზი ხეები (გაიზრდება) ______________________________.

(24) ზამთარში ცხოველები (დაიმალებიან) ______________________________.

(25) ჩვენ ეგზოტიკური ბუნებით (დავტკბებით) ______________________________.

2. 将下列动词现在时变成将来时

(1) ის ქართულად თავისუფლად (საუბრობს) ______________________________.

(2) მე ამ ბინაში ერთი წელი (ვცხოვრობ) ______________________________.

(3) ჩვენ ბინას ერთად (ვქირაობთ) ______________________________.

(4) უკაცრავად, თქვენ უნივერსიტეტში (მუშაობთ) ______________________________?

(5) ისინი ამ ტრანსპორტით ხშირად (სარგებლობენ) ______________________________.

(6) ჩვენ მომავალში (ვმეგობრობთ) ______________________________.

(7) თქვენ არდადეგებზე სად (მოგზაურობთ) ______________________________?

(8) ახალ წელს ჩვენ ყველა ერთად (ვზეიმობთ) ______________________________.

(9) ამ ახალ წელს შენ სად (მხიარულობ) ______________________________?

(10) დღეს საღამოს ჩვენ ერთად (ვვახშმობთ) ______________________________.

3. 给下列名词加后缀 -გან 并译成汉语

(1) შენ (თინა) ______________________________ მოდიხარ?

(2) მე ჩემი (და) ______________________________ მოვდივარ.

(3) ეს საჩუქარი (მათი) ______________________________ არის.

(4) (გიორგი) ______________________________ ახალი რა არის?

(5) (შენ) ______________________ წერილია.

(6) ეს წერილები (ბავშვები) ______________________ არის.

(7) დღეს (მასწავლებელი) ______________________ ახალი წიგნი მივიღე.

(8) მარკი (ძმა) ______________________ მოლოცვას იღებს.

(9) ახალ წელს შენ (ჩვენ) ______________________ ბევრ საჩუქარს მიიღებ.

(10) შემდეგ კვირას (მეგობარი) ______________________ წერილს მივიღებ.

4. 根据句义，在横线处填写动词“带……”的适当时态和动作方向

(1) მე ახლა სახლში მივდივარ და ყვავილები ______________________.

(2) მე ბავშვი სკოლაში ყოველდღე ______________________.

(3) მას დღეს თავისი ახალი მეგობარი ______________________ სახლში.

(4) მას მეორე სართულიდან მესამე სართულზე დიდი ძაღლი ______________________.

(5) დილას სანდროს ბევრი წიგნი ______________________ პირველ სართულზე.

(6) ჩვენ ნინოს ბინაში ერთად ______________________დიდ მაგიდას.

(7) თქვენ მარკის სახლიდან რას ______________________?

(8) ისინი ამ დღესასწაულზე ვის ______________________?

(9) გიორგი ამ ძაღლს ქუჩაზე ______________________.

(10) ახალ წელს მშობლები ძალიან ბევრ საჩუქარს ______________________.

5. 用下列词语造句

(1) იმედი ____

(2) თავისი ____

(3) როდის ____

(4) გაკეთება ____

(5) ღვინო ____

6. 作文：题目“დაბადების დღე”（生日）

7. 绕口令

ბაყაყი წყალში ყიყინებს.

青蛙在水中叫呱呱。

6. 格鲁吉亚葡萄酒（ქართული ღვინო）

在远古时代，伊贝里亚国与科尔希达国境内的古格鲁吉亚人已将野生葡萄通过嫁接和多种长期运用的工艺，变成了经济作物，逐渐使这个国家成为公认的葡萄酒业的摇篮。

格鲁吉亚各地区都拥有自行培养出来的葡萄藤种，并至今保持着其自身的特征。格鲁吉亚境内曾发现过石化的葡萄叶印，这再次证实了学者们对"葡萄故乡"的推测是正确的。在考古基地出土的铜器时代的陶罐和陶制酿酒器中，多次证实留有葡萄酒的干涸痕迹和相当完整的石化葡萄核儿。此外，还多次出土了酿酒器具、尖底盛酒陶器（ქვევრი）以及其他工具，如石制压板、挤汁石、船形大盆等，还有陶制和金属的酒壶。这些用具在公元前7—5世纪已经相当普及，是考古时最常见、数量最多的文物。

　　格鲁吉亚有许多本地特有的葡萄品种，可按产地、自然形成的结果来研究。本地酿酒的方法也具有独特的工艺，比较发达的酿酒工艺和文化在格鲁吉亚东部的卡赫季区，这里至今是格鲁吉亚产酒量和产值都普遍较高的地区。

　　正如国际公认的"植物百科全书"所言，格鲁吉亚地区特有的葡萄品种至少有500多种。这是十分可观的数字。

　　目前格鲁吉亚重视旅游业的发展，其历史悠久的葡萄秋收节（რთველი），以及从收获到制酒、品酒等程序，都已成为旅游项目，深受国内外游客的欢迎，是人文旅游最吸引人的项目。

铜器装饰"领桌人"（თამადა），公元前6世纪

第十四课

გაკვეთილი XIV (მეთოთხმეტე)

1. 对话 დიალოგი

სანდროს ოჯახი（桑德罗的家庭）

ლიუ ლი: — რა კარგი ამინდია დღეს! იმედი მაქვს, მალე დათბება.

სანდრო: — ხო, **წელს** ზამთარში ძალიან ციოდა და თოვდა, არა?

ლიუ ლი: — მართალია, წელს ძალიან ცივი ზამთარი იყო.

სანდრო: — ამ შაბათ-კვირას თუ არ მოწვიმს მთელი ჩვენი ოჯახი სოფელში შევიკრიბებით.

ლიუ ლი: — სანდრო, შენ საიდან ხარ?

სანდრო: — მე თბილისელი ვარ, ჩემი მშობლები კი წარმოშობით კახეთიდან არიან.

ლიუ ლი: — შენს ოჯახში რამდენი ადამიანია?

სანდრო: — ხუთი: დედა, მამა, ჩემი უფროსი და, უმცროსი ძმა და მე.

ლიუ ლი: — შენი მშობლები რას საქმიანობენ?

სანდრო: — **მამაჩემი** ინჟინერია, ქარხანაში მუშაობს. იგი ჩვენს ოჯახში ყველაზე დაკავებულია, მაგრამ ოჯახს მაინც ბევრ დროს უთმობს. **დედაჩემი** კი დაწყებითი სკოლის მასწავლებელია, იგი მამასავით დაკავებული არ არის, ამიტომ მას უფრო ბევრი დრო აქვს ჩვენთვის.

ლიუ ლი: — შენი და-ძმა შენსავით სტუდენტები არიან?

სანდრო: — ჩემი და კონსერვატორიის სტუდენტია. მას ხშირად აქვს კონცერტები. ჩვენ სამ თვეში ერთხელ დავდივართ მის კონცერტებზე. ხშირად ცნობილ მუსიკოსებთან ერთად უკრავს. შენ ნამდვილად მოგეწონება მისი კონცერტები.

ლიუ ლი: — შენი ძმა სად სწავლობს?

სანდრო: — ჩემი უმცროსი ძმა სკოლაში სწავლობს. მომავალ წელს კი თბილისის სახელმწიფო უნივერსიტეტში აბარებს, უცხო ენების ფაკულტეტზე.

ლიუ ლი: — რომელ უცხო ენაზე საუბრობს შენი ძმა?

სანდრო: — ინგლისურად და რუსულად თავისუფლად საუბრობს, ახლა კი ესპანურს სწავლობს.

ლიუ ლი: — თავისუფალ დროს როგორ ატარებ?

სანდრო: — თავისუფალ დროს მეგობრებთან ერთად ხშირად ვატარებ, თუმცა, განსაკუთრებით მიყვარს ბებიასთან და პაპასთან სოფელში ყოფნა.

ლიუ ლი: — იქ რითი ერთობი ხოლმე?

სანდრო: — იქ ძალიან ბევრი გასართობია. პაპასთან ერთად ტყეში ვნადირობ და მდინარეზე ვთევზაობ **წელიწადში** ორჯერ ან სამჯერ, შემოდგომაზე ღვინის გაკეთებაშიც ვეხმარები, ბებიას კი - მეურნეობაში; მას ბევრი შინაური ცხოველი და ფრინველი ჰყავს: ქათმები, ღორები, ძროხები და ერთი დიდი კავკასიური ნაგაზი.

სანდრო: — ლიუ ლი, შენ დიდი ოჯახი გაქვს?

ლიუ ლი: — არა, ჩვენს ოჯახში მხოლოდ სამი ადამიანია. მე და ჩემი მშობლები.

სანდრო: — დედისერთა ხარ?

ლიუ ლი: — დიახ.

სანდრო: — ნინოს დიდი ოჯახი აქვს?

ლიუ ლი: — არა, ნინოს ჩემზე პატარა ოჯახი აქვს. მხოლოდ ის და მისი მეუღლე.

სანდრო: — შვილი არა ჰყავთ?

ლიუ ლი: — ჯერ არა, **ცოლ-ქმარი** მარტო ცხოვრობს.

2. 生词 ახალი სიტყვები

1. მალე（副）快；迅速地
2. მართალი（名）① 真理；实话；②（形）对
3. ცივი（形）冷的
4. შევიკრიბებით（动）（我们）集合；聚在一起（将来时）
5. საიდან（代）从哪里
6. თბილისელი（形）第比利斯人
7. მშობელი（名）父亲；母亲
8. წარმოშობა 出身；起源
9. კახეთი（名）卡赫季州（格鲁吉亚东部）
10. ადამიანი（名）人
11. დედა（名）母亲；妈妈
12. მამა（名）父亲；爸爸
13. უმცროსი（形）年纪小的；较年少的；次的
14. ძმა（名）兄弟
15. ინჟინერი（名）工程师
16. დაწყებითი（形）初级的
17. კონსერვატორია（名）音乐学院（大学）
18. კონცერტი（名）音乐会
19. ერთხელ（副）一次
20. ცნობილი（形）有名的；著名的
21. ნამდვილად（副）确实

22. მოგენონება（动）（你）会喜欢（将来时）
23. უცხო（形）生疏的
24. ინგლისური（形）英国的
25. რუსული（形）俄罗斯的
26. ესპანური（形）西班牙的
27. ბებია（名）奶奶；姥姥
28. ყოფნა 在；是
29. გასართობი（形）玩具的；游戏的；玩耍用的
30. ტყე（名）树林
31. ვნადირობ（动）（我）狩猎（现在时）
32. მდინარე（名）河；江
33. ვთევზაობ（动）（我）钓鱼（现在时）
34. წელიწადი（名）年
35. ორჯერ（副）两次
36. სამჯერ（副）三次；三遍

37. ვეხმარები（动）（我）帮助（他）（现在时）
38. მეურნეობა（名）农业
39. შინაური（形）家畜的；宠物的
40. ფრინველი（名）禽；鸟雀；鸟类
41. ქათამი（名）鸡
42. ღორი（名）猪
43. ძროხა（名）牛
44. დედისერთა（形）独生子女
45. მეულე（名）丈夫；先生；太太；夫妻；爱人
46. შვილი（名）儿子；女儿
47. ჯერ ① 还；② 次；遍；③ 先
48. ცოლი（名）太太；爱人；老婆
49. ქმარი（名）丈夫；先生；老公
50. მარტო（副）① 只；② 唯独

3. 注释 განმარტება

1. წელს —— 表示今年时，直接用 წელს，前面不需要加代词，对比：ამ თვეს。
2. მამაჩემი —— 我爸爸。有一些表示家庭成员的名词可以直接加物主代词，变成一个词语，如：დედაჩემი（我妈妈）、ბებიაჩემი（我奶奶）、პაპაჩემი（我爷爷）。
3. წელიწადი —— 也表示"年"，但是 წელი 和 წელიწადი 用法不同，წელი 和数词连用，而 წელიწადი 和名词连用。
4. ცოლ-ქმარი —— 两个名词可以组合成为一个名词。将第一个名词的结尾去掉，加连字符，如：დედ-მამა（父母）、ცოლ-შვილი（妻子和孩子）、ქმარ-შვილი（先生和孩子）；有些名词词尾不能去掉，如：და-ძმა（兄弟姐妹）、გოგო-ბიჭი（女男）。表示女性的名词放在前面。

4. 语法 გრამატიკა

1. 无人称动词（未完成体过去时体与将来时）
(1) 表示天气状况动词的未完成体过去时体，与不及物动词未完成体过去时的第三人称相同。构成时，去掉动词结尾 -ა 并加未完成体过去时体标志 -ოდა。构成将来时形式时，动词词根发生变化（不同字母出现或者省略）并加不同前缀（და-; ა-）

和后缀（-ება），例如：

现在时	过去未完成体	将来时
• თბილ-ა	თბილ-**ოდა**	**და**-თბ-**ება**
• ცხელ-ა	ცხელ-**ოდა**	**და**-ცხ-**ება**
• გრილ-ა	გრილ-**ოდა**	**ა**-გრილდ-**ება**
• ცივ-ა	ცი-**ოდა**	**ა**-ცივდ-**ება**

【注一】有时词语里出现或省略辅音字母，例如：აგრილ**დ**ება; აცივ**დ**ება（出现的字母是 დ）。ცივა —— ციოდა（省略的字母是 ვ）。

(2) 另一种表示自然现象、天气变化的动词，应去掉现在时第三人称标志 -ს 并加未完成体过去时体过去时标志 -და。动词现在时加前缀 -მო，表示将来时，例如：

现在时	未完成体过去时	将来时
• წვიმ-ს	წვიმ-**და**	**მო**-წვიმს
• თოვ-ს	თოვ-**და**	**მო**-თოვს
• ყინავ-ს	ყინავ-**და**	**მო**-ყინავს
• ქუხ-ს	ქუხ-**და**	**მო**-ქუხს

【注一】动词 ცივა 是补语标志的动词，而动词 წვიმს 是主语标志的动词。

2. 现在时的其他用法

(1) 现在时又表示经常、正常、频繁或重复发生的行为（即规律性的事情），或者即将实行的行为，例如：

- მამაჩემი ინჟინერია, ქარხანაში **მუშაობს**.
- დედა ხშირ ბევრ დროს **უთმობს**.
- ჩვენ თვეში ერთხელ **დავდივართ** მის კონცერტებზე.

(2) 如果句中有表示时间的副词，动词现在时也可以表示将来时，例如：

- ის **შემდეგ კვირაში** ჩინეთში მიდის.
- ის **მომავალ წელს** უნივერსიტეტში აბარებს.

3. 前置词"与……相似"

(1) 后缀 -ვით 表示"与……相似"的意义。如果名词以辅音结尾，后缀 -ვით 加主格，主格中的 -ი 不能去掉，例如：

- მეგობარი   მეგობარ-ი   ის ჩემი მეგობარ-ი-**ვით** კეთილია.

(2) 如果名词以元音结尾，后缀 -ვით 应加不可去掉的给予格 -ს，且给予格和后缀之间应加辅助音 ა，例如：

- დედა   დედა-ს-**ა-ვით**   ქეთი დედა-ს-**ა-ვით** ლამაზია.
- ტყე   ტყე-ს   ნინოს ეზო ტყე-ს-**ა-ვით** მწვანეა.
- გოგო   გოგო-ს   ლიუ ლი იმ გოგო-ს-**ა-ვით** ცნობისმოყვარეა.

(3) 人称代词和前置词（后缀 -ვით）连接时，代词是给予格。后缀 -ვით 应加不可去

掉的给予格 -ს，且给予格和后缀之间应加辅助音 ა，例如：

- ჩემ-ს-**ა-ვით**
- შენ-ს-**ა-ვით**
- მას-ს-**ა-ვით**
- ჩვენ-ს-**ა-ვით**
- თქვენ-ს-**ა-ვით**
- მათ-ს-**ა-ვით**

4. 数词变成副词

(1) ჯერ 是"次"或"遍"的意思。数量数词去掉结尾 ი 并加 -ჯერ，则变成副词，例如：

- სამი   სამჯერ

(2) 如果数量数词以其他元音结尾，-ჯერ 可直接加入数词中，例如：

- რვა   რვაჯერ
- ცხრა   ცხრაჯერ

(3) "一次""一遍"是不规则变化，应以 -ხელ 代替 -ჯერ。构成副词时，数量数词（ერთი）去掉结尾 ი 并加 -ხელ，例如：

- ერთი   ერთ**ხელ**

【注一】当"一"是第二数词时，结尾是 ჯერ，而不是 ხელ，如：21 - ოცდაერთ**ჯერ**。

5. 表示人身心状态与感受的动词将来时

如果补语标志动词的现在时有前缀（例如：მო），它变成未完成体过去时的时候，动词现在时的标志 -ს 应去掉，加表示未完成体过去时的标志 -და；它变成将来时的时候，人称标志后应加元音字母 -ე-；而动词现在时主语标志 -ს 应去掉并加表示将来时的标志 -ება，如：

现在时	未完成体过去时	将来时
მომწონს	მომწონდა	მომეწონება
მოგწონს	მოგწონდა	მოგეწონება
მოსწონს	მოსწონდა	მოეწონება
მოგვწონს	მოგვწონდა	მოგვეწონება
მოგწონთ	მოგწონდათ	მოგეწონებათ
მოსწონთ	მოსწონდათ	მოეწონებათ

【注一】如果第三人称动词现在时带 ს- 标志，将来时标志 ს- 应去掉。

5. 练习 სავარჯიშოები

1. 将下列括号中的动词现在时变成适当形式

(1) კვირას მთელი დღე (წვიმს) ______________ და (ქუხს) ______________, ძალიან (ცივა) ______________.

(2) მომავალ თვეს (თბილა) ______________, აღარ (თოვს) ______________.

(3) დღეს დილას ძალიან (ცხელა) ______________, ახლა კი - (გრილა) ______________.

(4) მომავალ კვირას (თოვს) ______________ და (ყინავს) ______________, ძალიან (ცივა) ______________.

(5) ზამთარში ყოველ დღე (ცივა) ______________ და ხშირად (თოვს) ______________.

(6) შაბათ-კვირას (წვიმს) ______________, მაგრამ მაინც (თბილა) ______________.

(7) შემდეგ კვირაში (წვიმს) ______________ და (გრილა) ______________.

(8) წელს ზაფხულში ძალიან (ცხელა) ______________.

(9) იმ დღეს ძალიან (თოვს) ______________, ღამე კი ძალიან (ცივა) ______________.

(10) დღეს დილიდან (წვიმს) ________, იმედი მაქვს საღამოს (თბილა) ____________.

2. 将下列句子译成格鲁吉亚语（用动词现在时）

(1) 他的头发是黑色的。

(2) 夏天过后是秋天。

(3) 马克常去旅游。

(4) 公交车停在这个站上。

(5) 他明年上大学。

(6) 他们从童年时代已是朋友。

(7) 学校九点钟开始上课。

(8) 乔治在大学工作。

(9) 刘丽住在第比利斯。

(10) 冬天很冷。

3. 给下列名词加后缀 -ვით 并译成汉语

(1) მე (დედა) ________________ სკოლაში ვმუშაობ.

(2) შენ (ძმა) ________________ კარგად სწავლობ?

(3) ეს ბინა (მზე) ________________ ნათელია.

(4) მან (ის) ________________ კარგად იცის საჭმლის გაკეთება.

(5) ჩვენ (ისინი) ________________ ხშირად ვმოგზაურობთ.

(6) ის (მე) ________________ ხშირად წერილს წერს მშობლებს.

(7) მათ (სანდრო) ________________ უყვართ სოფელში ყოფნა.

(8) შენი უფროსი და (შენ) ________________ მამაცია.

(9) ჩემი მასწავლებელი (სტუდენტი) ________________ ახალგაზრდაა.

(10) თქვენ არდადეგებზე(ისინი) ________________ კარგ დროს ატარებდით?

4. 将下列括号中的数量数词变成一次性的副词并造句

(1) (ერთი) ____.

(2) (რვა) ____.

(3) (ბევრი) ____.

(4) (რამდენი) ____.

(5) (ორმოცდაათი) ____.

(6) (ასი) ____.

(7) (ათასი) ____.

(8) (ცოტა) ____.

(9) (ოცდაერთი) ____.

(10) (მილიონი) ____.

5. 填入动词 მომეწონება 将来时的适当形式并译成汉语

(1) ნინოს ეს საჭმელი ________________________.

(2) თქვენ ეს კონცერტი ნამდვილად არ ________________________.

(3) მე ეს წიგნი ________________________?

(4) ჩვენ საქართველოში მოგზაურობა ნამდვილად ________________________.

(5) შენ ჩემი დაწურული ღვინო ________________________.

(6) მათ ეს ბინა არ ________________________.

6. 用下列词语造句

(1) დაწყებითი ____

(2) ერთხელ ____

(3) ნამდვილად ____

(4) რითი ____

(5) მარტო ____

7. 将下列句子译成汉语

(1) ჩემი მშობლები წარმოშობით თბილისიდან არიან.

(2) ჩემი მშობლები თბილისლები არიან.

(3) ის მომავალ წელს აბარებს დაწყებით სკოლაში.

(4) მე ერთხელ ამ კონცერტზე ვიყავი და ძალიან არ მომეწონა.

(5) ეს კაცი ჩვენს უნივერსიტეტში ძალიან ცნობილია.

(6) შენ ნამდვილად მოგეწონება ეს კონცერტი.

(7) ისინი ჩემთვის უცხოები არიან.

(8) მას სახლში ყოფნა უყვარს.

(9) ეს მაშხალა გასართობია.

(10) მე ხშირად ვნადირობ ტყეში და ხშირად ვთევზაობ მდინარეზე.

(11) მე ვეხმარები მას საჭმლის კეთებაში.

(12) ღორი და ძროხა შინაური ცხოველები არიან.

(13) ჩინეთში ბევრი დედისერთაა.

(14) შენ წელიწადში რამდენჯერ თევზაობ მდინარეზე?

(15) მე წელიწადში მარტო ერთხელ ვთევზაობ.

8. 作文：题目"ჩემი ოჯახი"（我的家庭）

6. "建设者" 大卫
（დავით აღმაშენებელი）

　　大卫建设者，即大卫四世，是巴格拉吉奥尼王朝的格鲁吉亚沙皇之一。他16岁就继承皇位，1089-1125年在位。作为沙皇，他的功绩非常突出。

　　大卫是位学识渊博的沙皇，他掌握几种语言，对当时的世界科学、文化都有较深的认识。他热爱读书，曾研究过国内外的历史学与宗教学，而且十分关注本国文化。他特别注重教育，曾派大批少年到当时较发达的拜占庭帝国留学。他说："通过这种方式，他们能够掌握希腊语，日后可以翻译文献，并将知识带回本国"。的确，许多留学生后来成为格鲁吉亚知名的学者。大卫统治时代，在格鲁吉亚各地都普遍开设了公立学校和神学院，其中格拉提修道院（გელათის მონასტერი）中的科学院最为著名。大卫本人也从事文学创作，他写的宗教赞诗《忏悔之赞》流芳百世，对普及宗教、发扬人道主义精神做出了很大贡献。

　　大卫在位时，格鲁吉亚正处于困难和危机的时代，由于土耳其-塞尔柱帝国（თურქ-სელჩუკები）不断侵略，烧杀掳掠，格鲁吉亚几乎变成废墟。但大卫顽强抗争，终于将敌人驱逐出境。尔后，他开始大规模重建，因此，人们给予他"建设者"这一特别称号。

　　大卫一生经历过60次大型战斗，百战百胜。据悉，他总是随身携带图书，非常好学，在战争间歇时，几乎书不离手。

　　大卫是一位强有力的沙皇，他始终致力于团结各公国、各公侯，同时维护王室的中央集权，这也是他在1121年能够驱逐塞尔柱人的原因之一。他不仅将他们驱逐出格鲁吉亚，而且将其永远逐出高加索地区。1121年8月12日，是格鲁吉亚迪德格里

第十四课　გაკვეთილი XIV (მეთოთხმეტე)

（დიდგორის ბრძოლა）在战役中的胜利日。这场决定性的战役，使塞尔柱各封建主组成的穆斯林联军彻底崩溃。大卫趁势进攻，歼灭余部，并开始反攻，于1122年收复了被阿拉伯人占领了几百年的第比利斯市。随后，他将首都从西部的培都库塔伊西市迁回第比利斯。1124年，他得到亚美尼亚起义军的支持，解放了库尔德人占领的亚美尼亚阿尼市和南高加索的希尔凡地区。亚美尼亚人民热情歌颂大卫，并积极加入支援大卫的志愿军。

当时，格鲁吉亚国内形势稳定，大卫的威信很高，取得了中小贵族的信任，也得到了市民阶级的拥护。因此，他能够与大诸侯及王公的地方主义抗衡，废除了贵族出身才可以被任命为高级宗教领导和官员的旧习，代之以选举制度。在当时，这是史无前例的民主政策。他所征服和解放了的土地，并没有分封给诸侯或王公，而是派遣忠于国王集权的官吏去驻管。此外，大卫四世对国家主要道路的修建，也是他明智的举措之一。如此，大卫得以更有效地统一国家。在1103年的一次会议上，他发表了有关宗教和经济改革的讲话，再一次确立了他政治家、战略家的地位。

1125年，德高望重的大卫沙皇去世，其子德米特里一世继位。大卫的遗体安葬于库塔伊西附近的格拉提修道院主堂中。"建设者"大卫四世去世后，被格国东正教封为圣人。"大卫"这个名字虽然源自犹太教与基督教，但后来在格鲁吉亚广受欢迎，现在仍然是常见的名字之一。

《"建设者"大卫》壁画局部

第十五课 — გაკვეთილი XV (მეთხუთმეტე)

1. 对话 დიალოგი

ტელეფონით საუბარი (打电话)

ქალი:	— დიახ!
ლიუ ლი:	— გამარჯობა, ნინო ხარ?
ქალი:	— არა, ნინო აქ არ ცხოვრობს.
ლიუ ლი:	— უი, ბოდიში!
ქალი:	— არა უშავს!

ირაკლი:	**— გისმენთ!**
ლიუ ლი:	— უკაცრავად, ნინო სახლშია?
ირაკლი:	**— ვინ კითხულობს?**
ლიუ ლი:	— მე მისი სტუდენტი ვარ, ლიუ ლი.
ირაკლი:	— ძალიან სასიამოვნოა. მე ირაკლი ვარ, ნინოს მეუღლე. ნინო ახლავე მოვა ტელეფონთან.

ნინო:	— ლიული, გამარჯობა. როგორა ხარ?
ლიუ ლი:	— კარგად. შენ?
ნინო:	— მეც კარგად.
ლიუ ლი:	— ნინო, ხომ არ იცი კარგი მაღაზიები სად არის?
ნინო:	— წიგნების მაღაზიები?
ლიუ ლი:	— არა, ტანსაცმელი მინდა, მალე გაზაფხული მოვა, მე კი მხოლოდ ზამთრის ტანსაცმელი მაქვს.
ნინო:	**— მოდი**, ერთად **წავიდეთ**. მეც მჭირდება ახალი კაბა და ფეხსაცმელი, მომავალ კვირას ჩემი უმცროსი დის ქორწილია.
ლიუ ლი:	— მართლა? დიდი ქორწილი იქნება?
ნინო:	— არა, პატარა ქორწილი ექნებათ, ას კაცზე, მხოლოდ ახლო მეგობრები და ნათესავები მოვლენ.
ლიუ ლი:	**— ხელს აწერენ** თუ **ჯვარს იწერენ** ეკლესიაში?
ნინო:	— ხელსაც მოაწერენ და ჯვარსაც დაიწერენ, მერე კი რესტორანში ავღნიშნავთ.

第十五课　გაკვეთილი XV (მეთხუთმეტე)

ლიუ ლი:　— საქორწინო მოგზაურობაში სად წავლენ?
ნინო:　— პარიზში, შეყვარებულებისათვის რომანტიკულ ქალაქში.
ლიუ ლი:　— რა კარგია! დღეს გცალია მაღაზიებში საყიდლებზე, რომ წავიდეთ?
ნინო:　— ხვალ მირჩევნია, მთელი დღე თავისუფალი ვიქნები.
ლიუ ლი:　— კარგი, ხვალ დილას უნივერსიტეტთან შეგხვდები.
ნინო:　— უკეთესი იქნება, თუ ჯერ ჩემთან მოხვალ, ერთად ვისაუზმებთ.

 2. 生词 ახალი სიტყვები

1. საუბარი 说话；聊天儿
2. ქალი（名）女士
3. ბოდიში 道歉；不好意思；对不起
4. არა უშავს 没关系；没事儿
5. გისმენთ（动）（我）听您的；听着呢（现在时）
6. ახლავე（副）马上
7. მოვა（动）（他）来（将来时）
8. მაღაზია（名）商店
9. ტანსაცმელი（名）服装；衣服
10. მინდა（动）（我）想；要；愿；需（现在时）
11. წავიდეთ（动）（我们）去；走；走吧（愿格时）
12. მჭირდება（动）（我）需要（现在时）
13. კაბა（名）连衣裙
14. ფეხსაცმელი（名）鞋
15. ქორწილი（名）婚礼
16. იქნება（动）（他）是（将来时）
17. ექნებათ（动）（他们）有（非动物）（将来时）
18. ხელი（名）手
19. აწერენ（动）（他们）签字（现在时）
20. ჯვარი（名）十字架
21. იწერენ（动）（他们）给自己写（现在时）

22. მოაწერენ（动）（他们）签字（将来时）
23. დაიწერენ（动）（他们）给自己写（将来时）
24. მერე（副）后来；然后
25. ავღნიშნავთ（动）（我们）①庆祝；纪念；②提出（将来时）
26. საქორწინო（形）婚礼的
27. მოგზაურობა 旅行
28. წავლენ（动）（他们）去；走（将来时）
29. პარიზი（名）巴黎
30. შეყვარებული（名）男/女朋友；情人
31. რომანტიკული（形）浪漫的
32. დღეს（副）今天
33. გცალია（动）（你）有空（现在时）
34. საყიდლები（名）买来的东西
35. ხვალ（副）明天
36. მირჩევნია（动）（我）宁可；比较喜欢；情愿（现在时）
37. ვიქნები（动）（我）是（将来时）
38. შეგხვდები（动）（我）见面；相会（你）（将来时）
39. მოხვალ（动）（你）来（将来时）
40. ვისაუზმებთ（动）（我们）吃早饭（将来时）

109

3. 注释 განმარტება

1. **გისმენთ** —— 意为“我听您说”，接电话时常用，相当于汉语的“喂！”。
2. **ვინ კითხულობს**？—— 意为“谁问呢？”。
3. **მოდი** —— 是动词（你）来；来吧！（命令式）。但是 **მოდი წავიდეთ** 是动词 მოდი 变成副词，是固定式，意为“咱们走吧”。წავიდეთ 是愿格时态（参考第 17 课）。
4. **ხელს აწერენ** —— 在民政局登记领结婚证；**ჯვარს იწერენ** —— 在教堂里按东正教的仪式结婚。
5. **რომ** —— 意为“为了……”，与俄语 чтобы 相似（参考第 21 课）。例如：დღეს გცალია მაღაზიებში საყიდლებზე **რომ წავიდეთ**？ —— 你今天有没有空跟我们去商店买东西？ წავიდეთ 是愿格时态（参考第 17 课）。

4. 语法 გრამატიკა

1. 表示动作方向的动词前缀（将来时）

(1) 表示动作方向的动词变成将来时形式时，动词现在时的词根 -დი- 发生变化，同时助动词 არის 也应去掉，例如：

- მე **მოვალ**
- შენ მო**ხვალ**
- ის **მოვა**
- ჩვენ **მოვალთ**
- თქვენ მო**ხვალთ**
- ისინი **მოვლენ**

【注一】动词变成将来时形式时，除前缀 და- 外，其他前缀可以随时添加。

(2) 如果改变前缀，动词意义也会发生变化，例如：

- ისინი სად **წავლენ**?

【注一】前缀 წა- 表示“离开说话者”，与 მი- 相似，但将来时较常用的是前缀 წა-，而不是前缀 მი-。

2. 系动词“是”的将来时

系动词“是”是不规则动词，动词将来时的词根发生变化（这个动词每个时态都不同），例如：

- მე ვიქნები
- შენ იქნები
- ის იქნება

- ჩვენ ვიქნებით
- თქვენ იქნებით
- ისინი იქნებიან

3. 补语标志动词的将来时

补语标志动词 მაქვს 和 მყავს 的将来时词根发生变化，例如：

• მე მექნება	მეყოლება
• შენ გექნება	გეყოლება
• მას ექნება	ეყოლება
• ჩვენ გვექნება	გვეყოლება
• თქვენ გექნებათ	გეყოლებათ
• მათ ექნებათ	ეყოლებათ

4. 补语标志的动词

(1) 当句中有动词 მირჩევნია，两个相比较的名词，一个是主体格，另一个是给予格，如：

- ეს თეთრი **ფეხსაცმელი**, იმ მწვანე **ფეხსაცმელს** მირჩევნია

相对于那双绿色的鞋，我更喜欢这双白色的鞋。

(2) 动词 მირჩევნია 的现在时是补语标志的动词，与动词 მიყვარს 相似，第三人称时用 უ- 替换 ი-，例如：

- მე ეს კაბა მირჩევნია.
- შენ ეს კაბა გირჩევნია.
- მას ეს კაბა **უ**რჩევნია.
- ჩვენ ეს კაბა გვირჩევნია.
- თქვენ ეს კაბა გირჩევნიათ.
- მათ ეს კაბა **უ**რჩევნიათ.

5. 练习 სავარჯიშოები

1. 填入适当带方向前缀的动词将来时

(1) შენ პირველი სართულიდან მესამე სართულზე ________________?

(2) სანდრო ბებიასთან და პაპასთან სოფელში ________________.

(3) ჩვენ მომავალ კვირას სამოგზაუროდ ________________.

(4) ის უკვე კარგად არის, დღეს საღამოს სახლიდან ________________.

(5) დღეს მე სამსახურიდან ხუთ საათზე ________________.

(6) თქვენ მომავალ წელს მეოთხე კურსზე ________________?

(7) ამ დღეებში მე და შენ ჩინურ რესტორანში ________________.

(8) ხვალ სტუდენტები სახლიდან დილის რვა საათზე _____.

(9) მე სახლიდან სამსახურში ამ ქუჩით _____.

(10) თქვენ მალე საქართველოში _____?

2. 填入动词"是"的将来时并译成汉语

(1) ისინი ხვალ ამ დროს პეკინში _____.

(2) მე მომავალში მასწავლებელი _____.

(3) თქვენ ხვალ სახლში _____?

(4) შენ მომავალ კვირას სად _____?

(5) ის მომავალში ვინ _____?

(6) ის მალე კარგად _____.

(7) ჩვენ მომავალ წელს ამ დროს საქართველოში _____.

(8) მე ამ შაბათ-კვირას სახლში _____ და გაკვეთილებს ვისწავლი.

(9) შენ მალე ჩვენი უნივერსიტეტის სტუდენტი _____?

(10) ისინი სამ საათზე მთავარი ქუჩის გაჩერებაზე _____.

3. 改正句中的错误并译成汉语

(1) მე დაბადების დღეზე ბევრი საჩუქარი მეყოლება.

(2) შენ ახალი მასწავლებელი გექნება?

(3) ჩვენ მალე ბავშვი გვექნება.

(4) მათ მომავალში დიდი და ლამაზი ბინა ექნებათ.

(5) შენ მალე სამი ახალი კაბა გეყოლება.

(6) მას მომავალ კვირაში მანქანა（车）ეყოლება.

(7) ჩვენ მომავალ კვირას კონცერტი გვეყოლება.

(8) თქვენ ახალ წელს რა საჭმელი გექნებათ?

(9) მათ რესტორანში კარგი მუსიკოსები ექნებათ.

(10) მე უნივერსიტეტში ბევრი მასწავლებელი მექნება.

4. 填入动词მირჩევნია 或 მიყვარს 的适当形式

(1) მე ეს მწვანე კაბა, იმ თეთრ კაბას _____.

(2) ისინი ყოველ შაბათ-კვირას დადიან ამ რესტორანში, ეს საჭმელი ძალიან _____.

(3) შენ რომელი წიგნი _____, ეს თუ ის?

(4) თქვენ ყველაზე ძალიან რომელი ღვინო _____?

(5) მას გართობაზე მეტად მოგზაურობა _____.

(6) მას თავისი მეუღლე ძალიან _____.

(7) ჩვენ ჩვენი უნივერსიტეტი ყველა უნივერსიტეტს ____________________.

(8) მე ძალიან ______________________ ხაჭაპური, შენ რა ______________________?

(9) თქვენ რომელი მასწავლებელი ______________________ ყველაზე მეტად?

(10) მათ ეს ფეხსაცმელები ______________________, რადგანაც უფრო ლამაზებია.

5. 将下列句子译成汉语

(1) მე მარცხენა ხელით ვწერ, ჩემი მშობლები კი მარჯვენა ხელით.

(2) ეკლესიაში დიდი ჯვარი დგას.

(3) მე მათთვის რესტორანში ავღნიშნავ ამ დღეს.

(4) ჩვენ ამ დღესასწაულს ყოველ წელს სახლში ავღნიშნავთ.

(5) დღეს მე არ მცალია, მათ კი დღესაც სცალიათ და ხვალაც.

(6) იმედი მაქვს, მომავალში მუსიკოსი ვიქნები.

(7) მე დღეს მას უნივერსიტეტში შევხვდები.

(8) ეს კაბა ლამაზია, მაგრამ მე უკეთესი მინდა.

(9) მას თავისი ძაღლი ჩემს ძაღლს ურჩევნია.

(10) მისი დედ-მამა ჩინეთში ცხოვრობს, და-ძმა კი - საქართველოში.

6. 对话：题目“ტელეფონით საუბარი”（打电话）

7. 绕口令

კარალიოკი გაკარალიოკებულა, საკარალიოკეში ჩაკარალიოკებულა.

绕口令没有完整意义。კარალიოკი 是甜柿子。გაკარალიოკებულა 变成了甜的柿子。საკარალიოკეში 放甜柿的果篮。ჩაკარალიოკებულა 甜柿滚到果篮里。

6. 自学成才的画家匹洛斯曼尼（ფიროსმანი）

尼果·匹洛斯曼尼（1875/1877—1918），是格鲁吉亚 19 世纪与 20 世纪之交的一位杰出、非凡的民间画家。他的一生虽然是悲剧性的，但他却在去世后获得了认可，他对格鲁吉亚文化产生了巨大的影响。

尼果·匹洛斯曼尼的原姓是匹洛斯曼尼什维里。他创作的时代，正是西方艺术经历着激烈变化与革新的时代，印象派、结构派等层出不穷。在法国产生了以卢梭为首的原始派，不少画家陶醉于儿童画、民间画，一改学院派陈旧的风格。所有这个时期见过匹氏作品的画家，都认为他是天然而纯粹的新潮画家。其实，匹氏并非职业画家，也不是传统画师，他是一个自学成才的天才，自然成了格鲁吉亚单纯派画法的“祖师”。

作为一个“名不见经传”的画匠，竟在他离世后得到诸如毕加索等名家的厚爱。毕加索为纪念匹氏而画了一幅"流浪画家匹洛斯曼尼"的版画，画面上正是一个背着画箱的潦倒身影，用线条勾画出的匹氏形象跃然纸上。

匹氏所有的画作都与格鲁吉亚民俗文化密不可分，有描写市民和农民生活的画面，也有许多传说中的人物，还有大量的动物。动物的画法虽然没有采用写实的手法，但每个动物都有突出的个性和象征性，其中大多数都美丽动人。他塑造的鹿、鹰、狮等造就了一系列不凡的形象。

匹氏的画作早已进入了世界著名的博物馆和私人收藏。早在1920—1926年间，第比利斯市的报纸上刊登过有关这位自学成才的画家的信息，但此时他去世已经多年。尼果·匹洛斯曼尼去世后遗体埋葬于贫民乱坟，所以他的墓地无人知晓。

匹氏的一生是悲苦的，他很早就失去父母，借住在第比利斯市的亲朋处，后在一家人家作童仆。女主人对他很亲切，教过他识字，但他从小感兴趣的是绘画，却没有机会学习，只好工作之余努力临摹一些偶然到手的画片。1880年，他在一家作坊中当画框工人，后来作过列车员、售货员，还曾经开过一个卖酸奶的小店。但这一切都与他的生活方式和兴趣背道而驰，生意也不顺利，最终他放弃了这一切，专心从事画师的工作，背着画箱在城市里行走卖艺。当时的第比利斯市是高加索经济和文化的中心，来往的人很多，少数民族也不少，一些有文化的人已经开始关注人文学，有些画家，其中包括第比利斯市波兰画家斯达涅维奇兄弟二人（ზდანევიჩი）、格鲁吉亚未来的名画家顾第阿施维里（გუდიაშვილი）等，发现了匹氏在小酒店的广告画并开始研究与评价他的作品，甚至将其画作带到俄国、波罗的海沿岸国家、法国及其他欧洲国家。

匹氏一生潦倒而贫困，他为饭馆、酒店作广告画，为了填饱肚子而不分昼夜地劳作，年纪轻轻就身体多病，后来又开始酗酒，生病后相当长的时间无人过问。虽然为匹氏作画像的人很多，但都是画家本人的假想，匹氏的照片并没有留存，所以他的肖像画都是后世画家幻想的结果。虽然曾经发现过一张据说是他的照片，也只是后人估计是他而已。据他的友人回忆，他身材瘦高，留着胡须，相貌大方端正。

关于匹氏传奇的一生，格鲁吉亚和俄国的许多文人创作过诗歌或散文，为其画过肖像、拍过电影、演过话剧。有著名的俄罗斯歌曲（布加乔娃及其他知名歌手们唱过）"百万朵玫瑰花"正是关于他浪漫生涯的颂歌，歌词是根据一个传说写成的。据传，在20世纪初，有一个从法国巴黎来第比利斯市舞蹈演员红极一时，匹氏竟然倾心于她。有一次，他倾尽所有的金钱买了几百支红玫瑰献给她。这个浪漫的爱情故事被很多他的艺术崇拜者传为佳话。

匹氏的画有许多是生活小景，反映农村与城市的传统生活和风俗。他的画作真实地反映了当时的社会现象，因此也涉及了当时的许多社会问题。虽然匹氏一直很羡慕和尊敬学院派画家，但他和职业画家们的接触是相当晚才开始的。

近代和当代比较重要的、大型的匹氏画展包括：1931年在基辅、1968年在华沙、1969年在巴黎（卢浮宫）、1969年在维也纳、1983年在法国尼斯和马赛、1986年在东京、

第十五课　გაკვეთილი XV (მეთხუთმეტე)

1995 年在苏黎世、2008 年在伊斯坦布尔、2009 年在维尔纽斯举办的展览等。

今天，到第比利斯的旅游者，可在第比利斯市艺术博物馆、格鲁吉亚东部旅游城市希格那赫博物馆以及东部他的故乡米尔扎安尼乡纪念馆等，看到他的作品。不久前，在欧洲拍卖的一幅匹氏作品，竞拍价格超过二百万欧元。

《匹洛斯曼尼之梦》（哥白林壁毯），画家 G.Kandareli 作

115

第十六课　გაკვეთილი XVI (მეთექვსმეტე)

 1. 对话 დიალოგი

ტანსაცმლის მაღაზია (服装店)

გამყიდველი: — გამარჯობა! რა გაინტერესებთ?
ლიუ ლი: — ყოველდღიური ტანსაცმელი, შარვლები და **ზედები**.
გამყიდველი: — ამ მხარეს შარვლებია, იქ კი – ზედები.
ლიუ ლი: — ეს ლურჯი შარვალი მომეწონა, მაგრამ შესაფერისი ზედა ვერ ვიპოვე.
გამყიდველი: — აი, ეს ჭრელი ზედა მოგიხდებათ, თქვენი ზომაა და ფერიც თქვენი არჩეული შარვლის შესაფერისია.
ლიუ ლი: — ერთი ფერის ზედა მინდა, თეთრი ან ღია ყვითელი. ნინო, შენ რას ფიქრობ?
ნინო: — აი, ეს წითელ ყვავილებიანი პერანგი მოიზომე, მე ძალიან მომეწონა.
ლიუ ლი: — კარგი. ქალბატონო, გასახდელი ოთახი სად არის?
გამყიდველი: — **ზედა** სართულზე.

გამყიდველი: — თქვენ რას ეძებთ?
ნინო: — გამოსასვლელ კაბას და ფეხსაცმელს.
გამყიდველი: — კაბების ახალი კოლექცია გუშინ მივიღეთ. რამდენიმე კაბა გუშინვე გავყიდეთ.
ნინო: — აი, ამ მწვანე კაბას მოვიზომებ.
გამყიდველი: — ამ კაბაზე ფასდაკლება არის.
ნინო: — რა კარგია! შავი ფეხსაცმელები გაქვთ?
გამყიდველი: — დიახ, აქეთ მობრძანდით.
ნინო: — ამ ფეხსაცმლის 38 (ოცდათვრამეტი) ზომა გაქვთ?
გამყიდველი: — დიახ.
ნინო: — კარგი. ამ ფეხსაცმელს და კაბას ვიყიდი.
გამყიდველი: — ეს კაბა სამკაულის გარეშე ცოტა უბრალოა. გვაქვს ლამაზი საყურეები, ყელსაბამები და სამაჯურები.
ნინო: — ჩემი აზრით, ამ კაბას ოქროსფერი სამკაული მოუხდება.

116

გამყიდველი: — აი, აქეთ მობრძანდით და თქვენ თვითონ აარჩიეთ.

ლიუ ლი: — ნინო მართალი იყავი, შენი არჩეული პერანგი ძალიან მომიხდა. ამ შარვალს, პერანგს და ნაცრისფერ ფეხსაცმელს ავიღებ. შენ რას ყიდულობ?

ნინო: — კაბა და ფეხსაცმელი უკვე ვიყიდე, ახლა კი სამკაულს ვარჩევ.

ლიუ ლი: — უი, რა ლამაზი სამკაულებია! მეც ვიყიდი ვერცხლისფერ ბეჭედს იასამნისფერი ქვით.

გამყიდველი: — თუ ორ ცალ სამკაულს იყიდით, საჩუქრად კიდევ ერთ სამკაულს მიიღებთ.

სუვენირების მაღაზია（纪念品店）

გამყიდველი: — გამარჯობა! რისი ყიდვა გინდათ?

ლიუ ლი: — ქართული სუვენირების.

გამყიდველი: — ეს ყანწი მოგწონთ?

ლიუ ლი: — დიახ. ორი ცალი ასეთი ყანწი მინდა, თუ შეიძლება.

გამყიდველი: — კიდევ რამე არ გნებავთ?

ლიუ ლი: — არა, გმადლობთ!

გამყიდველი: — არაფრის, კარგად ბრძანდებოდეთ!

2. 生词 ახალი სიტყვები

1. გამყიდველი（名）售货员
2. გაინტერესებთ（动）（您/你们）感兴趣（现在时）
3. ყოველდღიური（形）日常的
4. შარვალი（名）裤子
5. ზედა（名）在……上
6. ლურჯი（形）蓝色的
7. შესაფერისი（形）相当的；合适的
8. ვერ 不；不能
9. ვიპოვე（动）（我）找到；寻到（完成体过去时）
10. ჭრელი（形）彩色的；花的
11. მოგიხდებათ（动）（您/你们）合适；合身（将来时）

12. ზომა（名）尺码
13. არჩეული（形）选择的；选出的
14. თეთრი（形）① 白色的；② 格鲁吉亚硬币：特特里
15. ფიქრობ（动）（你）想；觉得（现在时）
16. პერანგი（名）衬衫
17. მოიზომე（动）（你）试试；量（完成体过去时）
18. გასახდელი ოთახი（名）试衣间；试衣室
19. ეძებთ（动）（您/你们）找；寻；寻找（现在时）
20. გამოსასვლელი（形）礼服（女/男）；节日服装

117

21. კოლექცია（名）收藏；系列；集
22. გუშინვე（副）昨天就……
23. გავყიდეთ（动）（我们）卖了（完成体过去时）
24. მწვანე（形）绿色的
25. ფასდაკლება（名）减价；打折
26. აქეთ（副）这边
27. მობრძანდით（动）（您/你们）来；请进（现在时）（客气式）
28. ვიყიდი（动）（我）买（将来时）
29. სამკაული（名）饰品；装饰
30. გარეშე（前）无；没有
31. უბრალო（形）普通的；简单的；简易的
32. საყურე（名）耳环
33. ყელსაბამი（名）项链
34. სამაჯური（名）手镯
35. აზრი（名）意见；理念；想法；意义
36. ოქროსფერი（形）金色的
37. თვითონ（代）自己
38. აარჩიეთ（动）（您/你们）挑；挑选；选择（完成体过去时）
39. ნაცრისფერი（形）灰色的
40. ავიღებ（动）（我）取；拿（将来时）
41. ვერცხლისფერი（形）银色的
42. ბეჭედი（名）戒指
43. იასამნისფერი（形）紫色的
44. ქვა（名）石；石头
45. ცალი 个
46. სუვენირი（名）纪念品
47. ყიდვა 买
48. ყანწი（名）牛角
49. ასეთი（形）这种的；这样的
50. რამე（代）某物；一些东西

3. 注释 განმარტება

ზედა —— 是"在……上"的意思；与其他名词连接时指"上……"，如：ზედა ტანსაცმელი 此处指上衣；ზედა სართული 此处指上层。

4. 语法 გრამატიკა

1. 完成体过去时动词

完成体过去时用于说明过去发生的事情，表示行为是完成的，并不表示行为的经常性。除一些不规则动词外，完成体过去时动词由动词将来时构成。

(1) 补语标志动词（除一些不规则动词外）的将来时是由动词现在时构成，而其他完成体过去时动词则由动词将来时构成。补语标志的动词将来时后缀 -ება（或 -ებს）由完成体过去时 -ა（完成体过去时动词标志）代替；构成复数第二和第三人称时，加复数标志 -თ，例如：

将来时	完成体过去时
• მე მომეწონება	მე მომეწონა
• შენ გაგიხარდება	შენ გაგიხარდა

- მას მოუხდება   მას მოუხდა
- ჩვენ მოგვიხდება   ჩვენ მოგვიხდა
- თქვენ გერჩივნებათ   თქვენ გერჩივნათ
- მათ დასჭირდებათ   მათ დასჭირდათ

【注一】动词 მირჩევნია 变成将来时的时候，人称标志后应加元音字母 -ე-，除将来时后缀 -ება 外，词根也发生变化，例如：მერჩივნება。

【注二】句中完成体过去时和愿格时态动词（参考第9课）的主语是前置格，补语是主格；而补语标志动词的各个时态相同（主语是给予格，补语是主格）。

【注三】完成体过去时动词有三个人称（主语、直接补语和间接补语）时，主语是前置格，直接补语是主格，而间接补语是给予格，例如：მან მას სახლი აუშენა; მან მას დრო დაუთმო（动词转化参考第12课）。

(2) 有些不规则的动词，将来时不是由动词现在时构成，而通常完成体过去时动词由动词将来时构成。

动词将来时的最后一个音节（-ი）应用完成体过去时的后缀（-ე）代替；完成体过去时单数第三人称的结尾是 -ა，其他人称完成体过去时的结尾是 -ე。复数第一和第二人称 -ე 后需加复数标志 -თ，而复数第三人称 -ე 后应加复数标志 -ს，例如：

现在时	未完成体过去时	将来时	完成体过去时
ვპოულობ	ვპოულობდი	ვიპოვი	ვიპოვე
პოულობ	პოულობდი	იპოვი	იპოვე
პოულობს	პოულობდა	იპოვის	იპოვა
ვპოულობთ	ვპოულობდით	ვიპოვით	ვიპოვეთ
პოულობთ	პოულობდით	იპოვით	იპოვეთ
პოულობენ	პოულობდნენ	იპოვიან	იპოვეს

现在时	未完成体过去时	将来时	完成体过去时
ვყიდულობ	ვყიდულობდი	ვიყიდი	ვიყიდე
ყიდულობ	ყიდულობდი	იყიდი	იყიდე
ყიდულობს	ყიდულობდა	იყიდის	იყიდა
ვყიდულობთ	ვყიდულობდით	ვიყიდით	ვიყიდეთ
ყიდულობთ	ყიდულობდით	იყიდით	იყიდეთ
ყიდულობენ	ყიდულობდნენ	იყიდიან	იყიდეს

(3) 最常用的完成体过去时动词形式之一是：将来时的最后一个音节（-ებ; -ავ; -ობ; -ი）应用完成体过去时的后缀代替；完成体过去时单数第三人称的标志是 -ა 或 -ო，其他人称完成体过去时的标志是 -ე。复数第一和第二人称 -ე 后应加复数标志 -თ，而复数第三人称 -ე 后应加复数标志 -ს，例如：

将来时	完成体过去时
• მე ახალ კაბას მოვიზომ**ებ**.	მე ახალი კაბა მოვიზომ**ე**.
• შენ ამ ბეჭედს იყიდ**ი**?	შენ ეს ბეჭედი იყიდ**ე**?
• ის წერილს მიიღ**ებ**ს.	მან წერილი მიიღ**ო**.
• ჩვენ ყველაფერს ავიღ**ებ**თ.	ჩვენ ყველაფერი ავიღეთ.
• თქვენ საჩუქრად წიგნს მიიღ**ებ**თ.	თქვენ საჩუქრად წიგნი მიიღეთ.
• ისინი გემრიელ საჭმელებს გაყიდ**ი**ან.	მათ გემრიელი საჭმელები გაყიდეს.

(4) 完成体过去时动词的形式之一：动词将来时最后一个音节 -ევ，应用元音字母 -ი- 代替并加完成体过去时标志 -ე，例如：

现在时	未完成体过去时	将来时	完成体过去时
ვარჩევ	ვარჩევდი	ავარჩევ	ავარჩ**იე**
არჩევ	არჩევდი	აარჩევ	აარჩ**იე**
არჩევს	არჩევდა	აარჩევს	აარჩ**ია**
ვარჩევთ	ვარჩევდით	ავარჩევთ	ავარჩ**იე**თ
არჩევთ	არჩევდით	აარჩევთ	აარჩ**იე**თ
არჩევენ	არჩევდნენ	აარჩევენ	აარჩ**იე**ს

【注一】动词 ვირჩევ 是给自己挑（挑选；选择）。

2. 否定语气词“არ”和“ვერ”

否定语气词 არ 和 ვერ 表示不同的意思。არ 用于简单句，表示绝对否定或通常性的否定事物; ვერ 意为“不能”，用于因为被外在的情况所左右、不允许行为发生的句中，例如：

• მე არ მივდივარ　　我不去（我决定不去）。

• მე ვერ მივდივარ　　我不能去；我去不了（有一些情况不允许我去）。

【注一】否定语气词总是位于动词前。

3. 指示语气词

აი 意为“这是”，是口语中常用的语气词，用于指示人或事物。根据句子内容，可译成汉语的“这是”或“这里”等指示词。语气词 აი 总是位于句首。如果句中有语气词 აი，则动词 არის 应去掉，例如：

• **აი**, შარვლები და ზედები.　　• **აი**, შენი წიგნი.

5. 练习 სავარჯიშოები

1. 将括号中的动词将来时变成完成体过去时

(1) მე თბილისში სამი წელი (ვისწავლი) ________________ და (ვიცხოვრებ) ________________.

(2) შენ რომელი წიგნით (ისარგებლებ) ____________________?
(3) ჩვენ ბავშვებთან ერთად თოვლში (ვითამაშებთ) ____________________.
(4) ისინი ქორწილში იყვნენ, კარგად (იცეკვებენ) ____________________ და (იმხიარულებენ) ____________________.
(5) მე ორშაბათისათვის ყველა გაკვეთილი (გავაკეთებ) ____________________.
(6) შენ შენი სახლი სად (აიშენებ) ____________________?
(7) მან მარკის დაბადების დღეზე საუკეთესო დრო (გაატარებს) ____________________.
(8) ჩვენ ორი წლის წინ (ჩავაბარებთ) ____________________ თბილისის სახელმწიფო უნივერსიტეტში.
(9) თქვენ რესტორანში რა საჭმელი (შეუკვეთავთ) ____________________?
(10) მაღაზიაში მათ უკვე ყველაფერი (გაყიდიან) ____________________.
(11) შენ რომელი კაბა (მოიზომებ) ____________________?
(12) მან საუკეთესო რესტორანი (შეარჩევს) ____________________.
(13) ჩვენ შაბათ-კვირას კარგად (დავისვენებთ) ____________________.
(14) თქვენ ტანსაცმლის მაღაზიაში რა (იყიდით) ____________________?
(15) მათ ქუჩაში კარგი ჯიშის ძაღლი (იპოვიან) ____________________.
(16) მე შენი ახალი შარვალი ძალიან (მომეწონება) ____________________.
(17) შენ დაბადების დღეზე ყველაზე ძალიან რა (გაგიხარდება) ____________________?
(18) იმ მაღაზიამ ახალი კოლექცია უკვე (მიიღებს) ____________________?
(19) თქვენ ეს შარვალი ძალიან (მოგიხდებათ) ____________________.
(20) მას ზაფხულში ძალიან (დასცხება) ____________________, ზამთარში კი - (შესცივდება) ____________________.
(21) შენ შენი ცოლი როდის (შეგიყვარდება) ____________________?
(22) მან ქუჩაში ოქრსფერი ბეჭედი (იპოვის) ____________________.
(23) ნინოს ეს წიგნები ძალიან (დასჭირდება) ____________________.

2. 在横线处填入适当的名词或代词

(1) დღეს (ნინო) ____________________ ლამაზი კაბა იყიდა.
(2) (სანდრო) ____________________ ამ რესტორანს დიდი ხანი არჩევდა.
(3) მომავალ წელს(ისინი) ____________________ ახალ სახლს იყიდიან.
(4) (მასწავლებელი) ____________________ ახალი სტუდენტები ძალიან მოეწონა.
(5) (ის) ____________________ რესტორანში ბევრი საჭმელი აიღო.
(6) (მე და ჩემი მეგობარი) ____________________ ეს წიგნი ძალიან გვჭირდებოდა.
(7) (მე და ჩემი და) ____________________ ბევრი უცხო ენა ვიცით.
(8) (ლიუ ლი) ____________________ ეს შარვალი ძალიან უხდება.
(9) (გიორგი) ____________________ რომელ შარვალს იზომებს?

(10) (ეს გამყიდველი) ____________ დღეს ბევრი ტანსაცმელი გაყიდა.

(11) (ის) ____________ ქუჩაში დიდი და ლამაზი ძაღლი იპოვა.

(12) (მე და ქეთი) ____________ ახალ ბინას ვეძებთ.

3. 在横线处填入适当的否定语气词 არ(ა) 或 ვერ

(1) ნინოს ახალი შარვალი ________ მოუხდა.

(2) გიორგის ________ ჰყავს ძმა, მაგრამ ჰყავს და.

(3) მე ახალ წელს სახლში მინდა ყოფნა, მაგრამ წელს ________ მივდივარ.

(4) მას ქართულ-ინგლისური ლექსიკონი ________ აქვს.

(5) გუშინ ბევრი საქმე მქონდა, ამიტომ საჭმელი ________ გავაკეთე.

(6) თინა გერმანულ ენას სწავლობდა, მაგრამ კარგად მაინც ________ საუბრობს.

(7) სიღნაღი ძალიან ლამაზი ქალაქია, რატომ ________ მიდიხარ?

(8) ძალიან ბევრი ლამაზი კაბაა, ამიტომ ________ ავარჩიე.

(9) ნინოს ეს ახალი საჩუქარი________ მოეწონა და ________ გაეხარდა.

(10) ახალ წიგნს მთელი დღე ვეძებდი, მაგრამ მაინც ________ ვიპოვე.

4. 改正句中错误

(1) ჩემი აი, ახალი მანქანა（车）. ____________________

(2) მას ორი ძაღლები ჰყავს. ____________________

(3) დედამ დღეს საჭმელი მოამზადა არა. ____________________

(4) ვინ ქართული ენა იცის? ____________________

(5) მარკმა მომავალ წელს იმოგზაურებს. ____________________

(6) ქალმა ლამაზმა კაბა იყიდა. ____________________

(7) მან ახალი კაბა ძალიან მოუხდა. ____________________

(8) ის ბევრი სამკაული იყიდა. ____________________

(9) ჩვენ წიგნები ვიპოვეთ საინტერესო. ____________________

(10) ეს ძალიან ლამაზი საჩუქრები არიან. ____________________

5. 作文：题目“მაღაზიაში”（在商店）

6. 塔玛拉女沙皇（თამარ მეფე）

塔玛拉是格鲁吉亚唯一的女沙皇，是人民的骄傲。她在世时被誉为“高加索皇帝”并非偶然。塔玛拉曾是许多诗人不断歌颂的传奇女皇，格国伟大诗人烁塔·鲁斯塔维里（შოთა რუსთაველი）的长诗杰作《虎皮骑士》，正是用艺术手法歌颂描绘塔玛拉的为人，

第十六课　გაკვეთილი XVI (მეთექსმეტე)

并且是诗人献给她个人的颂赞诗。

塔玛拉是世界上最早禁止死刑的统治者，她也是当时最知名的慈善家，曾拨出巨款援助孤老和孤儿。在许多战役中，她亲自统兵上阵。塔玛拉的名声在中世纪已经传遍许多国家。她还是一位有学识而且明智的政治家，拥有美丽端庄的外貌，是一位言谈机智、吸引众多崇拜者的巾帼英雄。在她12岁时，就被父亲宣布为未来皇位继承者，并开始和皇父共商国是且已拥有一定的威望。在她作为沙皇统治期间（1184-1213），格鲁吉亚曾经历了空前绝后的繁荣，国家富强稳定，没有边患，而且疆域广阔人口众多。

但是，皇权归一个公主是在此之前从未有过的现象。当时，许多王公贵族很不服气，谋反叛乱接连不断。然而，她的父亲给予了她坚决的支持，加之塔玛拉本人才能出众且为人谦和，最终保住了王位。

1185年，俄国王子乔治·罗斯（გიორგი რუსი）向塔玛拉求婚。但这次婚姻没有给两人和两国带来幸运，半年后便以离婚收场。随后，虽有不少国家的王公前来求婚，但她姑母鲁苏丹促成了她与奥塞提王子的婚姻，原因是王子有格鲁吉亚王朝姓氏巴格拉吉奥尼的血统，又曾在格鲁吉亚留过学，当时在皇府与塔玛拉很投契，且是深通兵法和英勇善战的人。

在塔玛拉执政期间，格鲁吉亚空前强盛，经济、农业、教育发达，腐朽的教育系统得到改革。她引进了拜占庭教育制度，成立了学院并开设语法、哲学、修辞、算术、几何、音乐、天文和医学等学科，又与信仰伊斯兰教的邻国建立了友好的外交关系，而且加强了国民的宗教意识和博爱的人道主义教育。

塔玛拉时期是格鲁吉亚门户开放、商业繁茂的时代，阿拉伯的布匹，中国的丝绸大量进口，手工业发达，制陶业能够制作餐具、陶釉，多种金属业也很发达，工艺造型和装饰比前期更为考究。此时，格鲁吉亚的宗教建筑与壁画已从较原始的状态走向新颖和多样化，是格鲁吉亚"文艺复兴"的开端。

尽管如此，抵抗土耳其侵略的战争仍然相当频繁。当时格鲁吉亚兵力较土耳其游牧民族兵力强盛，所以还没有出现如13—15世纪时期频繁的失败、失地和人口剧减的问题。

有关塔玛拉女皇陵墓的所在地，从未有过确切的信息。虽然民间传说很多，学者们也有各种的猜测，但至今这个秘密仍未解开。有人猜测，她的遗体曾被送到希腊境内的一个格鲁吉亚的寺院中，但这种说法也无证据可寻。

塔玛拉离世后被东正教称为女圣，至今被格鲁吉亚人民热爱和颂赞。

《塔玛拉女沙皇》壁画局部

第十七课

გაკვეთილი XVII (მეჩვიდმეტე)

1. 对话 დიალოგი

ბანკი（银行）

ოპერატორი: — გამარჯობა, რით შემიძლია დაგეხმაროთ?

ლიუ ლი: — ანგარიში მინდა გავხსნა და დანაზოგი შევინახო.

ოპერატორი: — პასპორტი, ან პირადობის მოწმობა გაქვთ?

ლიუ ლი: — დიახ. აი, ჩემი პასპორტი.

ოპერატორი: — რომელ ვალუტაში გნებავთ ანგარიშის გახსნა?

ლიუ ლი: — ლარში.

ოპერატორი: — აი, ეს ბლანკი შეავსეთ.

ლიუ ლი: — აქ რა უნდა ჩავწერო?

ოპერატორი: — თქვენი სახელი და გვარი, მისამართი, ტელეფონის ნომერი და ბოლოს ხელი მოაწერეთ, დანარჩენს მე თვითონ შევავსებ.

ლიუ ლი: — აი, ინებეთ, ყველაფერი ჩავწერე.

ოპერატორი: — აარჩიეთ ბარათის ფერი.

ლიუ ლი: — ცისფერი ან ვარდისფერი იყოს, სულერთია.

ოპერატორი: — ბარათი ხვალ ამ დროს მზად იქნება.

ლიუ ლი: — ხვალ რომელ საათამდე მუშაობთ?

ოპერატორი: — დილის ათი საათიდან საღამოს ხუთ საათამდე. პირველიდან ორამდე კი შესვენება გვაქვს.

ლიუ ლი: — ეს ორასი დოლარიც მინდა გადავახურდავო, თუ შეიძლება.

ოპერატორი: — ფული სალაროში გადაახურდავეთ.

ლიუ ლი: — გამარჯობა. დღევანდელი კურსით ერთი **აშშ დოლარი** რამდენი ლარია?

ოპერატორი: — ლარი და სამოცი თეთრი. რამდენს ახურდავებთ?

ლიუ ლი: — ორას დოლარს.

ოპერატორი: — წვრილი ფული გირჩევნიათ, თუ მსხვილი?

ლიუ ლი: — ნაწილი წვრილად მომეცით, ნაწილი კი - მსხვილად.

ოპერატორი: — ამ ფურცლებზე ხელი მოაწერეთ და ფული ადგილზე დაითვალეთ, თუ შეიძლება.

მეჩვიდმეტე გაკვეთილი XVII (მეჩვიდმეტე)

ლიუ ლი: — ჩინურ იუენს ხომ არ ახურდავებთ?
ოპერატორი: — არა, ჩვენ მხოლოდ აშშ დოლარს და ევროს ვახურდავებთ.

 2. 生词 ახალი სიტყვები

1. ბანკი（名）银行
2. ოპერატორი（名）操作员
3. შემიძლია（动）（我）能；能够（现在时）
4. დაგეხმაროთ（动）（我/我们）帮助（您/你们）（愿格时）
5. ანგარიში（名）账；账号；账户
6. გავხსნა（动）（我）开；打开（愿格时）
7. დანაზოგი（名）储蓄
8. შევინახო（动）（我）保存；存；藏（愿格时）
9. პასპორტი（名）护照
10. პირადობის მოწმობა（名）身份证
11. ვალუტა（名）货币，外汇
12. გახსნა（动）①开；打开②（他）开；打开（完成体过去时）
13. ბლანკი（名）表格
14. შეავსეთ（动）（您/你们）填；填入（完成体过去时）
15. ჩავწერო（动）（我）写上；记下来（愿格时）
16. მისამართი（名）地址
17. დანარჩენი（形）其他的
18. ინებეთ（动）（您/你们）请拿；请接收（现在时）（客气式）
19. ბარათი（名）卡片
20. ცისფერი（形）浅蓝色的；天蓝色的
21. ვარდისფერი（形）粉红色的
22. იყოს（动）（他）是（愿格时）
23. სულერთი（副）随便地；无论如何地
24. მზად（副）已准备好
25. შესვენება（名）休息时间
26. გადავახურდავო（动）（我）换（钱）（愿格时）
27. ფული（名）钱
28. სალარო（名）售票处；办公窗口
29. დღევანდელი（形）今天的
30. კურსი（名）①汇率；②班；年级
31. წვრილი（形）①窄的；细的；②零钱
32. გირჩევნიათ（动）（您/你们）比较喜欢；宁可；情愿（现在时）
33. მსხვილი（形）①宽的；②一沓钱
34. ნაწილი（名）部分；零件
35. მომეცით（动）（您/你们）给（我）（完成体过去时）
36. ფურცელი（名）页；纸
37. დაითვალეთ（动）（您/你们）请数（完成体过去时）
38. იუენი（名）人民币
39. ევრო（名）欧元

125

3. 注释 განმარტება

აშშ დოლარი —— 美元。ა.შ.შ 是格语美国的缩写：ამერიკის შეერთებული შტატები。

4. 语法 გრამატიკა

1. 愿格时态

愿格时态可以表达多种动词时态。它传达动作的模式，即行为如何发生或如何实现（目的性、必然性、可能性、迫切性等）。

(1) 动词的愿格时态与完成体过去时一样，由动词将来时构成。完成体过去时标志由愿格时标志代替。各人称加愿格时标志 -ო；单数第三人称 -ო 之后，需加人称标志 -ს；复数第一和第二人称 -ო 之后（或 -ა, -ე），需加人称标志 -თ；复数第三人称 -ო 之后，需加人称标志 -ნ。句中表示人感受的动词（如：შემიძლია, მინდა, უნდა）永远处于动词的愿格时态之前，如果句中不存在表示人感受的动词，这个句式仍然有效，意思不变，例如：

完成体过去时	愿格时
• მე ფული გადავახურდავე.	მე ფული მინდა გადავახურდავო.
• შენ ფული შეინახე?	შენ ფული უნდა შეინახო!
• მან ბლანკი შეავსო.	მან ბლანკი (უნდა) შეავსოს.
• ჩვენ ამ ფურცელზე ჩავწერეთ.	ჩვენ ამ ფურცელზე უნდა ჩავწეროთ?
• თქვენ ხელი მოაწერეთ.	თქვენ ხელი უნდა მოაწეროთ?
• მათ ტანსაცმლები აირჩიეს.	მათ ტანსაცმელი (უნდა) აირჩიონ.

【注一】与完成体过去时一样，愿格时完成体过去时句中主语是前置格，而补语是主格。

【注二】动词 უნდა 表示"应该"的时候，不变位。

(2) 表示人感受的动词 შემიძლია 和 მინდა：

能；能够	想；要；愿；需
• მე შემიძლია	მე მინდა
• შენ შეგიძლია	შენ გინდა
• მას შეუძლია	მას უნდა
• ჩვენ შეგვიძლია	ჩვენ გვინდა
• თქვენ შეგიძლიათ	თქვენ გინდათ
• მათ შეუძლიათ	მათ უნდათ

(3) 如果动词将来时没有最后一个音节，可直接加完成体过去时和愿格时标志，例如：

将来时	完成体过去时	愿格时
დავწერ	დავწერ**ე**	დავწერ**ო**
მოვიტან	მოვიტან**ე**	მოვიტან**ო**
მოვიყვან	მოვიყვან**ე**	მოვიყვან**ო**

【注一】如果补语是第三人称，则用 უ 代替 ი，例如：მან მას ის მი**უ**ტანა(მი**უ**ყვანა)（完成体过去时）；მან მას ის მი**უ**ტანოს（მი**უ**ყვანოს）（愿格时）。

(4) 有些不规则动词，完成体过去时（有时愿格时态同样如此）出现元音字母，例如：

现在时	未完成体过去时	将来时	完成体过去时	愿格时
ვხსნი	ვხსნიდი	გავხსნი	გავხსენი	გავხსნა
ხსნი	ხსნიდი	გახსნი	გახსენი	გახსნა
ხსნის	ხსნიდა	გახსნის	გახსნა	გახსნას
ვხსნით	ვხსნიდით	გავხსნით	გავხსენით	გავხსნათ
ხსნით	ხსნიდით	გახსნით	გახსენით	გახსნათ
ხსნიან	ხსნიდნენ	გახსნიან	გახსნეს	გახსნან

【注一】本动词完成体过去时除第三人称外，各人称中均出现元音字母。与本动词相同的动词是 ვუკრავ，例如：დავუკარი。

【注二】本动词的完成体过去时标志是 -ი；而愿格时态标志是 -ა。

【注三】本书已经学过的一些动词变成完成体过去时的时候以 -ი 结尾：შევხვდ**ი**; დავრჩ**ი**; დავდნ**ი**。这些动词的愿格时标志是 -ე（单数第三人称标志是 -ა），例如: შევხვდ**ე**; დავრჩ**ე**; დავდნ**ე**（参考附件“I 常用规则动词的形式”）。

现在时	未完成体过去时	将来时	完成体过去时	愿格时
ვითვლი	ვითვლიდი	დავითვლი	დავითვალე	დავითვალო
ითვლი	ითვლიდი	დაითვლი	დაითვალე	დაითვალო
ითვლის	ითვლიდა	დაითვლის	დაითვალა	დაითვალოს
ვითვლით	ვითვლიდით	დავითვლით	დავითვალეთ	დავითვალოთ
ითვლით	ითვლიდით	დაითვლით	დაითვალეთ	დაითვალოთ
ითვლიან	ითვლიდნენ	დაითვლიან	დაითვალეს	აითვალონ

【注一】与本动词相同的动词是 ვიხდი; ვიზრდები，例如：გადავიხადე; გავიზარდე。完成体过去时和愿格时态都出现元音字母。

2. 表示动作方向的动词前缀（完成体过去时和愿格时）

表示动作方向的动词，完成体过去时和愿格时态词根与其他时态不同。

(1) 完成体过去时：完成体过去时单数第三人称的标志是 -ა，其他人称完成体过去时的标志是 -ი。复数第一和第二人称 -ი 后应加复数标志 -თ，复数第三人称标志是 -ნენ。愿格时态标志是 -ე：单数第三人称标志 -ე 后应加第三人称标志 -ს，复数第

一和第二人称 -ე 后应加复数标志 -თ，复数第三人称标志是 -ნენ（完成体过去时和愿格时态复数第三人称相同），例如：

现在时	未完成体过去时	将来时	完成体过去时	愿格时
მივდივარ	მივდიოდი	(მი)წავალ	(მი)წავედი	(მი)წავიდე
მიდიხარ	მიდიოდი	(მი)წახვალ	(მი)წახვედი	(მი)წახვიდე
მიდის	მიდიოდა	(მი)წავა	(მი)წავიდა	(მი)წავიდეს
მივდივართ	მივდიოდით	(მი)წავალთ	(მი)წავედით	(მი)წავიდეთ
მიდიხართ	მიდიოდით	(მი)წახვალთ	(მი)წახვედით	(მი)წახვიდეთ
მიდიან	მიდიოდნენ	(მი)წავლენ	(მი)წავიდნენ	(მი)წავიდნენ

【注一】表示动作方向动词的完成体过去时的第三人称形式是 წავიდა，而不是 წავედა。

【注二】前缀 წა- 是最中立的前缀（与 მი- 相似），它可以与其他表示方向的前缀互相替换。前缀 წა- 和 მი- 有细微的区别：带前缀 მი- 时，一定要有地点；而带前缀 წა- 时，不必有地点。前缀 მი- 只用于表示较近的方向；而前缀 წა- 也可以用于表示较远的方向。所以表示动作方向动词的现在时与未完成体过去时常用前缀 მი-，将来时、完成体过去时与愿格时常用前缀 წა-，而不是 მი-。

【注三】表示动作方向动词的各个时态的主语是主格。

(2) 如果愿格时态前有固定式副词 მოდი，愿格时态可以表示建议或邀请。此时愿格时态总是复数。句中固定式副词 მოდი 被省略时，此句意义比较强化，例如：

- მოდი, კინოში წავიდეთ.
- (მოდი) ქართულად ვისაუბროთ.

(3) 疑问句愿格时态可以独立使用，此时动词可变成邀请或怀疑的词，与英语的 shall 或 should 相似，例如：

- წავიდეთ კინოში?
- შევიდეთ მაღაზიაში?

3. 系动词“是”的愿格时

现在时	过去时	将来时	愿格时
ვარ	ვიყავი	ვიქნები	ვიყო
ხარ	იყავი	იქნები	იყო
არის	იყო	იქნება	იყოს
ვართ	ვიყავით	ვიქნებით	ვიყოთ
ხართ	იყავით	იქნებით	იყოთ
არიან	იყვნენ	იქნებიან	იყვნენ

【注一】句中不及物动词各个时态的主语是主格。

第十七课　გაკვეთილი XVII (მეჩვიდმეტე)

5. 练习 სავარჯიშოები

1. 将括号中的动词完成体过去时变成愿格时态并译成汉语

(1) მე ეს კაბა უნდა (მოვიზომე) _____.
(2) შენ კონცერტზე გინდა (იცეკვე) _____?
(3) მან ახალი მანქანა არ უნდა (იყიდა) _____?
(4) ჩვენ მას დრო უნდა (დავუთმეთ) _____?
(5) მათ რამდენი წიგნი უნდა (წაიკითხეს) _____!
(6) მე მშობლებს ფულით უნდა (დავეხმარე) _____.
(7) შენ რომელი კინოთეატრი უნდა (აირჩიე) _____?
(8) მან ეს შარვალი და ზედა უნდა (აიღო) _____, ძალიან უხდება.
(9) ჩვენ ახალი ძაღლი (მოვიყვანეთ) _____.
(10) თქვენ ლიუ ლის ტელეფონის ნომერი უნდა (ჩაიწერეთ) _____!
(11) მათ ხვალ ხელი უნდა (მოაწერეს) _____.
(12) მე ეს კაბა ძალიან მინდა (მოვიზომე) _____.
(13) შენ ფული ბანკში შეგიძლია (გადაახურდავე) _____.
(14) მან ამ ბლანკზე რა უნდა (ჩაწერა) _____?
(15) ჩვენ საჩუქრები ხვალისათვის უნდა (შევინახეთ) _____.
(16) თქვენ ფული აქ უნდა (დაითვალეთ) _____!
(17) ეს პატარა ძაღლი ჩემს სოფელში უნდა (გაიზარდა) _____.
(18) მე ძალიან დიდი დაბადების დღე უნდა (გადავიხადე) _____.
(19) მან ჩემს დაბადების დღეზე ძალიან ბევრი საჩუქარი (მომიტანა) _____!
(20) შენ რაზე შეგიძლია (დაუკარი) _____?

2. 将下列括号中的动词将来时变成完成体过去时和愿格时态

(1) შენ დღეს ჩემთან უნდა (დარჩები) _____.
(2) მე ახალ სტუდენტებს საერთო საცხოვრებელში (შევხვდები) _____.
(3) მათ ჩინეთის ბანკში ანგარიში უნდა (გახსნიან) _____.
(4) ჩვენს ეზოში თოვლი უკვე დიდი ხანია (დადნება) _____.
(5) ჩვენ მათ გვინდა (შევხვდებით) _____.
(6) მან საქართველოს ბანკში ანგარიში (გახსნის) _____.
(7) უკვე გაზაფხულია, თოვლი ყველგან უნდა (დადნება) _____.
(8) თქვენ გუშინ სამსახურში გვიანობამდე (დარჩებით) _____?
(9) მეგობრები დაბადების დღეზე დიდი ხანი უნდა (დარჩებიან) _____.

129

(10) მათ საახალწლო დიდი საჩუქარი უკვე (გახსნიან) ____________________.

3. 根据句义填入适当的动词 შემიძლია 或 მინდა

(1) შენ ყველაზე კარგად რისი გაკეთება ____________________?

(2) მე ახლა ჩინური საჭმელი ძალიან ____________________.

(3) იმ მზარეულს ყველაფრის გაკეთება ____________________?

(4) თქვენ სად ____________________ მოგზაურობა?

(5) მე მისი ოცნების შესრულება ნამდვილად ____________________.

(6) მათ რისი ყიდვა ____________________?

(7) ჩვენ ყველაფრის თქმა ახლა არ ____________________!

(8) იმ გოგოს კარგად სწავლა არ ____________________.

(9) შენ ახლა სად ____________________ ყოფნა?

(10) მათ არდადეგებზე მხიარულება ____________________.

4. 根据句义填入适当的表示方向动词的时态和方向

(1) მე ბავშვობაში ბებიასთან და პაპასთან სოფელში ხშირად ____________________.

(2) ისინი ნინოსთან უკვე ____________________.

(3) ნინო! მე მალე ____________________, შენ უკვე ____________________?

(4) ეს სტუდენტები მომავალ წელს თბილისში უნდა ____________________.

(5) შენ ზაფხულის არდადეგებზე სად ____________________?

(6) ჩვენთან მეგობრები უკვე ____________________.

(7) თქვენ ახალ ბინაში როდის ____________________?

(8) სანდრო ხვალ დილით შვიდ საათზე ____________________ სახლიდან.

(9) გუშინ ყველა მეზობელი ბოლო სართულზე ____________________.

(10) რუსთაველზე ახალი რესტორანია, ისინი აუცილებლად უნდა ______________.

5. 将下列句子译成汉语

(1) მოდი, დღეს შუა დღეს ერთად ვისადილოთ.

(2) დღეს რა გეგმები გაქვს? კინოში ხომ არ წავიდეთ?

(3) მოდი, მომავალ კვირაში ახალ კინოთეატრში წავიდეთ.

(4) უკვე გვიან არის, სახლში ხომ არ ავიდეთ?

(5) მოდით, ნინოს დაბადების დღეზე ბევრი საჭმელი გავაკეთოთ.

(6) ჩვენ დღეს საღამოს ნინოსთან მივიდეთ ჩაიზე.

(7) მოდი, ზაფხულში ყველამ ერთად ვიმოგზაუროთ ევროპაში.

(8) მომავალ თვეში ჩემს სოფელში ჩავიდეთ.

(9) მოდით, საღამოს რესტორანში წავიდეთ.

(10) კინოთეატრში ახალი ფილმი（电影院）გადის, ხომ არ წავიდეთ?

6. 根据句义填入动词“是”的适当时

(1) შენ დღეს სად ______________________?

(2) ისინი ხვალ ამ დროს აქ უნდა ______________________.

(3) მე მომავალში საუკეთესო მზარეული ______________________.

(4) ის ჩვენი უნივერსიტეტის სტუდენტი ______________________.

(5) თქვენ გუშინ სად ______________________?

(6) ჩვენ მომავალ წელს უნივერსიტეტის სტუდენტები ______________________.

7. 在表格中将横向或竖向排列下列词语划出并标明

(1) ანგარიში (2) პასპორტი (3) ვალუტა (4) ბლანკი

(5) მისამართი (6) ბოლო (7) ბარათი (8) შესვენება

(9) ფული (10) ნაწილი

ა	ბ	ო	ლ	ო	მ	ქ	ა	წ	ე	ღ	თ
ნ	ა	წ	ი	ლ	ი	ლ	პ	პ	ჭ	უ	ყ
გ	რ	ხ	შ	ე	ს	ვ	ე	ნ	ე	ბ	ა
ა	ა	ზ	ც	პ	ა	ს	პ	ო	რ	ტ	ი
რ	თ	ძ	ჩ	ვ	მ	ნ	ბ	ფ	მ	კ	ჯ
ი	ი	რ	უ	ი	ა	დ	ფ	უ	გ	ჰ	ჟ
შ	ო	ს	შ	წ	რ	ვ	ა	ლ	უ	ტ	ა
ი	ტ	მ	ო	პ	თ	ჰ	ჟ	ი	ს	ყ	კ
ბ	ლ	ა	ნ	კ	ი	ტ	ე	წ	ქ	ჰ	ო

6. 格鲁吉亚货币简史
（ქართული ფულის ისტორია）

远在公元前 6 世纪，现今格鲁吉亚境内的科尔希达国已经有了称为“科尔希达国银币”的钱币流通。这种银币是目前世界上最古老的铸币之一，具有极高的收藏价值。

格鲁吉亚境内几乎找不到未曾出土过古币的角落。多处考古所得的本国或外国古币，都能够生动地反映历史，提供许多外交、内政、经济、交流等信息。仅对格鲁吉亚金属铸币外表进行观察，就可以获得丰富的历史知识。拥有 26 个世纪悠久历史的“科尔希达国银币”或铜币，是宝贵史料的载体。格鲁吉亚硬币上曾出现过不同的文字，或铸有不同时代的人物与事物，这一切，也反映出其他国家在历史上，对格鲁吉亚的军事侵略和经济压榨，以及文化影响等。

格鲁吉亚的铸币历史，没有出现过断代的现象。可以说，这些铸币成了国家始终独立、经济始终自主的"代言人"，也证明了格鲁吉亚在漫长的世界经济发展过程中，始终占有一席之地。格鲁吉亚国王或沙皇们发行的铸币，最常见而典型的特征是：它们都拥有两种语言文字：格鲁吉亚文与希腊文、格鲁吉亚文与阿拉伯文、格鲁吉亚文与波斯文。在古代，这些都是强盛而发达的国家。古币不只反映其侵略性的一面，而更重要的是反映了各国文化相互交流的另一面。

直到18世纪末至19世纪初，才出现了近代的拥有格鲁吉亚文和俄文的铸币。1804年，第比利斯币制有两种：银币与铜币。银币的正面是格鲁吉亚文的"第比利斯"字样，反面是数字和铸造的时间，以及大写字母的俄文银币简称。

1918年，孟什维克政府宣布成立独立的格鲁吉亚共和国。1919年，发行铸币与纸币，称ბონი（博尼）。币制、国徽、国旗都成了国家独立的象征。"博尼"仍拥有两种文字——格鲁吉亚文与俄文，格鲁吉亚文在正面，俄文在反面。然而，1921年，独立共和国被布尔什维克带领的俄国军队占领，年轻的共和国不再存在，格鲁吉亚进入统一苏联币制系统。

1995年，独立不久的格鲁吉亚共和国，虽面临极端困难的经济危机和内战，又与俄罗斯屡发事端，并且处于能源极度缺乏的情况下，仍然发行了新币制——"拉利"和"特特里"（100特特里=1拉利）。今日的拉利已成了格鲁吉亚币制悠久历史的继承物，也是国家经济建设的里程碑。

在此，我们向读者提供有关中国铸币在格鲁吉亚出土、收藏的情况。首都第比利斯的国家历史博物馆，收藏有中国不同时期的古币。这些出土文物虽然数量不多，但也可证明两国曾在历史上有过直接或间接的来往。较晚期的古币属于"丝绸之路"时代，更晚的一些则是中世纪的铜钱。不仅在格鲁吉亚，在南或北高加索其他地区也有出土或收藏的中国铸币。最近，格鲁吉亚国家历史和艺术博物馆，正在开发旅游项目——古币文化游。这不仅反映出人们对研究古币的兴趣，还能丰富历史和考古学科，也将有助于文化旅游的开展。格鲁吉亚古币的收藏者并不仅限于博物馆，还有相当知名的私人收藏家。

格鲁吉亚现行铸币

第十七课　გაკვეთილი XVII (მეჩვიდმეტე)

格鲁吉亚现行纸币

第十八课 გაკვეთილი XVIII (მეთვრამეტე)

 1. 对话 დიალოგი

საავადმყოფო (医院)

ლიუ ლი:	— გამარჯობა. ნანა ექიმთან ვარ ჩაწერილი პირველ საათზე.
ექთანი:	— ნანა ექიმს ახლა პაციენტი ჰყავს, მოსაცდელ ოთახში დაელოდეთ თქვენს რიგს, თუ შეიძლება.
ლიუ ლი:	— დიდი ხანი უნდა დაველოდო?
ექთანი:	— არა, თქვენამდე სულ 2 კაცია.
ლიუ ლი:	— სად არის მისი კაბინეტი?
ექთანი:	— მეორე სართულზე, 105-ე ოთახში.
ლიუ ლი:	— გამარჯობა, ექიმო.
ექიმი:	— დაბრძანდით, თუ შეიძლება. რა გაწუხებთ?
ლიუ ლი:	— ყელი მტკივა, ცოტა სურდო მაქვს და ხანდახან თავიც მტკივა.
ექიმი:	— თავი დიდი ხანია გტკივათ?
ლიუ ლი:	— რამდენიმე დღეა. ყელი კი გუშინ ამტკივდა.
ექიმი:	— ახველებთ?
ლიუ ლი:	— არა.
ექიმი:	— სიცხე გაქვთ?
ლიუ ლი:	— არა, არც სიცხე მაქვს. მაგრამ ძალიან სუსტად ვარ.
ექიმი:	— გასაგებია. ჩვეულებრივი ვირუსი გაქვთ. წამლებს სვამთ?
ლიუ ლი:	— არა.
ექიმი:	— ალერგიული ხომ არა ხართ?
ლიუ ლი:	— არა.
ექიმი:	— ძალიან კარგი. აი, წამლების რეცეპტი. ეს წამლები დალიეთ და ერთი ორი დღე ლოგინში იყავით. ორი სამი დღე კი გარეთ ნუ გახვალთ!
ლიუ ლი:	— ეს წამალი დღეში რამდენჯერ უნდა დავლიო?
ექიმი:	— ეს წამალი - დღეში სამჯერ ჭამის შემდეგ. აი, ეს კი დღეში ერთხელ, ნებისმიერ დროს.
ლიუ ლი:	— წამლები სად ვიყიდო?

ექიმი: — პირველ სართულზე აფთიაქია და იქ შეგიძლიათ იყიდოთ.

ლიუ ლი: — დიდი მადლობა.

ექიმი: — არაფრის. მალე გამოჯანმრთელდით. თუ რამე შეგაწუხებთ, აუცილებლად დამირეკეთ.

ლიუ ლი: — კარგი. თქვენი სავიზიტო ბარათი მომეცით, თუ შეიძლება.

ექიმი: — სამწუხაროდ სავიზიტო ბარათები აღარ მაქვს. ეს ოფისის ნომერია 2 39-49-99 და აი, ჩემი მობილური ტელეფონიც ჩაიწერეთ 599 91-72-32.

2. 生词 ახალი სიტყვები

1. საავადმყოფო（名）医院
2. ექიმი（名）医生；大夫
3. ჩაწერილი(形)登记的; 注册的; 挂号的; 记录的
4. ექთანი（名）护士
5. ნანა（名）女名
6. პაციენტი （名）病人
7. მოსაცდელი ოთახი（名）大堂；前厅；休息室
8. დაელოდეთ（动）（您 / 你们）等待（完成体过去时）
9. რიგი（名）排；队
10. სულ（副）① 一共；② 一直，总是
11. კაბინეტი（名）办公室
12. დაბრძანდით（动）（您 / 你们）请坐（客气式）（完成体过去时）
13. გაწუხებთ（动）（他）麻烦；打扰（您 / 你们）（现在时）
14. ყელი（名）喉咙；嗓子
15. მტკივა（动）（我）疼；疼痛（现在时）
16. სურდო（名）鼻子不通；伤风
17. თავი（名）头
18. ამტკივდა（动）（我）疼起来了（完成体过去时）
19. ახველებთ（动）（您 / 你们）咳嗽（现在时）
20. სიცხე（名）① 发烧；② 热
21. სუსტად（副）虚弱；不舒服；无力
22. გასაგები（形）明白；清楚；懂
23. ჩვეულებრივი（形）一般的；平常的
24. ვირუსი（名）病毒
25. წამალი（名）药
26. სვამთ（动）（您 / 你们）喝（现在时）
27. ალერგიული（形）过敏的
28. რეცეპტი（名）食谱；药方
29. დალიეთ（动）（您 / 你们）喝（完成体过去时）
30. ლოგინი（名）床；床铺
31. ნუ 别
32. რამდენჯერ（副）几次；几遍
33. ჭამა（动）① 吃；②（他）吃了（过去完成）
34. ნებისმიერი（形）任何的
35. აფთიაქი（名）药店；药房
36. გამოჯანმრთელდით（动）（您 / 你们）痊愈（完成体过去时）
37. შეგაწუხებთ（动）（他）麻烦；打扰（您 / 你们）（将来时）

38. დამირეკეთ（动）（您 / 你们）给（我）打电话（完成体过去时）
39. სავიზიტო ბარათი（名）名片
40. სამწუხაროდ（副）可惜
41. ოფისი（名）办公室
42. მობილური ტელეფონი（名）手机
43. ჩაიწერეთ（动）（您 / 你们）记下来；记录下来（完成体过去时）

3. 语法 გრამატიკა

1. 表示人身心状态与感受的动词

（除部分不规则动词外）补语标志动词的将来时并非由现在时构成。但是动词完成体过去时和愿格时态则由动词将来时构成（参考第 16 课）。补语标志的动词完成体过去时后缀 -ა 由 -ეს 或 -ოს（动词愿格时态标志）代替；构成复数第二和第三人称时，复数标志 -თ 代替 -ს，例如：

现在时	未完成体过去时	将来时	完成体过去时	愿格时
მტკივა	მტკიოდა	ამტკივდ**ება**	ამტკივ**და**	ამტკივდ**ეს**
გტკივა	გტკიოდა	აგტკივდ**ება**	აგტკივ**და**	აგტკივდ**ეს**
სტკივა	სტკიოდა	ატკივდ**ება**	ატკივ**და**	ატკივდ**ეს**
გვტკივა	გვტკიოდა	აგვტკივდ**ება**	აგვტკივ**და**	აგვტკივდ**ეს**
გტკივათ	გტკიოდათ	აგტკივდ**ება**თ	აგტკივ**და**თ	აგტკივდ**ეთ**
სტკივათ	სტკიოდათ	ატკივდ**ება**თ	ატკივ**და**თ	ატკივდ**ეთ**

【注一】动词 მტკივა 有两种将来时、完成体过去时和愿格时态形式。它们的意义有细微区别，例如：ამტკივდება 有“会疼起来”的意思，而另一种 მეტკინება 表示较短时间的行为。愿格时态的标志是 ოს，例如：მეტკინ**ოს**。

【注二】以 -ეს 为标志的动词愿格时态包括：მომიხდ**ეს**; გამიხარდ**ეს**; დამცხ**ეს**; შემცივდ**ეს**; შემიყვარდ**ეს**。动词 მომეწონ**ოს** 是以 -ოს 标志的。

2. 不规则动词（动词将来时并不一定由动词现在时构成）

有些不规则的动词，将来时形式不是由动词现在时构成，而完成体过去时和愿格时态则由动词将来时构成（参考第 16 课），例如：

现在时	未完成体过去时	将来时	完成体过去时	愿格时
ვსვამ	ვსვამდი	**დავლევ**	დავლიე	დავლიო
სვამ	სვამდი	**დალევ**	დალიე	დალიო
სვამს	სვამდა	**დალევს**	დალია	დალიოს
ვსვამთ	ვსვამდით	**დავლევთ**	დავლიეთ	დავლიოთ
სვამთ	სვამდით	**დალევთ**	დალიეთ	დალიოთ
სვამენ	სვამდნენ	**დალევენ**	დალიეს	დალიონ

【注一】有些不规则的动词，构成完成体过去时和愿格时态时，动词将来时的元音字母由其他元音字母代替，例如：დავლევ —— დავლიე（დავლიო）（参考第 17 课）。

3. 命令式

(1) 完成体过去时又表示命令式或要求式，如果这类句子后加 "თუ შეიძლება"（请），句义会变得比较有礼貌。例如：

- დალიე ეს წამალი!
- დალიე ეს წამალი, თუ შეიძლება.

【注一】命令句表示将要实现的行为，但句中动词是完成体过去时。

(2) 否定命令式：如果阻止（谁）作什么，则需用否定语气词 არ。语气词 არ 需置于愿格时态之前。表示请求时，需用否定语气词 ნუ，语气词 ნუ 需置于动词现在时或将来时之前，例如：

- **არ** დალიო ღვინო!　　　　　不要喝葡萄酒！（不许喝葡萄酒！）
- **ნუ** (სვამ) დალევ ღვინოს!　　别喝葡萄酒。

【注一】否定语气词 ნუ（或 არ）和动词之间不能有任何词。

4. 主语和补语变位

(1) 动词 დავურეკავ（我将给她打电话）的补语是第三人称时，人称标志后是元音字母 უ，例如：მე მას ვურეკავ。当补语是第一或第二人称时，用 ი 代替 უ，例如：მე შენ გირეკავ 或 შენ მე მირეკავ（参考附件"补语变位法"）。

(2) 由于格鲁吉亚语不规则动词中，有些动词（除未完成体过去时体）在某一时态时读法完全不同，所以不规则动词应单独记住，例如：

现在时	未完成体过去时	将来时	完成体过去时	愿格时
ვაძლევ	ვაძლევდი	მივცემ	მივეცი	მივცე
აძლევ	აძლევდი	მისცემ	მიეცი	მისცე
აძლევს	აძლევდა	მისცემს	მისცა	მისცეს
ვაძლევთ	ვაძლევდით	მივცემთ	მივეცით	მივცეთ
აძლევთ	აძლევდით	მისცემთ	მიეცით	მისცეთ
აძლევენ	აძლევდნენ	მისცემენ	მისცეს	მისცენ

【注一】这类动词的完成体过去时和愿格时态相似，但是愿格时态中的元音字母省略，例如：მივეცი —— მივცე。

【注二】动词 ვაძლევ 构成将来时态时，如果补语是第一或第二人称，则用 მო- 代替将来时标志 მი-，例如：მე შენ **მო**გცემ 或 შენ მე **მო**მცემ（将来时）；მე შენ **მო**გეცი 或 შენ მე **მო**მეცი（完成体过去时）；მე შენ **მო**გცე 或 შენ მე **მო**მცე（愿格时）（参考附件"补语变位法"）。

4. 练习 სავარჯიშოები

1. 用下列括号中动词完成体过去时或愿格时态的适当形式填空

(1) მე გუშინ ბევრი ვისეირნე, ამიტომ ფეხები ძალიან (ამტკივდება) ______________.

(2) თქვენ ეს ახალი ამბავი（事情）ძალიან უნდა (გაგეხარდებათ) ______________.

(3) შენ გუშინ დაბადების დღეზე ვინ (მოგეწონება) ______________?

(4) მას ეს კაბა უნდა (მოუხდება) ______________.

(5) მე უკვე ძალიან მინდა (დამცხება) ______________.

(6) მას ყელი როდის (ატკივდება) ______________?

(7) ჩვენ ერთმანეთი აუცილებლად უნდა (შეგვიყვარდება) ______________.

(8) თქვენ გუშინ საღამოს არ (შეგცივდებათ) ______________?

(9) მათ წელს ზაფხულში ძალიან (დასცხებათ) ______________.

(10) მე ძალიან მინდა ის (მომეწონება) ______________.

2. 用动词 ვსვამ 的适当时态填空

(1) შენ ეს წამალი უნდა ______________!

(2) მე ჩაის ყოველ დილას ______________.

(3) პაციენტმა წამალი უკვე ______________?

(4) ჩვენ დღეს საღამოს მწვანე ჩაის ______________.

(5) ისინი გუშინ საღამოს ცხელ ჩაის ______________.

(6) თქვენ რესტორანში რომელი ღვინო ______________?

(7) მარკის დაბადების დღეზე რას ______________?

(8) მე ვახველებ, ამიტომ დღეში სამჯერ წამალს ______________.

(9) შენ ეს მწვანე ჩაი გინდა ______________?

(10) ჩვენ ბავშვობაში წამლებს არ ______________.

3. 用下列括号中的动词构成命令式句

(1) (დალიე) ______________________________.

(2) (იყიდე) ______________________________.

(3) (მოამზადე) ______________________________.

(4) (გააკეთე) ______________________________.

(5) (იმუშავე) ______________________________.

(6) (ასწავლე) ______________________________.

(7) (დაახურდავე) ______________________________.

(8) (დაიწყე) ______________________________.

(9) (დაუკარი) ____.

(10) (იპოვე) ____.

4. 根据动词时态填入适当的否定语气词 არ 或 ნუ

(1) __________ სვამ ღვინოს!

(2) __________ იყიდო ეს კაბა!

(3) __________ გააკეთო საჭმელი!

(4) __________ დალევ ამ წამალს!

(5) __________ წახვალ ტაილანდში!

(6) __________ააფეთქო მაშხალა!

(7) __________ გახსნი საქართველოს ბანკში ანგარიშს!

(8) __________ იქირავო ეს ბინა!

(9) __________ ივახშმო მასთან ერთად!

(10) __________ იზომებ ამ კაბას, არ გიხდება!

5. 根据句子意思填入适当的动词 ვურეკავ 或 ვაძლევ

(1) მე ნინოს გუშინ ოფისში ____________________.

(2) მომავალ წელს დაბადების დღეზე მე შენ საინტერესო საჩუქარს ____________.

(3) შენ მე ხვალ ____________________?

(4) შენ ჩვენ ერთი წლის წინ რომელი წიგნი ____________________?

(5) მეგობრები მე ყოველდღე ____________________.

(6) მან მე რა უნდა ____________________?

(7) შენ მას ბავშვობაში ხშირად ____________________?

(8) ლიუ ლიმ შენ თავისი სამკაული ____________________ ორი დღით.

(9) თქვენ მე აუცილებლად უნდა ____________________.

(10) თქვენ მას თქვენი ძაღლი მართლა ____________________?

6. 将下列句子译成汉语

(1) მე სურდო და ყელი მაწუხებს.

(2) სად დაგირეკოთ სახლში თუ ოფისში?

(3) ჩვენ უკვე გამოვჯანმრთელდით.

(4) მისთვის უკვე ყველაფერი გასაგებია.

(5) ჩემს რიგს ველოდები.

(6) ბატონი გიორგი ხანდახან სუსტად არის.

(7) მას ჩვეულებრივი შავი ჩაი უყვარს.

(8) ეს არა ჩვეულებრივი წიგნია, ძალიან მომეწონა.

(9) ძალიან ცივა, გარეთ ნუ გახვალთ.

(10) თქვენ კვირაში რამდენჯერ დადიხართ საავადმყოფოში?

(11) მეზობლის ძაღლი ძალიან მაწუხებს.

7. 作文：题目 "ცუდად ვარ"（感觉不舒服）

5. 普罗米修斯与阿米兰
（პრომეთე და ამირანი）

  普罗米修斯是希腊神话中的英雄。古希腊诗人赫西俄德称他为泰坦诸神的后裔，能以泥土捏造人类，并从奥林匹斯山偷出火种给予他们，使之走向文明。残暴的宙斯对此十分惧怕，并对人类和普罗米修斯进行复仇。他将普罗米修斯锁于高加索山岩之上，并派秃鹰每天啄食他的肝脏。但肝脏随啄随长，永世不断。这个神话是希腊各种古典艺术广泛采用的题材，普罗米修斯多被描绘为保护人类、抵制神灵暴力、并为人类的幸福而作出自我牺牲的英雄。

  令学者感到惊奇的是，自古以来——从科尔希达古国时代直到现代——格鲁吉亚民间传说中，取火予人的神祇叫阿米兰（ამირანი）。这是古代格鲁吉亚男性的名字，并沿用至今。有关其传说的情节与希腊神话完全相同——上帝愤怒，阿米兰被钉在高加索最高的悬崖上，雄鹰啄肝，肝永生不死等。阿米兰与普罗米修斯之间的共同点之多，显然不是偶然的。由此可见，希腊和格鲁吉亚之间，思想意识与文化形态的交流由来已久，可以确定，两个文明古国之间曾有过频繁的交往。

第十九课 გაკვეთილი XIX (მეცხრამეტე)

1. 课文 ტექსტი

აღდგომა（复活节）

აღდგომა ქრისტიანული დღესასწაულია, **მართლმადიდებლები** გაზაფხულზე მთვარის კალენდრის მიხედვით, სავსე მთვარის მომდევნო კვირას, 4 აპრილიდან 8 მაისამდე აღნიშნავენ. კათოლიკეები კი მართლმადიდებლებზე ერთი კვირით ადრე. აღდგომა მნიშვნელოვანი დღესასწაულია, ამიტომ ქართველებიც განსაკუთრებით ემზადებიან ამ დღისათვის.

ბიბლიის მიხედვით, პარასკევ დღეს ქრისტე იერუსალიმში, გოლგოთის მთაზე აწამეს, ამიტომ ამ პარასკევს „წითელი პარასკევი“ ჰქვია. ამ დღეს საქართველოში ყველა ოჯახი კვერცხებს ხარშავს და **წითლად ღებავს**. სამი დღის შემდეგ, კვირა დღეს ქრისტე **მკვდრეთით აღსდგა,** ამიტომ აღდგომა კვირა დღეს არის.

შეღებილ კვერცხებს მხოლოდ აღდგომის დღეს ჭამენ. კვირას ყველა ეკლესიაში მიდის და სანთელს ანთებს. აღდგომაზე სალმის მაგივრად ამბობენ — ქრისტე აღსდგა! პასუხად კი - ჭეშმარიტად აღსდგა! სააღდგომო მაგიდაზე, პირველ რიგში, ყველა წითელ კვერცხებს უტეხავს ერთმანეთს, გატეხილი კვერცხის პატრონი წაგებულია, ამიტომ მან თავისი კვერცხი მოგებულს უნდა მისცეს. სააღდგომო მაგიდაზე წითელი კვერცხის გარდა, ასევე აუცილებელია ღორი, ყველი, პასკა და წითელი ღვინო. პასკა პურივით არის, მაგრამ ტკბილია.

აღდგომის მომდევნო დღეს ყველა ოჯახი სასაფლაოზე მიდის და მიაქვს სააღდგომო საჭმელი გაჭირვებული ხალხისათვის.

2. 生词 ახალი სიტყვები

1. აღდგომა（名）复活节
2. ქრისტიანული（形）基督教的
3. მთვარე（名）月亮
4. კალენდარი（名）日历
5. მიხედვით（副）按照；根据
6. სავსე（形）充分；充满；整整；全
7. მომდევნო（形）下一个
8. აპრილი（名）四月
9. მაისი（名）五月
10. კათოლიკე（形）天主教徒
11. ადრე（副）① 以前；之前；以往；② 早

12. მნიშვნელოვანი（形）重要的
13. ემზადებიან（动）（他们）准备（现在时）
14. ბიბლია（名）圣经
15. ქრისტე（名）耶稣
16. იერუსალიმი（名）耶路撒冷
17. გოლგოთა（名）各各他山
18. აწამეს（动）（他们）折磨；虐待（他）（过去完成）
19. ჰქვია（动）（他）叫；称（名字/名称）（现在时）
20. კვერცხი（名）蛋
21. ხარშავს（动）（他）煮（现在时）
22. ღებავს（动）（他）染；漆（现在时）
23. შეღებილი（形）被染成的
24. ჭამენ（动）（他么）吃（现在时）
25. სანთელი（名）蜡烛
26. ანთებს（动）（他）燃起；开（灯）（现在时）
27. სალამი（名）你好
28. მაგივრად（前）代；替；反而

29. ამბობენ（动）（他们）说；据说；听说（现在时）
30. ქრისტე აღსდგა 耶稣复活了！
31. პასუხი（名）回答
32. ჭეშმარიტად აღსდგა 真正复活了！
33. სააღდგომო（形）复活节的
34. უტეხავს（动）（他给他）打；打破；砸（现在时）
35. გატეხილი（形）破的；砸了的
36. პატრონი（名）主人
37. წაგებული（形）输了的
38. მოგებული（形）赢了的
39. ლორი（名）腊肉；火腿
40. პასკა（名）复活节蛋糕
41. პური（名）面包
42. ტკბილი（形）甜的
43. სასაფლაო（名）墓地
44. მიაქვთ（动）（他们）拿；带走（现在时）
45. გაჭირვებული（形）贫困的

3. 注释 განმარტება

1. **მართლმადიდებელი** —— 表示"东正教徒"。მართლმადიდებლობა 表示"东正教"。მართლმადიდებლური 表示"东正教的"，例如：东正教教堂（参考第 10 课）。

2. **წითლად ღებავს** —— 表示颜色的词成为客体格（也就是副词）时，意为"染成红色"。

3. **მკვდრეთით აღსდგა** —— 是"复活"的意思。这种词组叫"不变的形式"，"不变的形式"由格鲁吉亚古语而来（如汉语的文言文、古语或成语）。მკვდრეთით 是"毫无生气"的意思；აღსდგა 原来是"（他）起来"的意思，但在现代语中表示"复活了"。现代语中表示"起来"是另一个动词：ადგა（完成体过去时）。

4. 语法 გრამატიკა

1. 不规则动词（将来时动词并不一定由动词现在时构成，完成体过去时并不一定由动词将来时构成）

有些不规则的动词，将来时不是由动词现在时构成，完成体过去时不是由将来时构成，而愿格时态则由完成体过去时构成（仅愿格时态标志发生变化），例如：

现在时	未完成体过去时	将来时	完成体过去时	愿格时
ვამბობ	ვამბობდი	ვიტყვი	ვთქვი	ვთქვ**ა**
ამბობ	ამბობდი	იტყვი	თქვი	თქვ**ა**
ამბობს	ამბობდა	იტყვის	სთქვა	სთქვას
ვამბობთ	ვამბობდით	ვიტყვით	ვთქვით	ვთქვათ
ამბობთ	ამბობდით	იტყვით	თქვით	თქვათ
ამბობენ	ამბობდნენ	იტყვიან	სთქვეს	სთქვან

2. 由名词派生的形容词

名词加前后缀 სა-ო 则变成形容词：有些名词加前缀 სა-，有些名词的最后一个元音字母由后缀 -ო 代替，例如：

- (ქართველი) **სა**ქართველ**ო**
- (აღდგომა) **სა**აღგომ**ო** მაგიდა
- (სკოლა) **სა**სკოლ**ო** წიგნები
- (ბავშვი) **სა**ბავშვ**ო** წიგნი

有些名词的最后一个元音字母不必去掉并加后缀 -ო，例如：

- (შობა) საშობაო საჩუქრები

有些名词的词根也发生变化，例如：

- (ახალი წელი) საა**ხალწლ**ო მაშხალები
- (ქორწილი) სა**ქორწინ**ო მოგზაურობა

3. 间接补语

动词 ვტეხავ（我打破它）和 ვღებავ（我染 / 漆它）变成补语变位时（参考附件“补语变位法”），补语第一或第二人称人称标志后加元音字母 -ი，而第三人称加元音字母 -უ，例如：

- ის მე კვერცხს მ**ი**ტეხავს — ის მე თმას მ**ი**ღებავს
- ის შენ კვერცხს გ**ი**ტეხავს — ის შენ თმას გ**ი**ღებავს
- ის მას კვერცხს **უ**ტეხავს — ის მას თმას **უ**ღებავს
- ის ჩვენ კვერცხს გვ**ი**ტეხავს — ის ჩვენ თმას გვ**ი**ღებავს
- ის თქვენ კვერცხს გ**ი**ტეხავთ — ის თქვენ თმას გ**ი**ღებავთ

• ის მათ კვერცხს უტეხავს　　　　ის მათ თმას უღებავს

5. 练习 სავარჯიშოები

1. 在下列句中填入动词 ვამბობ 的适当时态

(1) მე უკვე ყველაფერი ________________.

(2) შენ ხვალ რას ________________?

(3) მან სიტყვა უნდა ________________.

(4) ჩვენ ყოველთვის ________________, რომ ის ლამაზია.

(5) უკაცრავად, თქვენ რას ________________?

(6) შენ რა უნდა ________________ შეხვედრაზე?

(7) ის მომავალში ყველაფერს ________________.

(8) ისინი რას ________________ ამ წიგნზე?

(9) მე ყოველთვის ________________, რომ ნინო ძალიან ჭკვიანია.

(10) მან ________________, რომ დღეს ის გვიანობამდე რჩება.

2. 将下列形容词变成名词所属格

(1) საუნივერსიტეტო წიგნი ________________________________

(2) საშობაო ნაძვის ხე ________________________________

(3) საბანკო ბარათი ________________________________

(4) სადღესასწაულო საჭმელი ________________________________

(5) საბავშვო ფეხსაცმელი ________________________________

(6) საგაზაფხულო შარვალი ________________________________

(7) სააღდგომო კვერცხი ________________________________

(8) სამასწავლებლო ოთახი ________________________________

(9) საზაფხულო არდადეგები ________________________________

(10) საახალწლო საჩუქარი ________________________________

3. 根据句子的意义填入动词 ვტეხავ 或 ვღებავ 现在时的适当形式

(1) ნინო მე თმას ________________.

(2) ის ლიუ ლის სააღდგომო კვერცხს ________________.

(3) მე სახლს თეთრად ________________.

(4) მე შენ კვერცხს ________________.

(5) ის გოგო მათ ტელეფონებს ________________.

(6) გიორგი მანქანას წითლად ________________.

(7) შენ მას რას ________________?

(8) ჩვენ ჩვენს ნავს ყვითლად ______________.

(9) ისინი სანდროს თავს ______________.

(10) ისინი სააღდგომო კვერცხებს რა ფრად ______________?

4. 用下列词语造句

(1) მნიშვნელოვანი ______________

(2) მიხედვით ______________

(3) წითლად ______________

(4) სავსე ______________

(5) მომდევნო ______________

(6) მაგივრად ______________

(7) გატეხილი ______________

(8) გარდა ______________

(9) ემზადებიან ______________

(10) შეღებილი ______________

5. 将下列句子译成汉语

(1) ეს სააღდგომო მაგიდა ძალიან ლამაზია.

(2) მათი ოჯახი ყველა დღესასწაულზე ერთად არის.

(3) ჩემთვის ეს დღე ძალიან მნიშვნელოვანია.

(4) ეს წიგნი ისტორიის მიხედვით არის.

(5) იმ ბანკში ყოველთვის დიდი რიგია, ამიტომ იქ არ წავედი.

(6) ამ ძაღლის პატრონს სანდრო ჰქვია.

(7) ნინოს მაგივრად ლიუ ლი მოვიდა.

(8) მათ ერთმანეთი ძალიან მოსწონთ.

(9) ეს მაგიდა გატეხილია.

(10) ნინოს ძალიან ტკბილი პასკა უყვარს.

(11) ამ ქუჩაზე ბანკის გარდა, ერთი დიდი საავადმყოფოა.

(12) მომდევნო გაკვეთილი რესტორანზეა.

(13) პარკში ბევრი ხალხი იყო.

(14) სანდრო თავის ოთახს ლურჯად ღებავს.

(15) ამ საჭმელს მხოლოდ ამ რესტორანში აკეთებენ.

(16) ცუდი ბავშვები ეზოში ცხოველებს აწამებდნენ.

(17) შაბათის შემდეგ კვირა მოდის.

(18) მშობლებმა მე დიდი საჩუქარი მომცეს.

(19) ჩემი მოგებული ფული ძალიან ცოტაა.

(20) მისი შეღებილი კვერცხი ძალიან გემრიელი იყო.

6. 作文：题目 "ჩინური დღესასწაული"（中国节日）

6. 格鲁吉亚的节日（包括国家、国际、宗教与民间节日）
（ქართული დღესასწაულები）

汉语名称	节日	日期	格鲁吉亚语名称
新年	国家节日	1月1日	ახალი წელი
圣诞节	国家节日	1月7日	შობა
洗礼节	民间宗教节日	1月19日	ნათლისღება
圣尼诺命名日	民间宗教节日	1月27日	ნინოობა
母亲节	国家节日	3月3日	დედის დღე
"三八"国际妇女节	国家节日	3月8日	ქალთა საერთაშორისო დღე
民族团结日	民间节日	4月9日	ეროვნული ერთიანობის დღე
情人节	民间节日	4月15日	სიყვარულის დღე
复活节	国家节日	春天	აღდგომა
圣乔治命名日（圣乔治去世纪念日）	国家节日	5月6日	გიორგობა
反法西斯胜利日	国家节日	5月9日	ფაშიზმზე გამარჯვების დღე
圣安德烈入境宣教日	国家节日	5月12日	ანდრეა პირველწოდებულის საქართველოში შემოსვლის დღე
国庆节（独立节）	国家节日	5月26日	დამოუკიდებლობის დღე
圣玛利亚命名日	民间宗教节日	8月28日	მარიამობა
第比利斯城市节	地方节日	10月最末周末	თბილისობა（第一次 1979.10.28）
圣乔治命名日（圣乔治受难纪念日）	国家节日	11月23日	გიორგობა

　　此外，还有一些民间节日，虽然作为民间、家庭或社会风俗存在，但不属于正式的宗教或国家节日，也无假日，只是某民族或地方的节日，如伊斯兰教的开斋节、犹太教节日或本民族的"旧历年"（1月14日）等。其他还包括：九月底全高加索的阿拉维尔

第十九课　გავეთილი XIX (მეცხრამეტე)

多巴（ალავერდობა）节是全民与各民族共同的狂欢节，但仅限于在格鲁吉亚东部东正教教堂阿拉维尔第举行，连续两天；塔玛拉女沙皇命名日（5月14日）等，类似的节日还有很多。山地居民也有不少古代多神教遗留下来的节日或胜利日，如赫芙苏里山民庆祝的"诗节"，是纪念19世纪末著名诗人瓦札·普沙维拉的诞辰日。有些地方的"胜利日"，与本地反抗侵略的历史或与本地宗教性是传统活动有关。这里需要说明的是：高加索地区民族繁多，历史悠久，民间节日自然很多。今天由于文化与人文旅游正在发展，国内外对这类活动兴趣很高，许多民间将要消失或曾被禁止的节日活动，也陆续在恢复。许多地方还有地方性的节日——如十月最后一个周末是第比利斯的城市节、立秋节（ფერისცვალება）等。

格鲁吉亚人的节日服装是民族服装，但仅限于民间节日或表演民间歌舞时穿。今天，高加索各地区的日常着装，基本上是以欧化的服装为主。

第二十课

გაკვეთილი XX (მეოცე)

1. 故事 მოთხრობები

ქურდი（小偷）

გლეხს ფული მოპარეს. ქურდი დიდ ხანს ეძებეს, მაგრამ ვერ იპოვეს. ამიტომ შეიკრიბნენ ერთად გლეხები, მთავარმა გლეხმა უცებ იყვირა: ნახეთ, ნახეთ, ქურდს ქუდი ეწვისო. ერთ-ერთმა გლეხმა მაშინვე ქუდს ხელი მოჰკიდა. ყველა მიხვდა, რომ ქურდი ის იყო.

მარგალიტი（珍珠）

გლეხმა გზაზე ძვირფასი მარგალიტი იპოვა და საჩუქრად მეფეს მიუტანა. სასახლეში, როცა მივიდა, კარისკაცმა უთხრა: მეფის ჯილდოს ნახევარი მომეცი და სასახლეში შეგიშვებო. გლეხი დათანხმდა და კარისკაცმა მეფესთან შეიყვანა. მეფემ ჰკითხა გლეხს: რა საჩუქარი გინდა ამ ძვირფასი მარგალიტისათვისო. გლეხმა უპასუხა: ორმოცდაათჯერ დამარტყით მათრახი, მაგრამ რადგან პირობა მივეცი თქვენს კარისკაცს საჩუქრის ნახევარი მივცე, ამიტომ ოცდახუთი მე დამარტყით და ოცდახუთი მასო. მეფემ კარისკაცი მაშინვე გააგდო და გლეხს ასი **თუმანი** მისცა.

მეფე და მხატვარი（沙皇和画家）

იყო ერთი ცალთვალა მეფე. ჰყავდა ერთი მხატვარი. მოზეზრდა მეფეს მხატვარი და თქვა: უნდა რამე მიზეზი ვიპოვო და ეს ჩემი მხატვარი დავსაჯოო. უბრძანა: ჩემი სახე უნდა დახატოო. მხატვარმა იფიქრა: ახლა კი დამთავრდა ჩემი ცხოვრება, თუ ცალთვალას დავხატავ, მომკლავს. თუ ორ თვალს დავხატავ, მაინც მომკლავს, იტყვის ეს მე არ ვაროო. მხატვარმა ბევრი ფიქრის შემდეგ, დახატა შორს მინდორზე ირემი და ახლოს მეფე; მეფეს ხელში თოფი ეჭირა, ბრმა თვალი დახუჭული ჰქონდა და საღი თვალით თოფის მიზანში ირემს უყურებდა. სურათი დაამთავრა და მეფეს მისცა. მეფემ მიზეზი ვერ უპოვა და ასე გადარჩა მხატვარი.

伊·郭戈巴什维里（有删节）

2. 生词 ახალი სიტყვები

1. ქურდი（名）小偷；贼
2. გლეხი（名）农民
3. მოპარეს（动）（他们）偷了（他的）（完成体过去时）
4. ეძებეს（动）（他们）找；寻；寻找（他）（完成体过去时）
5. უცებ（副）突然；忽然
6. იყვირა（动）（他）叫喊（完成体过去时）
7. ნახეთ（动）（您/你们）看望；访问（完成体过去时）
8. ქუდი（名）帽子
9. ეწვის（动）（他的……）燃烧（现在时）
10. მაშინვე（副）马上；立刻
11. მოჰკიდა（动）（他）拽住（完成体过去时）
12. მიხვდა（动）（他）明白了；理解了；懂了（完成体过去时）
13. როცა（连）当……时
14. მარგალიტი（名）珍珠
15. გზა（名）路；道
16. ძვირფასი（形）珍贵的；亲爱的
17. საჩუქრად（副）作为礼物
18. მეფე（名）沙皇；国王
19. მიუტანა（动）（他给他）带去；拿去（完成体过去时）
20. სასახლე（名）宫殿
21. კარი（名）门
22. კარისკაცი（名）守门人；保安；守卫
23. უთხრა（动）（他）告诉（他）（完成体过去时）
24. ჯილდო（名）奖
25. შეგიშვებ（动）（我让你）进去（将来时）
26. დათანხმდა（动）（他）同意；答应（完成体过去时）
27. შეიყვანა（动）（他）带进（他）（完成体过去时）
28. ჰკითხა（动）（他）问（他）（完成体过去时）
29. უპასუხა（动）（他）回答（完成体过去时）
30. დამარტყით（动）（您/你们）打（我）（完成体过去时）
31. მათრახი（名）鞭子
32. პირობა（名）① 诺言；誓言；② 条件
33. გააგდო（动）（他把他）赶出（完成体过去时）
34. მხატვარი（名）画家
35. ცალთვალა（形）独眼的
36. მობეზრდა（动）（他）厌倦（他）（完成体过去时）
37. მიზეზი（名）原因；理由
38. დავსაჯო（动）（我）罚；惩罚（他）（愿格时）
39. უბრძანა（动）（他）命令（他）（完成体过去时）
40. დახატო（动）（你）画（愿格时）
41. დამთავრდა（动）（他）结束了（完成体过去时）
42. ცხოვრება 生活；生命
43. მომკლავს（动）（他）杀死（我）（将来时）
44. ფიქრი（名）想法；思绪
45. შორს（副）远地
46. მინდორი（名）田野

47. ირემი（名）鹿
48. ეჭირა（动）（他）拿着；握着（未完成体过去时）
49. ბრმა（形）瞎的；盲的
50. დახუჭული（形）闭的（只限眼或目）
51. საღი（形）清醒的；好的
52. თოფი（名）猎枪
53. მიზანი（名）瞄准镜；靶子；目的；目标
54. უყურებდა（动）（他）看着（未完成体过去时）
55. სურათი（名）画
56. დაამთავრა（动）（他）结束了；完了（他）（完成体过去时）
57. გადარჩა（动）（他）生存了；活下来了（完成体过去时）

3. 注释 განმარტება

თუმანი —— 曾表示“十块钱”，现极少使用。

4. 语法 გრამატიკა

1. 不规则动词（动词将来时并不一定由动词现在时构成的动词）

有些不规则动词，将来时不是由动词现在时构成，而完成体过去时和愿格时态则由动词将来时组成（参考第 16，18 课），例如：

现在时	未完成体过去时	将来时	完成体过去时	愿格时
ვნახულობ	ვნახულობდი	**ვნახავ**	ვნახე	ვნახო
ნახულობ	ნახულობდი	**ნახავ**	ნახე	ნახო
ნახულობს	ნახულობდა	**ნახავს**	ნახა	ნახოს
ვნახულობთ	ვნახულობდით	**ვნახავთ**	ვნახეთ	ვნახოთ
ნახულობთ	ნახულობდით	**ნახავთ**	ნახეთ	ნახოთ
ნახულობენ	ნახულობდნენ	**ნახავენ**	ნახეს	ნახონ

现在时	未完成体过去时	将来时	完成体过去时	愿格时
ვკითხულობ	ვკითხულობდი	**ვკითხავ**	ვკითხე	ვკითხო
კითხულობ	კითხულობდი	**კითხავ**	კითხე	კითხო
კითხულობს	კითხულობდა	**კითხავს**	კითხა	კითხოს
ვკითხულობთ	ვკითხულობდით	**ვკითხავთ**	ვკითხეთ	ვკითხოთ
კითხულობთ	კითხულობდით	**კითხავთ**	კითხეთ	კითხოთ
კითხულობენ	კითხულობდნენ	**კითხავენ**	კითხეს	კითხონ

【注一】动词 ვკითხულობ 未完成体现在时和过去时有两个意义，其一：“读”，“念”（参考第 4 课），其二：“问”。但是本动词变成将来时态时，两个意义的发音不同，

如：ვკითხავ（我将问他）和 **წავიკითხავ**（我将读）。区别是前缀 წა- 和人称标志之后的前缀 -ი-。完成体过去时和愿格时态由动词将来时构成。

2. 间接引语

当句末词语带有字母“ო”时，表示说话者传达他人（第三人称）的话语，例如：

- ნინომ თქვა: მე მალე მოვალ**ო**.
- მასწავლებელმა თქვა: მე ეს წიგნი მინდა ვიყიდ**ო**.
- მან მე მკითხა: როგორ ხარ**ო**.

3. 动词转化和不规则动词（某一时态的动词读法不同）

(1) 动词 ვიტყვი 表示中立的行为；而动词 ვეტყვი 表示客观的动词行为，例如：

- ის ყველაფერს იტყვის　　我将把一切都说出来
- ის მას ყველაფერს ეტყვის　　我将把一切都告诉他

(2) 由于格鲁吉亚语不规则动词中，有些动词（除未完成体过去时）在某一时态时读法完全不同（参考 18 课），因此不规则动词应单独记住。动词 ვიტყვი（参考第 19 课）和 ვეტყვი 的形式只是将来时相似，其他时态时动词词根是不同的，例如：

现在时	未完成体过去时	将来时	完成体过去时	愿格时
ვეუბნები	ვეუბნებოდი	ვეტყვი	ვუთხარი	ვუთხრა
ეუბნები	ეუბნებოდი	ეტყვი	უთხარი	უთხრა
ეუბნება	ეუბნებოდა	ეტყვის	უთხრა	უთხრას
ვეუბნებით	ვეუბნებოდით	ვეტყვით	ვუთხარით	ვუთხრათ
ეუბნებით	ეუბნებოდით	ეტყვით	უთხარით	უთხრათ
ეუბნებიან	ეუბნებოდნენ	ეტყვიან	უთხარეს	უთხრან

【注一】这类动词的完成体过去时和愿格时态相似，但是愿格时态中的元音字母省略（参考第 18 课），例如：ვუთხარი —— ვუთხრა。

4. 补语标志的不规则动词（动词未完成体过去时并不一定由动词现在时构成）

动词未完成体过去时一般是由动词现在时构成，但是这类动词的现在时和未完成体过去时体不同，其现在时和未完成体过去时体带补语标志，而将来时、完成体过去时和愿格时态则带主语标志（参考第 13 课动词 მივიტან），因此现在时和未完成体过去时体的主语是给予格，而补语是主格。将来时的主语是主格，补语是给予格。完成体过去时和愿格时的主语是前置格，补语是主格，例如：

现在时	未完成体过去时	将来时	完成体过去时	愿格时
მიჭირავს	**მეჭირა**	დავიჭერ	დავიჭირე	დავიჭირო
გიჭირავს	**გეჭირა**	დაიჭერ	დაიჭირე	დაიჭირო
უჭირავს	**ეჭირა**	დაიჭერს	დაიჭირა	დაიჭიროს
გვიჭირავს	**გვეჭირა**	დავიჭერთ	დავიჭირეთ	დავიჭიროთ
გიჭირავთ	**გეჭირათ**	დაიჭერთ	დაიჭირეთ	დაიჭიროთ

უჭირავთ **ეჭირათ** დაიჭერენ დაიჭირეს დაიჭირონ

【注一】该动词将来时、完成体过去时和愿格时表示两个意义: 其第二个意义是“抓住”。

【注二】有些不规则的动词，完成体过去时和愿格时态时，动词将来时的元音字母由其他元音字母代替（参考第 18 课），例如：დავიჭერ —— დავიჭირე（დავიჭირო）。

5. 多人称动词

动词 ვიპოვი（参考第 16 课）作为补语变位时（参考附件“补语变位法”），补语第一或第二人称时的元音字母是 -ი，而补语第三人称时的元音字母是 -უ（参考第 19 课），例如：

ის მე წიგნს მ**ი**პოვის —— ის **მას** წიგნს **უ**პოვის.

მან მე წიგნი მ**ი**პოვა —— მან **მას** წიგნი **უ**პოვა.

【注一】两个人称时，动词的元音字母总是 -ი。

5. 练习 სავარჯიშოები

1. 将下列括号中的动词将来时变为完成体过去时或愿格时态

(1) გუშინ შენ კონცერტზე რა (ნახავ) ____________________?

(2) შენ ეს წიგნი აუცილებლად უნდა (წაიკითხავ) ____________________.

(3) მე ჩემს მეუღლეს საუკეთესო საჩუქარი (ვუპოვი) ____________________.

(4) სოფელში ქურდმა გლეხს ქათამი (მოპარავს) ____________________.

(5) თქვენ მაღაზიებში რა უნდა (იყიდით) ____________________?

(6) მან მას ხელი (მოჰკიდებს) ____________________.

(7) ჩვენ რუსთაველის კინოთეატრში ახალი ფილმი გვინდა (ვნახავთ) __________.

(8) ნინომ გაჭირვებულ ხალხს საჭმელი და ტანსაცმელი (მიუტანს) __________.

(9) მან მას რა უნდა (კითხავს) ____________________?

(10) მე ჩემი ძაღლი დიდ ხანს ვეძებე, და ბოლოს (ვიპოვი) ____________________.

(11) მან საუკეთესო კაბა უნდა (იპოვის) ____________________.

(12) მან უკვე ყველაფერი (იყიდის) ____________________.

(13) მათ სოფელში ბებია და პაპა აუცილებლად უნდა (ნახავენ) ______________.

(14) შენ მას რა საჩუქარი უნდა (უპოვი) ____________________?

(15) მან მასწავლებელს ძალიან ცუდად (უპასუხებს) ____________________.

2. 使用后缀 ო, 将下列句子变成间接引语并译成汉语

ნინო: შენ ჩემს დაბადების დღეზე აუცილებლად უნდა მოხვიდე.

გიორგი: უნივერსიტეტის შემდეგ აუცილებლად მოვალ.

第二十课　გაკვეთილი XX (მეოცე)

ნინო: ბევრი გემრიელი საჭმელი და ღვინო მექნება.
გიორგი: რა საჩუქარი გინდა?
ნინო: მე ყველაფერი გამიხარდება.

3. 根据句义填入动词 ვამბობ 或 ვეუბნები 的适当时态

(1) მე ყოველთვის _____, რომ ეს ძალიან ცუდია.
(2) მე ნინოს ხვალ _____ , რომ მალე შენი დაბადების დღეა.
(3) პაპაჩემი სულ _____, რომ კახური ღვინო საუკეთესოა.
(4) მან მას უკვე _____ , შენს სახლზე.
(5) მან მართალი უნდა _____.
(6) მარკი სანდროს ყოველდღე _____ ამ საქმეზე.
(7) ჩვენ უკვე _____, რომ იქ არ წავალთ.
(8) შენ მას რა უნდა _____?
(9) ის მას ბავშვობაში სულ _____, რომ გოზინაყი გემრიელია.
(10) თქვენ უკვე ყველაფერი _____ ?

4. 根据句义填入动词 მიჭირავს 的适当时态

(1) შენ ხელში რა _____?
(2) მას გუშინ პატარა ბავშვი _____.
(3) თქვენ ეს ბავშვი გინდათ _____?

5. 将下列句子译成汉语

(1) ავტობუსში ქურდმა ნინოს ფული მოპარა.
(2) ეს გლეხი მთელი ცხოვრება ღვინოს აკეთებს.
(3) მეგობრები ბევრი წლის შემდეგ ერთად შეიკრიბნენ.
(4) მან უცებ თქვა, მე დაბადების დღეზე არ წამოვალო.
(5) ნახე, ეს ჩემი ახალი მარგალიტის სამკაულია.
(6) მარკმა შავ-თეთრი ქუდი იყიდა.
(7) მე გული მეწვის, მას რომ ვუყურებ.
(8) ფილმი დამთავრდა და მაშინვე ყველა სახლში წავიდა.
(9) დედამ ბავშვს ხელი მოჰკიდა და ქუჩაზე გადავიდა.
(10) ჩვენ მივხვდით, რომ გაკვეთილისათვის შენ კარგად მოემზადე.
(11) თბილისიდან ჩემს სოფლამდე დიდი გზაა.
(12) ცხოვრების გზა ძალიან ძნელი, მაგრამ საინტერესოა.
(13) გამარჯობა, ჩემო ძვირფასო მეგობარო!
(14) ლიუ ლიმ მკითხა მე, დღეს უნივერსიტეტში მოდიხარო?
(15) პირობას გაძლევ, რომ შენს დაბადების დღეზე აუცილებლად მოვალ.

153

(16) ამ საჭმლის ნახევარი მომეცი, თუ შეიძლება.

(17) ამ მიზეზს დედას ვერ ვეტყვი.

(18) მას თავში ძალიან ცუდი ფიქრები აქვს.

(19) მან იფიქრა და თქვა, ეს საუკეთესო მიზეზიაო.

(20) ჩემი სამსახური უკვე ძალიან მომბეზრდა.

(21) ჩვენ მთელი ცხოვრება ამ ქუჩაზე ვცხოვრობთ.

(22) მან მე მიბრძანა: ახლავე მოდიო.

(23) მარკმა ძალიან ბევრი ღვინო დალია, მაგრამ მაინც საღად იყო.

(24) პაპაჩემი მთელი ცხოვრება ტყეში დიდი თოფით ნადირობს.

(25) გუშინ ძალიან ცუდი ამინდი იყო, ქარმა ძაღლი და კაცი მოკლა, მე გადავრჩი.

6. 作文：题目“ჩინური მოთხრობა”（中国的儿童文学）

7. 格鲁吉亚语谚语

(1) ქურდს ქუდი ეწვის（做贼心虚）

(2) რასაც დასთესავ, იმასვე მოიმკი（种瓜得瓜，种豆得豆）

(3) ქარის მოტანილს, ქარივე წაიღებს（来得容易去得快）

6. 伊·郭戈巴什维里
（იაკობ გოგებაშვილი）

郭戈巴什维里（1840—1912）生于格鲁吉亚中部，即格鲁吉亚的文化摇篮——卡特利州农村的一个东正教神父家庭。孩童时代，他已在学习方面表现出杰出的潜质。在中学时代，他对文史课程与自然科学的兴趣不断增长，长大后成为博学的青年。1855 年，郭戈巴什维里进入第比利斯神学院，后进入基辅高等神学院，同时在基辅大学旁听自然科学课程，对生物学进化论产生了特殊兴趣。由于自小身体欠佳，而功课繁忙，他染上肺结核，在大学三年级时被迫离校。返回第比利斯后，郭戈巴什维里在神学院任教，1868 年被提升为教育部检察官。

郭氏时代，格鲁吉亚已被划为俄国的一个省，祖国的文化、语言受到空前的排斥，母语被取消，甚至禁止学员之间说格鲁吉亚语。如果学生课上或课下说格鲁吉亚语，按规定要受到体罚，不服从者则开除学籍。当时，贵族以说格鲁吉亚语为耻辱，城市知识分子能用格鲁吉亚语思考者日益减少，格鲁吉亚语几乎成为穷乡僻壤的语言。

终于，一批爱国知识分子开始觉悟，意识到必须改变现状。郭氏首先投入了大文豪恰夫恰瓦泽和策列特利提倡的民族复兴运动，他尽最大努力，争取到撤销学校体罚制度，并开始编写母语课本。1876 年出版的课本名为《母语》（დედა ენა），是一本初级教材。该书成为历届国语课本的典范，至今不衰，在他生前共印刷过 33 版，离世后又印刷了

25 版，可谓"前无古人，后无来者"。1868 年，他出版过《大自然入门》一书。1872 年，编写《格鲁吉亚语书写与阅读辅导》。就《母语》一书的普遍性而言，他同时代的人称此书是可与伟大长诗《虎皮骑士》相提并论的作品。

郭氏不懈的活动终于引起沙皇政府的注意，1874 年，他因制造社会不安罪先是被驱逐出大学教员行列，后又不断遭受各种迫害。这种情况在革命以后也并未消失，但他仍然始终如一地为教育事业牺牲个人利益。

郭氏创办过《少年杂志》，组织过上山下乡考察民间诗歌与录入现代乐谱的活动；他开设了公共图书馆，参加过回收旧书的社会活动，用以帮助穷苦学生课外阅读；他用稿费一次又一次地资助在欧洲或俄国留学的青年；他在故乡投资开办中学，其他农村地区也有不少他赞助开办的初级小学……

1976 年，格鲁吉亚各地庆祝《母语》出版百周年，当时，在第比利斯右岸街心公园中，树立了纪念《母语》的大型纪念碑。这是一个铜雕，表现的是一个儿童向高悬在半空的书本伸出双臂跳跃。这不仅表明郭氏生前对祖国语言的热爱与贡献，也象征了世世代代少年对学习本国母语的追求。世界上很少见到为一本书而建立的纪念碑，这个铜雕的名字也叫作《母语》。

格鲁吉亚第一本《母语》课本

გაკვეთილი XXI (ოცდამეერთე)
第二十一课

 1. 童谣 ხალხური საბავშვო ლექსი

თხა და ვენახი (山羊和葡萄园)

მოდი, ვნახოთ ვენახი, **რამ შეჭამა** ვენახი?!
მიველ, ვნახე ვენახი, თხამ შეჭამა ვენახი.
მოდი, ვნახოთ თხა, რამ შეჭამა თხა?!
მიველ, ვნახე თხა, მგელმა ჭამა თხა.
მგელმა თხა, თხამ ვენახი შეჭამა.

მოდი, ვნახოთ მგელი, რამ შეჭამა მგელი?!
მიველ, ვნახე მგელი, თოფმა ჭამა მგელი.
თოფმა მგელი, მგელმა თხა, თხამ ვენახი შეჭამა.

მოდი, ვნახოთ თოფი, რამ შეჭამა თოფი?!
მიველ, ვნახე თოფი, ჟანგმა ჭამა თოფი.
ჟანგმა თოფი, თოფმა მგელი, მგელმა თხა, თხამ ვენახი შეჭამა.

მოდი, ვნახოთ ჟანგი, რამ შეჭამა ჟანგი?!
მიველ, ვნახე ჟანგი, მიწამ ჭამა ჟანგი.
მიწამ ჟანგი, ჟანგმა თოფი, თოფმა მგელი, მგელმა თხა, თხამ ვენახი შეჭამა.

მოდი, ვნახოთ მიწა, რამ შეჭამა მიწა?!
მიველ, ვნახე მიწა, თაგვმა ჭამა მიწა.
თაგვმა მიწა, მიწამ ჟანგი, ჟანგმა თოფი, თოფმა მგელი, მგელმა თხა, თხამ ვენახი შეჭამა.

მოდი, ვნახოთ თაგვი, რამ შეჭამა თაგვი?!
მიველ, ვნახე თაგვი, კატამ ჭამა თაგვი.
კატამ თაგვი, თაგვმა მიწა, მიწამ ჟანგი, ჟანგმა თოფი, თოფმა მგელი, მგელმა თხა, თხამ ვენახი შეჭამა.

2. 歌曲 სიმღერა

სულიკო（苏丽珂）

საყვარლის საფლავს ვეძებდი, ვერ ვნახე **დაკარგულიყო**!
გულამოსკვნილი ვტიროდი: „სადა ხარ ჩემო სულიკო?!“

გულამოსკვნილი ვტიროდი: „სადა ხარ ჩემო სულიკო?!“

ეკალში ვარდი შევნიშნე, ობლად რომ **ამოსულიყო**;
გულის ფანცქალით **ვკითხავდი**: „შენ ხომ არა ხარ სულიკო?!“

გულის ფანცქალით ვკითხავდი: „შენ ხომ არა ხარ სულიკო?!“

შეიფრთხიალა **მგოსანმა**, ყვავილს ნისკარტი შეახო,
ჩაიკვნეს-ჩაიჭიკჭიკა, თითქოს სთქვა: „დიახ, დიახო!“

ჩაიკვნეს-ჩაიჭიკჭიკა, თითქოს სთქვა: „დიახ, დიახო!“

საყვარლის საფლავს ვეძებდი, ვერ ვნახე დაკარგულიყო!
გულამოსკვნილი ვტიროდი: „სადა ხარ ჩემო სულიკო?!“

გულამოსკვნილი ვტიროდი: „სადა ხარ ჩემო სულიკო?!“

歌词是阿迦吉·策列特利的抒情诗；瓦丽尼卡·策列特利配音。歌词曾被翻译成多种语言。

3. 生词 ახალი სიტყვები

1. შეჭამა（动）（他）吃；吃光了（完成体过去时）
2. თხა（名）山羊
3. მგელი（名）狼
4. ჟანგი（名）铁锈
5. მიწა（名）土
6. თაგვი（名）耗子；老鼠
7. კატა（名）猫
8. სულიკო（名）名字：男 / 女（灵的意义）
9. საფლავი（名）坟墓
10. გულამოსკვნილი（形）伤心的（哭）
11. ვტიროდი（动）（我）哭泣（未完成体过去时）
12. ეკალი（名）刺
13. ვარდი（名）玫瑰
14. შევნიშნე（动）（我）注意到；检测（完成体过去时）
15. ობლად（副）孤独地
16. გული（名）心
17. ფანცქალი（名）心跳；忐忑；（心）颤动
18. შეიფრთხიალა（动）（他）因为受惊颤动了（鸟 / 动物）（完成体过去时）
19. ნისკარტი（名）喙
20. შეახო（动）（他）触摸；接触（他）（完成体过去时）

21. ჩაიკვნესა（动）（他）呻吟；哼叽（完成体过去时）
22. ჩაიჭიკჭიკა（动）（他）鸟鸣；鸟吱吱叫（完成体过去时）
23. თითქოს（副）好像；似乎

4. 注释 განმარტება

1. **რამ შეჭამა** —— 什么吃掉了？ რა 指非动物名词。
2. **მიველ** —— （我）去到（完成体过去时）（古语形式）。
3. **დაკარგულიყო** ——（他）被丢失了。**ამოსულიყო** ——（他）出来了；开（花）了。本动词形式表示已经发生的行为（完成体过去时），但是说话者没有在场。本教材没有介绍这个时态，因为它是不常用的时态形式。
4. **ვკითხავდი** ——（我）问过。表示已经发生的行为（和未完成体过去时相似），表示重复、习惯性和时常进行的行为。本教材没有介绍这个时态，因为它也是不常用的时态形式。
5. **მგოსანი** —— 吟咏诗人，是格鲁吉亚古代的一个行业。此处指鸣禽。

5. 语法 გრამატიკა

1. 带或不带前缀的动词

有些动词的完成体过去时和愿格时态，也可以不加将来时的前缀标志（如：შე-），两种形式之间没有意义上的区别，例如：

现在时	未完成体过去时	将来时	完成体过去时	愿格时
ვჭამ	ვჭამდი	შევჭამ	(შე)ვჭამე	(შე)ვჭამო
ჭამ	ჭამდი	შეჭამ	(შე)ჭამე	(შე)ჭამო
ჭამს	ჭამდა	შეჭამს	(შე)ჭამა	(შე)ჭამოს
ვჭამთ	ვჭამდით	შევჭამთ	(შე)ვჭამეთ	(შე)ვჭამოთ
ჭამთ	ჭამდით	შეჭამთ	(შე)ჭამეთ	(შე)ჭამოთ
ჭამენ	ჭამდნენ	შეჭამენ	(შე)ჭამეს	(შე)ჭამონ

2. 连接词

连接词 რომ 用于复合句中的从句。连接词 რომ 表示原因，因此复合句的第一行为是完成的，动词也是过去时态的，而 რომ 之后的（第二个）动词一般是愿格时态（或说话者没有在场的动词完成体过去时），例如：

- შენ ბილეთი იყიდე, ახალი ფილმი რომ ნახო?
- ის ბანკში წავიდა, ფული რომ გადაახურდავოს.
- ეკალში ვარდი შევნიშნე, ობლად რომ ამოსულიყო.

6. 练习 სავარჯიშოები

1. 使用连接词 რომ，将下列两个简单句变成一个复合句

(1) ის ქართულ რესტორანში მივიდა. მან ხაჭაპური უნდა ჭამოს.

____.

(2) თქვენ ევროები ბანკში გადაახურდავეთ. თქვენ ევროპაში უნდა წახვიდეთ?

____.

(3) ის ყოველთვის ძალიან კარგად სწავლობდა. მას საუკეთესო სამსახური უნდა ჰქონდეს.

____.

(4) მეფემ კარგი მიზეზი იპოვა. მეფემ მხატვარი უნდა დასაჯოს.

____.

(5) ჩვენ დიდი ვახშამი გავაკეთეთ. ჩვენ ყველამ ერთად უნდა ვივახშმოთ.

____.

(6) მარკმა კახეთში იმოგზაურა. მარკმა კარგი ღვინო უნდა დალიოს.

____.

(7) მე ახალი კაბა ვიყიდე. მე მეგობრის ქორწილში უნდა წავიდე.

____.

(8) გლეხმა პირობა მისცა კარისკაცს. გლეხს სასახლეში უნდა შევიდეს.

____.

(9) ისინი ტყეში წავიდნენ. მათ მთელი კვირა უნდა ინადირონ.

____.

(10) შენ კონსერვატორიაში ჩააბარე. შენ მუსიკოსი უნდა გახდე?

____.

2. 用下列单词造句

(1) (ეძებს) ____.

(2) (იპოვა) ____.

(3) (მაშინვე) ____.

(4) (რომ) ____.

(5) (ძვირფასი) ____.

(6) (რადგან) ____.

(7) (პირობა) ____.

(8) (რამე) ____.

(9) (ვიფიქრე) ______________________________.

(10) (ვენახი) ______________________________.

(11) (ნახე) ______________________________.

(12) (შეჭამე) ______________________________.

(13) (გულამოსკვნილი) ______________________________.

(14) (ტიროდა) ______________________________.

(15) (შევნიშნე) ______________________________.

(16) (ობოლი) ______________________________.

(17) (ფანცქალი) ______________________________.

(18) (შეიფრთხიალა) ______________________________.

(19) (შეახო) ______________________________.

(20) (თითქოს) ______________________________.

3. 将下列句子译成汉语

(1) მოდი, სოფელში წავიდეთ.

(2) მოდი, ვნახოთ ახალი ფილმი.

(3) კახეთში ძალიან ბევრი ვენახია.

(4) მე დღეს ბეგობრებთან ერთად ვნახე ახალი ფილმი.

(5) ვახშამზე რა ჭამე?

(6) ბავშვმა მთელი ვახშამი შეჭამა.

(7) მე დილას საუზმე ვერ ვჭამე.

(8) ისინი ყოველ დილას კვერცხს და პურს ჭამენ.

(9) მე ბავშვობაში საჭმელს ცუდად ვჭამდი.

(10) შენ საღამოს რა უნდა ჭამო?

(11) მთაში ბევრი თხა და მგელი არის.

(12) ეს პაპაჩემის თოფია, უკვე ძალიან ძველი და ჟანგიანია.

(13) კატამ თაგვი პირით დაიჭირა და შეჭამა.

(14) ჩემი კატა უკვე 12 წლის არის.

(15) ქეთის შვილები ძალიან საყვარლები არიან.

(16) ეს საყვარელი თაგვი ჩემი შინაური ცხოველია.

(17) მე ამ გალერეას მთელი დღე ვეძებდი.

(18) გუშინ მაღაზიაში საინტერესო წიგნი ვნახე, მაგრამ ვერ ვიყიდე.

(19) ამ ვარდს ბევრი ეკალი აქვს.

(20) მას კეთილი გული აქვს.

(21) შენს თვალებში მხიარულება შევნიშნე.

(22) ობლებს მშობლები არ ჰყავთ.

(23) ქათმის ნისკარტი ყვითელია.

(24) მან ძაღლს ხელი შეახო.

(25) მისი თვალები წითელია, თითქოს ის ტიროდა.

4. 作文：题目“საქართველო”（格鲁吉亚）

5. 纵横字谜（კროსვორდი）

(1) საქართველოს სამეფო（皇族的）გვარი.

(2) ქართველების ტრადიციული სასმელი（饮料）.

(3) თბილისის მთავარი პროსპექტი.

(4) ქრისტიანული დღესასწაული.

(5) ქართული ფული.

(6) წლის მეათე თვე.

(7) ქალის ყველაზე ხშირი სახელი საქართველოში.

(8) კაცის ყველაზე ხშირი სახელი საქართველოში.

(9) აღმოსავლეთ საქართველო.

(10) აუცილებელი საჭმელი საახალწლო მაგიდაზე.

7. 阿迦吉·策列特利（აკაკი წერეთელი）

策列特利是格鲁吉亚 19 世纪末至 20 世纪初的著名诗人、大文豪，也是相当有地位的社会活动家。他诞生于公爵家庭，和前文中提到的恰夫恰瓦泽（ჭავჭავაძე）是同时代的人。由于他出生于西部，所以素有"恰东策西"的说法。策氏的父亲不仅有爵位，而且十分富裕，领地也不少，母亲是阿巴什泽（ეკატერინე აბაშიძე）公爵与格鲁吉亚沙皇的后代，并且颇有学识。

阿迦吉很早开始写诗，他才华出众，19岁时已出版诗集。他在库塔伊希市和第比利斯完成中学学业，后毕业于彼得堡大学。他和恰氏对民族独立、民族文化的传承与复兴共同作出了卓越的贡献。与恰氏一样，他的作品，尤其是诗文，很受人民爱戴，许多诗成了民歌的歌词。他的作品文风犀利、用词优美、词汇丰富，在语言创新与改革方面发挥了重要的作用。其作品《我的传奇生活》（ჩემი თავგადასავალი）和《育人者》（გამზრდელი）至今仍是格鲁吉亚的文学经典。

第比利斯市中心的鲁斯塔维里大街上，在有近二百年历史的格鲁吉亚第一中学校门前，正对大街的街心花园中，高耸着一座双人雕像——两位格鲁吉亚语与格鲁吉亚文化传人伊利亚和阿迦吉。他们永远象征着祖国进步的文化、艺术，也象征着格鲁吉亚东、西部人民的大团结。

词性
მეტყველების ნაწილები

格鲁吉亚语共有十种词性：

	词类（汉语）	词类（格鲁吉亚语）	例词
1	名词	არსებითი სახელი	წიგნი, სახლი, ჩინეთი
2	形容词	ზედსართავი სახელი	კარგი, ლამაზი, დიდი
3	代词	ნაცვალსახელი	მე, ეს, ვინ, რა, სადაური, ჩემი, რაც, ვისი
4	动词	ზმნა	ვსწავლობ, მომწონს
5	数词	რიცხვითი სახელი	ერთი, პირველი
6	副词	ზმნიზედა	იქ, კარგად, ახლოს, შუა, წინ
7	前置词	თანდებული	后缀：-ში, -ზე, -თან, -გან, -დან 单独：შუა, შორის, შესახებ
8	连接词	კავშირი	და, თუ, ან, რომ, თუმცა
9	语气词	ნაწილაკი	არ, ვერ, ნუ
10	感叹词	შორისდებული	უი

名词
არსებითი სახელი

1. 名词变格

名词有格与数的变化，是根据其在句中的不同作用而形成的。名词变格表示句中词与词的关系。格鲁吉亚语名词共有 7 种格，每种格表示一定的意义。

	汉语名称	俄语名称	英语名称	格语名称	变格标志
1	主格	Именительный	Nominative	სახელობითი	-ი//-0
2	前置格	Повествовательный (эргативный)	Ergative	მოთხრობითი	-მა//-მ
3	给予格	Дательный	Dative/accusative	მიცემითი	-ს
4	所属格	Родительный	Genitive	ნათესაობითი	-ის//-ს(ი)
5	工具格	Творительный	Instrumental	მოქმედებითი	-ით//-თ(ი)
6	客体格	Направительный	Adverbial	ვითარებითი	-ად//-დ
7	呼格	Звательный	Vocative	წოდებითი	-ო//-ვ

2. 5 种结尾的名词变格不同

格	辅音结尾	元音 ა 结尾	元音 ე 结尾	元音 ო 结尾	元音 უ 结尾
主格	ქალ-ი	ძმა	მეფე	ეზო	კუ（乌龟）
前置格	ქალ-მა	ძმა-მ	მეფე-მ	ეზო-მ	კუ-მ
给予格	ქალ-ს	ძმა-ს	მეფე-ს	ეზო-ს	კუ-ს
所属格	ქალ-ის	ძმ-ის	მეფ-ის	ეზო-ს(ი)	კუ-ს(ი)
工具格	ქალ-ით	ძმ-ით	მეფ-ით	ეზო-თ(ი)	კუ-თ(ი)
客体格	ქალ-ად	ძმა-დ	მეფე-დ	ეზო-დ	კუ-დ
呼格	ქალ-ო	ძმა-ო	მეფე-ო/ვ	ეზო-ვ	კუ-

(1) 以 ი 结尾的名词属于辅音结尾名词（原因在于 -ი 只是主格标志），其他结尾的名词是元音结尾的名词，例如：

- ქალ-**ი**　　（辅音结尾的名词，-ი 是主格标志）
- ძმა；მეფე；ოქრო；კუ　　（元音结尾的名词不带主格标志 -ი）

(2) 单数所属格和工具格变格时，以 ა 和 ე 结尾的名词除人名和地名外，最后一个元音（即

ა 或 ე）应省略，例如：

· 所属格：　მმ-ის　　　მეფ-ის

· 工具格：　მმ-ით　　　მეფ-ით

(3) 有些名词是外来词，其大部分的结尾是 -ი，但要注意：这不是名词主格标志的 -ი，所以外来词和元音结尾的名词变格相同，例如：ჩაი；გიორგი 等。

主体格	ჩაი	გიორგი
前置格	ჩაი-მ	გიორგი-მ
给予格	ჩაი-ს	გიორგი-ს
所属格	ჩაი-ს	გიორგი-ს
工具格	ჩაი-თ	გიორგი-თ
客体格	ჩაი-დ	გიორგი-დ
呼体格	ჩაი	გიორგი

【注一】名词结尾是 მ 时，前置格有两个 მ，例如：ატამ–მა（桃）。

【注二】名词结尾是 ს 时，给予格有两个 ს，例如：მწყემს–ს（牧人）。

3. 复数名词的变格

(1) 名词复数标志是 -ებ。变格时结尾前加音节 -ებ，其后无论名词结尾是元音或辅音，都应加名词辅音结尾的标志，例如：

格	ი 结尾	ა 结尾	ე 结尾	ო 结尾	უ 结尾	复数标志	变格法结尾
主格	სახლ	ბინ	დღე	ეზო	კუ（乌龟）	**-ებ**	-ი
前置格	სახლ	ბინ	დღე	ეზო	კუ	**-ებ**	-მა
给予格	სახლ	ბინ	დღე	ეზო	კუ	**-ებ**	-ს
所属格	სახლ	ბინ	დღე	ეზო	კუ	**-ებ**	-ის
工具格	სახლ	ბინ	დღე	ეზო	კუ	**-ებ**	-ით
客格	სახლ	ბინ	დღე	ეზო	კუ	**-ებ**	-ად
呼格	სახლ	ბინ	დღე	ეზო	კუ	**-ებ**	-ო

(2) 以 ა 结尾的名词复数变格时，元音 ა 应省略，例如：

主格	ძმ-ებ-ი
前置格	ძმ-ებ-მა
给予格	ძმ-ებ-ს
所属格	ძმ-ებ-ის
工具格	ძმ-ებ-ით
客体格	ძმ-ებ-ად
呼格	ძმ-ებ-ო

(3) 有些名词根据其意义只能表示单数，例如：შაქარი；ხილი；წვიმა。

主格	შაქარ	-ი
前置格	შაქარ	-მა
给予格	შაქარ	-ს
所属格	შაქრ	-ის
工具格	შაქრ	-ით
客格	შაქრ	-ად
呼格	შაქარ	-ო

【注一】如果名词前面有数词或表示数量的词，名词是单数，例如：**ბევრი** წიგნი；**ათი** წიგნი。

4. 名词中的元音弱化

(1) 除部分名词外，通常名词复数变格时，辅音 ლ, მ, ნ, რ 之前的元音 ა 和 ე 应省略。单数所属格、工具格和客体格时，以 ა 和 ე 结尾的名词 —— 除人名和地名外，最后一个元音 ა 或 ე 应省略。以 ა 结尾的名词复数变格时，元音 ა 应被省略，例如：

主体格	წყალ–ი	მასწავლებელ–ი	მეგო**ბრ**-ებ-ი
前置格	წყალ–მა	მასწავლებელ–მა	მეგო**ბრ**-ებ-მა
给予格	წყალ–ს	მასწავლებელ–ს	მეგო**ბრ**-ებ-ს
所属格	წყ**ლ**–ის	მასწავლებ**ლ**–ის	მეგო**ბრ**-ებ-ის
工具格	წყ**ლ**–ით	მასწავლებ**ლ**–ით	მეგო**ბრ**-ებ-ით
客体格	წყ**ლ**–ად	მასწავლებ**ლ**–ად	მეგო**ბრ**-ებ-ად
呼格	წყალ-ო	მასწავლებელ-ო	მეგო**ბრ**-ებ-ო

(2) 除部分名词外，单数所属格、工具格、客体格和复数变格时，辅音 ლ, მ, ნ, რ 之前的元音 ო 由 ვ 替换。如果名词中还有一个 ო，这时 ვ 应省略（即 ო 或 ვ 都去掉）。如果名词中 ო 之前有辅音字母 ბ, ფ, პ, მ 之一，ვ 也应省略，例如：

格	单数		复数	
	მინდორი（田地）	**ობოლი**（孤儿）	**მინდორი**（田地）	**ობოლი**（孤儿）
主格	მინდორ-ი	ობოლ-ი	მინდ**ვრ**-ებ-ი	ო**ბლ**-ებ-ი
前置格	მინდორ-მა	ობოლ-მა	მინდ**ვრ**-ებ-მა	ო**ბლ**-ებ-მა
给予格	მინდორ-ს	ობოლ-ს	მინდ**ვრ**-ებ-ს	ო**ბლ**-ებ-ს
所属格	მინდ**ვრ**-ის	ო**ბლ**-ის	მინდ**ვრ**-ებ-ის	ო**ბლ**-ებ-ის
工具格	მინდ**ვრ**-ით	ო**ბლ**-ით	მინდ**ვრ**-ებ-ით	ო**ბლ**-ებ-ით
客体格	მინდ**ვრ**-ად	ო**ბლ**-ად	მინდ**ვრ**-ებ-ად	ო**ბლ**-ებ-ად
呼格	მინდორ-ო	ობოლ-ო	მინდ**ვრ**-ებ-ო	ო**ბლ**-ებ-ო

【注一】不能省略元音字母的不规则名词包括：ცხოველის; ადამიანის; ხელების; მთვარის; საჭმელები（名词 საჭმელი 变所属格、工具格和客体格时，ე 省略）。

【注二】只有名词 ღვინო 变化是不规则的：它以 ო 结尾，变所属格和工具格时，应去掉 -ო 并加 -ის 或 -ით，例如：ღვინ-ის；ღვინ-ით。

【注三】单数所属格、工具格、客体格和所有的复数变格时，ვ 之前的元音 ა 弱化，但是由于两个辅音 ბ 和 ვ 共同发音较困难，所以辅音 ვ 也省略，例如：ამბავი —— ამბ-ის,；ამბ-ით；ამბ-ად。

5. 名词的另一复数形式“那尔塔尼”

(1) 格鲁吉亚语还有另外一种复数形式。有时只能用“那尔塔尼”复数形式或 -ებ 复数形式。但现代格鲁吉亚语复数大部分以 -ებ 结尾，而这在古语称为“那尔塔尼”复数形式。可以说：ქართველები, 不能说 ქართველნი。个别词语只能用“那尔塔尼”复数形式，例如：

- ბაგრატიონ**თა** დინასტია　　巴格拉基奥尼王朝
- საბჭო**თა** კავშირი　　苏维埃联盟

(2) “那尔塔尼”复数形式只有 5 种变格：主格、前置格、给予格、所属格、呼格，例如：

格	名词根	复数	变格法结尾
主格	ბავშვ	-ნ	-ი
前置格	ბავშვ	-თ	-ა
给予格	ბავშვ	-თ	-ა
所属格	ბავშვ	-თ	-ა

工具格	ბავშვ	-	-
客体格	ბავშვ	-	-
呼格	ბავშვ	-ნ	-ო

【注一】“那尔塔尼”复数中，名词的元音不弱化。

6. 前置词（后缀）

有些前置词（后缀）必须和名词连用，不同的后缀与名词的不同格连接。但是格鲁吉亚语中还有另外一种前置词，它们实际上也是副词，所以可以不连接名词而单独使用，例如：

主格	-ვით
给予格	-ში；-ზე；-თან；-ვით
所属格	-თვის；-გან
工具格	-დან
客体格	-იანი；-მდე

单独使用的前置词有：

- წინ　　前边
- უკან　　后边
- აქეთ　　这边
- იქით　　那边
- ქვეშ　　下边
- ზევით　　上边
- თავზე　　……上
- შორის　　之间
- შუა　　中间
- გამო　　因为……；由于……
- შესახებ　　有关
- გარდა　　……之外；除了……

代词
ნაცვალსახელი

1. 人称代词（პირის ნაცვალსახელი）

	单数	复数
第一人称	მე	ჩვენ
第二人称	შენ	თქვენ
第三人称	ეს/ეგ/ის/იგი	ესენი/ეგენი/ისინი

【注一】现代格鲁吉亚语较常用的第三人称代词是 ის 或 იგი。
【注二】人称代词除第三人称外，各格相同（不变）。
【注三】第三人称代词来自指示代词，所以第三人称代词和以下所述指示代词变格相同。
(1) 表达第三人称代词可利用名词 თავი（头），例如：
　　· თავის სახლში მიდის —— 他回自己家。თავი 指 "自己"。
(2) 单数和复数人称代词是不变化词，它们没有变格，单数第一人称 მე 做属格时变成 ჩემ。ჩემ 和前置词连用，例如：

-ზე	ჩემ-ზე	შენ-ზე	მას-ზე	ჩვენ-ზე	თქვენ-ზე	მათ-ზე
-თან	ჩემ-თან	შენ-თან	მას-თან	ჩვენ-თან	თქვენ-თან	მათ-თან
-მდე	ჩემა-მდე	შენა-მდე	იმა-მდე	ჩვენა-მდე	თქვენა-მდე	მათა-მდე
-გან	ჩემ-გან	შენ-გან	მის-გან	ჩვენ-გან	თქვენ-გან	მათ-გან
-ვით	ჩემს-ა-ვით	შენს-ა-ვით	მასს-ა-ვით	ჩვენს-ა-ვით	თქვენს-ა-ვით	მათს-ა-ვით
-თვის	ჩემ-თვის	შენ-თვის	მის-თვის	ჩვენ-თვის	თქვენ-თვის	მათ-თვის

【注一】后缀 -დან 不能和人称代词连用。

2. 指示代词（ჩვენებითი ნაცვალსახელი）

(1) 指示代词指事物与它的形式：ეს, ეგ, ის, იგი。指示代词没有呼格。

单数指示代词

	这	这是	那	那是
主格	ეს	ეგ	ის	იგი
前置格	ამა-ნ	მაგა-ნ	იმა-ნ	მა-ნ

给予格	ამა-ს	მაგა-ს	იმა-ს	მა-ს
所属格	ამ-ის	მაგ-ის	იმ-ის	მ-ის
工具格	ამ-ით	მაგ-ით	იმ-ით	მ-ით
客体格	ამა-დ	მაგა-დ	იმა-დ	მა-დ

复数指示代词

	这些	这些	那些	那些
主格	ესე-ნ-ი	ეგე-ნ-ი	ისი-ნ-ი	იგი-ნ-ი
前置格	ამა-თ	მაგა-თ	იმა-თ	მა-თ
给予格	ამა-თ	მაგა-თ	იმა-თ	მა-თ
所属格	ამა-თ	მაგა-თ	იმა-თ	მა-თ
工具格	ამა-თ	მაგა-თ	იმა-თ	მა-თ
客体格	ამა-თ	მაგა-თ	იმა-თ	მა-თ

(2) 名词和指示代词连用时，各格随之变化，例如：

主格	ეს წიგნ-ი	ეგ წიგნ-ი	ის წიგნ-ი
前置格	ამ წიგნ-მა	მაგ წიგნ-მა	იმ წიგნ-მა
给予格	ამ წიგნ-ს	მაგ წიგნ-ს	იმ წიგნ-ს
所属格	ამ წიგნ-ის	მაგ წიგნ-ის	იმ წიგნ-ის
工具格	ამ წიგნ-ით	მაგ წიგნ-ით	იმ წიგნ-ით
客体格	ამ წიგნ-ად	მაგ წიგნ-ად	იმ წიგნ-ად

【注一】指示代词 იგი 不能和名词连用。

3. 疑问代词（კითხვითი ნაცვალსახელი）

疑问代词 ვინ 的主格与前置格结尾 -ნ 相同；给予格与所属格的结尾 -ს 相同；客体格没有动物和非动物的区别，只有一个疑问词 რად "做什么" 或 "用什么" 或 "以什么" 例如：

- რად მუშაობს?　　　　　他做什么工作？

ვინ 没有复数，复数可用 ვინ და ვინ —— 谁与谁。在问句 ვინ და ვინ ？中，动词是单数，例如：

• ვინ და ვინ **ხატავს**?

	单数		复数
主格	ვი-ნ	რა	რა-ებ-ი
前置格	ვი-ნ	რა-მ	რა-ებ-მა
给予格	ვი-ს	რა-ს	რა-ებ-ს
所属格	ვი-ს(ი)	რ-ის(ი)	რა-ებ-ის
工具格	(ვი-ს-ით)	რ-ით(ი)	რა-ებ-ით
客体格	(რა-დ)	რა-დ	რა-ებ-ად
呼格	-	-	-

【注一】რა 变成单数所属格和工具格时去掉 -ა。

【注二】疑问代词总是在句首，疑问代词ვინ总在动词之前，如：ვინ მოდის?

4. 物主代词（კუთვნილებითი ნაცვალსახელი）

	单数	复数
第一人称	ჩემი	ჩვენი
第二人称	შენი	თქვენი
第三人称	მისი	მათი

物主代词与名词给予格连用时，物主代词最后的元音字母 ი 去掉，加字母 -ს；只有第三人称例外，例如：

- ჩემი   ჩემს შვილს
- შენი   შენს მეგობარს
- მისი   მის მასწავლებელს
- ჩვენი   ჩვენს ოჯახს
- თქვენი   თქვენს მშობლებს
- მათი   მათ უნივერსიტეტს

5. 疑物代词（კითხვით-კუთვნილებითი ნაცვალსახელი）

疑物代词对事物的所属表示疑问。疑物代词没有所属格和呼格。

	单数		复数
主格	ვის-ი	რის-ი	რის-ებ-ი
前置格	ვის-მა	რის-ამ	რის-ებ-მა

给予格	ვის	რის	
工具格	ვის-ით	რის-ით	
宾格	ვის-ად	რის-ად	

6. 关系代词（მიმართებითი ნაცვალსახელი）

关系代词是由疑问代词直接加辅音字母 -ც 构成。

汉语意义	疑问代词	关系代词
什么	რა?	რაც
什么时候	როდის?	როდესაც (როცა)
在哪里	სად?	სადაც
怎么 / 如何	როგორ?	როგორც
什么样的	როგორი?	როგორიც
谁	ვინ?	ვინც
多少 / 几个	რამდენი?	რამდენიც
哪一个	რომელი?	რომელიც
什么地方的 / 哪里的	სადაური?	სადაურიც
谁的	ვისი?	ვისიც
什么的	რისი?	რისიც

数词
რიცხვითი სახელი

格鲁吉亚语数词分为三大类：数量数词（რაოდენობითი）、顺序数词（რიგობითი）和分数数词（წილობითი）。

1. 数量数词

(1) 表示数目和数量的数词叫做数量数词，例如：ერთი（一）；ორი（二）；სამი（三）等。格鲁吉亚语数词是二十进位的。数量数词回答“多少”（რამდენი）的问题，例如：

- რამდენი სურათი? —— სამი სურათი　三张画

(2) 二十以上的数词用连接词“和”（და）连接。数词连接时，以 ი 结尾的数词中的去掉 ი，加连接词，例如：

- 21 —— ოც**და**ერთი
- 31 —— ოც**და**თერთმეტი

(3) 四十、六十和八十不需要连接词“和”（და），前面数词的结尾 -ი 省，加二十（ოცი）。四十和八十两个数词之间加字母 მ，例如：

- 40 —— ორ**მ**ოცი
- 80 —— ოთხ**მ**ოცი

(4) 不定量数词表示不具体的、大约的数量。不定量数词有：ცოტა（少）；ბევრი（多）；რამდენიმე（几个）。数词分为两种：简单数词和合成数词。简单数词是一到十、二十、一百（ასი）和百万（მილიონი）。合成数词是由两个或两个以上基础数词构成的数词，如：十二（თორმეტი）、二十七（ოცდაშვიდი）等。

(5) 两百、三百等和十几同样不需要连接词“和”（და），前面数词的结尾 -ი 省略并加一百（ასი），例如：

- 200 —— ორასი
- 300 —— სამასი
- 400 —— ოთხასი
- 500 —— ხუთასი
- 600 —— ექვსასი
- 700 —— შვიდასი
- 800 —— რვაასი
- 900 —— ცხრაასი
- 1000 —— ათასი

(6) 除与一到一百和几百等数词连用时，数词应分开写。此时，前面数词的结尾 -ი 省略；但一千和百万前面数词的结尾 -ი 不能省略，例如：

- 120 —— ას ოცი
- 1990 —— ათას ცხრაას ოთხმოცდაათი

- 2012 —— ორი ათას თორმეტი

【注三】数词和名词变格相同。

【注四】数词后的名词是单数。

2. 顺序数词

(1) 顺序数词由数量数词构成。数量数词加前缀 მე-，最后的元音 -ი 或 -ა 去掉并加后缀 -ე，变成顺序数词。顺序数词回答 მერამდენე（第几个）或 რომელი（哪一个）的问题，例如：

- ორი　　**მეორე**
- რვა　　**მერვე**
- ათი　　**მეათე**

【注二】只有顺序数词 პირველი（第一）是不规则的顺序数词。

(2) 二十以上的顺序数词，只有最后一个数词带前后缀，例如：

- ოცდაერთი　　ოცდა**მეერთე**
- ოცდახუთი　　ოცდა**მეხუთე**
- ორმოცდაათი　　ორმოცდა**მეათე**

(3) 顺序数词还有另一种写法：两种写法发音相同，但写法可以不同：顺序数词之前写前缀 მე-，后接连字符并加数词，例如：

- მე-2
- მე-100

如果顺序数词是复合数词，则第二数词带前后缀，此时应该先写数词并加后缀 -ე，例如：

- 25-ე
- 103-ე

第一（პირველი）只能写数词，例如：

- 1-ლი，1-ლმა，1-ლს，1-ლის，等。

3. 分数数词

分数表示整体的某一部分，如：მესამედი（三分之一）。回答分数数词 მერამდენე**დი**（几分之几）的问题。分数由顺序数词构成，顺序数词加后缀 -დი 就构成分数，例如：

- მესამე　　მესამე**დი**
- მეხუთე　　მეხუთე**დი**
- მერვე　　მერვე**დი**

二分之一也可用“半”代替，例如：ნახევარი（半）。

数词

	数量数词	顺序数词	分数数词
1	ერთი	პირველი	მეერთედი
2	ორი	მეორე	მეორედი (ნახევარი)
3	სამი	მესამე	მესამედი
4	ოთხი	მეოთხე	მეოთხედი
5	ხუთი	მეხუთე	მეხუთედი
6	ექვსი	მეექვსე	მეექვსედი
7	შვიდი	მეშვიდე	მეშვიდედი
8	რვა	მერვე	მერვედი
9	ცხრა	მეცხრე	მეცხრედი
10	ათი	მეათე	მეათედი
11	თერთმეტი	მეთერთმეტე	მეთერთმეტედი
12	თორმეტი	მეთორმეტე	მეთორმეტედი
13	ცამეტი	მეცამეტე	მეცამეტედი
14	თოთხმეტი	მეთოთხმეტე	მეთოთხმეტედი
15	თხუთმეტი	მეთხუთმეტე	მეთხუთმეტედი
16	თექვსმეტი	მეთექვსმეტე	მეთექვსმეტედი
17	ჩვიდმეტი	მეჩვიდმეტე	მეჩვიდმეტედი
18	თვრამეტი	მეთვრამეტე	მეთვრამეტედი
19	ცხრამეტი	მეცხრამეტე	მეცრამეტედი
20	ოცი	მეოცე	მეოცედი
21	ოცდაერთი	ოცდამეერთე	ოცდამეერთედი
22	ოცდაორი	ოცდამეორე	ოცდამეორედი
23	ოცდასამი	ოცდამესამე	ოცდამესამედი
24	ოცდაოთხი	ოცდამეოთხე	ოცდამეოთხედი
25	ოცდახუთი	ოცდამეხუთე	ოცდამეხუთედი
30	ოცდაათი	ოცდამეათე	ოცდამეათედი
40	ორმოცი	მეორმოცე	მეორმოცედი
50	ორმოცდაათი	ორმოცდამეათე	ორმოცდამეათედი

60	სამოცი	მესამოცე	მესამოცედი
70	სამოცდაათი	სამოცდამეათე	სამოცდამეათედი
80	ოთხმოცი	მეოთხმოცე	მეოთხმოცედი
90	ოთხმოცდაათი	მეოთხმოცდაათე	მეოთხმოცდაათედი
100	ასი	მეასე	მეასედი
200	ორასი	მეორასე	მეორასედი
300	სამასი	მესამასე	მესამასედი
400	ოთხასი	მეოთხასე	მეოთხასედი
500	ხუთასი	მეხუთასე	მეხუთასედი
600	ექვსასი	მეექვსასე	მეექვსასედი
700	შვიდასი	მეშვიდასე	მეშვიდასედი
800	რვაასი	მერვაასე	მერვაასედი
900	ცხრაასი	მეცხრაასე	მეცხრაასედი
1000	ათასი	მეათასე	მეათასედი
1 000 000	მილიონი	მემილიონე	მემილიონედი

动名词（动词原形）

სახელზმნა(საწყისი)

格鲁吉亚语动词原形由名词充当，也叫动名词，表示行为，但不指示人称、数量、时态，例如：

· მე ვწერ（动）—— წერა（原形）

· მე ვკითხულობ（动）—— კითხვა（原形）

句子中动名词和名词变格相同，在句中起名词的作用，例如：

· მე ვჭამ（动）—— სამჯერ **ჭამის** შემდეგ（原形）

· მე ვხატავ（动）—— მე **ხატვა** მიყვარს（原形）

有些动词没有动名词，所以用名词代替动名词，例如：

· მე ვსაუბრობ（动）—— საუბარი（名）

【注一】使用词典时，应了解动词的动名词（原形）。

不及物动词和多人称动词

გარდაუვალი და მრავალპირიანი ზმნა

多人称动词是格鲁吉亚语里非常典型和有特点的动词。不仅从句子的意义上，从动词的结构以及它拥有的前缀上，也可以判断出补语。

(1) 如果人称动词表示一个主语的行为，则是不及物动词，例如：ნინო **იმალება**（尼诺藏起来）；ნინო **მოგზაურობს**（尼诺在旅游）。一般不及物动词主语的各个时态是主格，例如：**ნინო** დაიმალა，但是也有特殊的情况（完成体过去时和愿格时态的主语是前置格），例如：**ნინომ** იმოგზაურა。

(2) 涉及两个人称的动词（主语和补语：即谁发生行为和行为针对谁发生），在句中可做及物动词，也可做不及物动词：句中有直接补语时，动词是及物动词，例如：ნინო **სახლს** აშენებს（尼诺修房子）（完成体过去时和愿格时态的主语是前置格）；当句中只有间接补语时，动词是不及物动词，例如：ის **ბავშვს** ეთამაშება（他和孩子玩）（主语各个时态是主格，而间接补语是给予格）。

(3) 涉及三个人称的动词（主语、直接补语、间接补语）是及物动词，例如：ნინო ლიუ ლის სახლს უშენებს（尼诺给刘丽修房子）（完成体过去时和愿格时态的主语是前置格）。

动词

ზმნა

I

常用规则动词的形式

现在时	未完成过去时	将来时	完成过去时	愿格时
ვ-აკეთებ	ვ-აკეთებ-დი	გა-ვ-აკეთებ	გა-ვ-აკეთ-ე	გა-ვ-აკეთ-ო
აკეთებ	აკეთებ-დი	გა-აკეთებ	გა-აკეთ-ე	გა-აკეთ-ო
აკეთებ-ს	აკეთებ-და	გა-აკეთებ-ს	გა-აკეთ-ა	გა-აკეთ-ო-ს
ვ-აკეთებ-თ	ვ-აკეთებ-დი-თ	გა-ვ-აკეთებ-თ	გა-ვ-აკეთ-ე-თ	გა-ვ-აკეთ-ო-თ
აკეთებ-თ	აკეთებ-დი-თ	გა-აკეთებ-თ	გა-აკეთ-ე-თ	გა-აკეთ-ო-თ
აკეთებ-ენ	აკეთებ-დ-ნენ	გა-აკეთებ-ენ	გა-აკეთ-ე-ს	გა-აკეთ-ო-ნ

未完成过去时的后缀为 -დი（以 -ი 结尾的不及物动词未完成过去时的后缀是 -ოდი）。单数第三人称后缀为 -და（以 -ი 结尾的不及物动词未完成过去时的后缀是 -ოდა）。

将来时的前缀为 და-, მო-, შე-, გა-, ა-, ჩა-, გამო-, გადა-。

完成过去时最后的音节 -ებ, -ავ, -ობ, -ი, -ები 由后缀 -ე 或 -ი 代替（无音节时，直接加后缀 -ე 或 -ი）。单数第三人称后缀为 -ა 或 -ო。复数第一和第三人称后缀加复数标志 -თ；复数第三人称后缀加 -ს（以 -ი 结尾的不及物动词未完成体过去时的复数第三人称后缀是 -ნენ，而不是 -ეს）。

愿格时的后缀为 -ო, -ა 或 -ე。单数第三人称后缀加第三人称标志 -ს；复数第一和第三人称后缀加复数标志 -თ；复数第三人称后缀加 -ნ。

【注一】句中及物动词现在时、未完成体过去时和将来时的主语是主格，而补语是给予格。完成体过去时和愿格时态主语是前置格，而补语是主格。

【注二】句中不及物动词各个时态的主语是主格。如果不及物动词涉及两个人称，则（间接）补语是给予格（参考附件“不及物动词和多人称动词”）。

本书中的第一人称（不及物）动词将来时： გამო-ვ-ჯანმრთელდები; გა-ვ-ერთობი; და-ვ-იღლები; გა-ვ-იყიდები; და-ვ-რჩები; და-ვ-ტკბები; მი-ვ-ხვდები; მო-ვ-ემზადები; გა-ვ-გრძელდები; და-ვ-დნები; შე-ვ-იკრიბები; და-ვ-თანხმდები; და-ვ-მთავრდები; გადა-ვრჩები; მო-ვ-ემზადები; და-ვ-ისვენებ; და-ვ-ახველებ.

【注一】动词 დავისვენებ 和 დავახველებ 是特殊的动词：完成体过去时和愿格时态动

词的主语是前置格。

本书中的第二人称动词将来时： გა-ვ-აკეთებ; ა-ვ-აშენებ; და-ვ-იწყებ; გა-ვ-ატარებ; და-ვ-წერ; და-ვ-იწერ; ჩა-ვ-იწერ; გა-ვ-გზავნი; ჩა-ვ-აბარებ; გა-ვ-აჩერებ; მო-ვ-ამზადებ; ა-ვ-აფეთქებ; და-ვ-აპირებ; შე-ვ-უკვეთავ; ა-ვ-იღებ; და-ვ-აცხობ; და-ვ-პატიჟებ; ა-ვ-ღნიშნავ; მო-ვ-იზომებ; გა-ვ-ყიდი; მი-ვ-იღებ; შე-ვ-ინახავ; შე-ვ-ავსებ; გადა-ვ-ახურდავებ; შე-ვ-ღებავ; ა-ვ-ღნიშნავ; მო-ვ-ხარშავ; ა-ვ-ანთებ; შე-ვ-ჭამ; გა-ვ-ტეხავ; გადა-ვ-აგდებ; და-ვ-ხატავ; და-ვ-ამთავრებ; გა-ვ-აღებ; და-ვ-ეხმარები; და-ვ-ელოდები; შე-ვხვდები; გა-ვ-აგდებ; შე-ვ-უშვებ; შე-ვ-ნიშნავ; მო-ვ-უსმენ; და-ვ-ურეკავ.

【注一】动词 დავეხმარები、დაველოდები 和 შევხვდები 是不及物动词（动词只有主语和间接补语），因此主语各个时态是主格，而间接补语是给予格。

【注二】动词 მოვუსმენ、დავურეკავ 和 დავუძახებ 是特殊不及物动词。其主语和及物动词相同，而间接补语各个时态是给予格，例如：ის მას უსმენს - მან მას მოუსმინა; ის მას ურეკავს - მან მას დაურეკა; ის მას ეძახის - მან მას დაუძახა（动词 დავუძახებ 和 ვუპასუხებ 同为不及物动词）。

本书中的第三人称动词将来时： შე-ვ-ასწავლი; და-ვ-უთმობ; მო-ვ-აწერ; და-ვ-არტყავ; გა-ვ-უყობ; მო-ვ-პარავ; მო-ვ-კიდებ; შე-ვ-ახებ.

II

常用规则动词的形式

现在时	未完成过去时	将来时	完成过去时	愿格时
ვ-ცხოვრობ	ვ-ცხოვრობ-დი	ვ-ი-ცხოვრ-ებ	ვ-იცხოვრ-ე	ვ-იცხოვრ-ო
ცხოვრობ	ცხოვრობ-დი	ი-ცხოვრ-ებ	ი-ცხოვრ-ე	ი-ცხოვრ-ო
ცხოვრობ-ს	ცხოვრობ-და	ი-ცხოვრ-ებ-ს	ი-ცხოვრ-ა	ი-ცხოვრ-ო-ს
ვ-ცხოვრობ-თ	ვცხოვრობ-დით	ვ-ი-ცხოვრ-ებ-თ	ვ-ი-ცხოვრ-ე-თ	ვ-ი-ცხოვრ-ო-თ
ცხოვრობ-თ	ცხოვრობ-დი-თ	ი-ცხოვრ-ებ-თ	ი-ცხოვრ-ე-თ	ი-ცხოვრ-ო-თ
ცხოვრობ-ენ	ცხოვრობ-დ-ნენ	ი-ცხოვრ-ებ-ენ	ი-ცხოვრ-ე-ს	ი-ცხოვრ-ო-ნ

未完成过去时的后缀为 -დი，单数第三人称后缀：-და。

将来时的人称标志后加前缀：-ი- 或 -უ-（客观的、第三人称动词），并将最后一个音节 -ობ, -ავ, -ებ, -ი 由 -ებ 或 -ი 替换。

完成体过去时的最后一个音节 -ებ, -ი 由后缀 -ე 代替。单数第三人称后缀为 -ა 或 -ო。复数第一和第三人称后缀加复数标志 -თ；复数第三人称后缀加 -ს。

愿格时的后缀为 -ო。单数第三人称后缀加第三人称标志 -ს；复数第一和第三人称

后缀加复数标志 -თ；复数第三人称后缀加 -ნ。

【注一】句中及物动词现在时、未完成体过去时和将来时主语是主格，而补语是给予格。完成体过去时和愿格时态主语是前置格，而补语是主格。

【注二】句中不及物动词各个时态的主语是主格。如果不及物动词涉及两个人称，则（间接）补语是给予格（参考附件“不及物动词和多人称动词”）。

本书中的第一人称（不及物）动词将来时： ვ-ცხოვრობ; ვ-მეგობრობ; ვ-სარგებლობ; ვ-სეირნობ; ვ-მოგზაურობ; ვ-მხიარულობ; ვ-საქმიანობ; ვ-საუზმობ; ვ-სადილობ; ვ-ვახშმობ; ვ-მუშაობ; ვ-არსებობ.

本书中的第二人称动词将来时： ვ-საუბრობ; ვ-თამაშობ; ვ-ცეკვავ; ვ-სწავლობ; ვ-ქირაობ; ვ-ნახულობ; ვ-ზეიმობ; ვ-ფიქრობ; ვ-ჭიკჭიკებ; ვ-პასუხობ.

【注一】ვჭიკჭიკებ 与 ვბრძანებ 现在时的 最后一个音节是 -ებ，所以将来时不变。

【注二】ვპასუხობ 与 ვბრძანებ 变成将来时，人称标志后加 უ- ，而不是 ი-，例如：ვუპასუხებ 与 ვუბრძანებ。

【注三】动词 ვყვირი（我喊叫）和 ვტირი（我哭）与以上动词变化相同，但是未完成体过去时的后缀是 -ოდი，而不是 -დი。

III

无人称动词：表示自然环境和天气状况

现在时	未完成过去时	将来时	完成过去时	愿格时
ცივა	ცი-ოდა	ა-ცივდ-ება	ა-ცივდ-ა	ა-ცივდ-ეს
წვიმს	წვიმ-და	მო-წვიმს	მო-წვიმ-ა	მო-წვიმ-ოს

【注一】动词 ცივა 是补语标志的动词，而动词 წვიმს 是主语标志的动词。

IV

表示人身心状态与感受

现在时	未完成过去时	将来时	完成过去时	愿格时
მ-ცხელა	მ-ცხელ-ოდა	და-მ-ცხ-ება	და-მ-ცხ-ა	და-მ-ცხ-ეს
გ-ცხელა	გ-ცხელ-ოდა	და-გ-ცხ-ება	და-გ-ცხ-ა	და-გ-ცხ-ეს
ს-ცხელა	ს-ცხელ-ოდა	და-ს-ცხ-ება	და-ს-ცხ-ა	და-ს-ცხ-ეს
გვ-ცხელა	გვ-ცხელ-ოდა	და-გვ-ცხ-ება	და-გვ-ცხ-ა	და-გვ-ცხ-ეს
გ-ცხელა-თ	გ-ცხელ-ოდა-თ	და-გ-ცხ-ება-თ	და-გ-ცხ-ა-თ	და-გ-ცხ-ე-თ
ს-ცხელა-თ	ს-ცხელ-ოდა-თ	და-ს-ცხ-ება-თ	და-ს-ცხ-ა-თ	და-ს-ცხ-ე-თ

现在时	未完成过去时	将来时	完成过去时	愿格时
მ-ცივა	მ-ცი-ოდა	შე-მ-ცივდ-ება	შე-მ-ცივდ-ა	შე-მ-ცივდ-ეს
გ-ცივა	გ-ცი-ოდა	შე-გ-ცივდ-ება	შე-გ-ცივდ-ა	შე-გ-ცივდ-ეს
ს-ცივა	ს-ცი-ოდა	შე-ს-ცივდ-ება	შე-ს-ცივდ-ა	შე-ს-ცივდ-ეს
გვ-ცივა	გვ-ცი-ოდა	შე-გვ-ცივდ-ება	შე-გვ-ცივდ-ა	შე-გვ-ცივდ-ეს
გ-ცივა-თ	გ-ცი-ოდა-თ	შე-გ-ცივდ-ებათ	შე-გ-ცივდ-ა-თ	შე-გ-ცივდ-ე-თ
ს-ცივა-თ	ს-ცი-ოდა-თ	შე-ს-ცივდ-ებათ	შე-ს-ცივდ-ა-თ	შე-ს-ცივდ-ე-თ

补语标志的动词各时态的主语是给予格。

补语变位法

ობიექტური უღლება

（直接）补语标志表：

人称	单数	复数
第一人称	მ-	გვ-
第二人称	გ-	გ-；-თ
第三人称	-	-

【注一】这些前缀表示哪一个人称被支配。

1. 主语和补语变位法的结合

如果主语是第一人称，则补语是第二或第三人称；如果主语是第二人称，则补语是第一或第三人称；如果主语是第三人称，则补语是第一、第二或第三人称。

如果知道主语和补语所有的标志以及动词复数标志，可以造出任何动词结构。在同一动词形式中，需要指明主语和补语标志：如果其中某一个是前缀（补语第一人称：მ-），则另一个是后缀（主语第三人称：-ს），例如：ის მე **მ**-ხატავ-**ს**（他画我）。如果主语和补语两个标志都是前缀，则主要标志是补语标志，因此主语标志应省略，例如：

(1) 如果补语是单数或复数第二人称，而主语是单数或复数第一人称，动词只能有第二人称补语标志 —— 前缀 გ-，而主语标志 ვ- 应省略。当主语或补语是复数时，应加复数标志 -თ，例如：

- მე **შენ გ**-ხატავ
- მე **თქვენ გ**-ხატავ-**თ**
- ჩვენ **შენ გ**-ხატავ-**თ**
- ჩვენ **თქვენ გ**-ხატავ-**თ**

(2) 如果补语是单数或复数第一人称，而主语是单数或复数第二人称，动词只能有第一人称补语标志 მ- 和 გვ-，而主语标志 ჰ-、ს- 或 ხ- 应省略。当主语是复数时，应加复数标志 -თ，例如：

- შენ **მე მ**-ხატავ
- შენ **ჩვენ გვ**-ხატავ
- თქვენ **მე მ**-ხატავ-**თ**
- თქვენ **ჩვენ გვ**-ხატავ-**თ**

(3) 动词现在时的主语和补语变位表

	单数	复数
主语	**მე** მას ვ-ხატავ	**ჩვენ** მას ვ-ხატავ-თ
主语	**მე** მათ ვ-ხატავ	**ჩვენ** მათ ვ-ხატავ-თ
补语	მე **შენ** გ-ხატავ	ჩვენ **შენ** გ-ხატავ-თ
补语	მე **თქვენ** გ-ხატავ-თ	ჩვენ **თქვენ** გ-ხატავ-თ

主语	**შენ** მას ხატავ	**თქვენ** მას ხატავ-თ
主语	**შენ** მათ ხატავ	**თქვენ** მათ ხატავ-თ
补语	შენ **მე** მ-ხატავ	თქვენ **მე** მ-ხატავ-თ
补语	შენ **ჩვენ** გვ-ხატავ	თქვენ **ჩვენ** გვ-ხატავ-თ

主语 / 补语	**ის მას** ხატავ-ს	**ისინი მას** ხატავ-ენ
主语 / 补语	**ის მათ** ხატავ-ს	**ისინი მათ** ხატავ-ენ
补语	ის **მე** მ-ხატავ-ს	ისინი **მე** მ-ხატავ-ენ
补语	ის **ჩვენ** გვ-ხატავ-ს	ისინი **ჩვენ** გვ-ხატავ-ენ
补语	ის **შენ** გ-ხატავ-ს	ისინი **შენ** გ-ხატავ-ენ
补语	ის **თქვენ** გ-ხატავ-თ	ისინი **თქვენ** გ-ხატავ-ენ

【注一】如果补语是复数第二人称，则动词结尾是 -თ，例如：ის **თქვენ** გ-ხატავ-**თ**；如果主语是复数第三人称，则动词结尾是 -ან 或 -ენ，例如：**ისინი** თქვენ გ-ხატავ-**ენ**。

(4) 如果这类动词以元音 ი- 开始，第三人称时 ი- 被 უ- 替换，例如：

- მე შენ **გი**სმენ
- მე მას **ვუ**სმენ

- მე შენ **გი**სურვებ
- მე მას **ვუ**სურვებ

2. 间接补语的人称标志

	为直接补语	为间接补语
单数第一人称	მ-	მ-
单数第二人称	გ-	გ-
单数第三人称	-	**ჰ-, ს-**
复数第一人称	გვ-	გვ-
复数第二人称	გ-	გ-
复数第三人称	-	**ჰ-, ს-**

直接补语标志也能表示间接补语标志，但不是每个间接补语标志都能表示直接补语标志。有时，间接补语第三人称标志是 ჰ- 或 ს-，例如：

- ნინო **მე** წერილს მ-წერ-ს
- ნინო **შენ** წერილს გ-წერ-ს
- ნინო **მას** წერილს **ს**-წერ-ს
- ნინო **ჩვენ** წერილს გვ-წერ-ს
- ნინო **თქვენ** წერილს გ-წერ-თ
- ნინო **მათ** წერილს **ს**-წერ-ს

【注一】以元音字母开始的动词之前不能加间接补语第三人称标志 ჰ- 或 ს-。ს- 应加在 დ、ტ、თ、ძ、წ、ც、ჯ、ჭ、ჩ 等辅音字母之前，ჰ- 应加在动词的其他辅音字母之前。

补充选题生词

დამატებითი თემატური სიტყვები

1. 课堂情景用语

(გაკვეთილზე გამოსაყენი სიტყვები)

(1) გააგრძელე（动）（你）继续（完成体过去时）

(2) გაიმეორე（动）（你）再说一遍（完成体过去时）

(3) დავალება（名）练习；作业

(4) დაიწყე（动）（你）开始（完成体过去时）

(5) დაწერე（动）（你）写（完成体过去时）

(6) კარგია（形 / 动）好

(7) რას ნიშნავს 是什么意思

(8) სთქვი（动）（你）说（完成体过去时）

(9) სწორეა（形 / 动）对

(10) წაიკითხე（动）（你）念；读（完成体过去时）

2. 打招呼（მისალმება）

(1) გამარჯობა 你好

(2) ნახვამდის 再见

(3) დილა მშვიდობისა 早上好

(4) დღე მშვიდობისა 你好（为白天）

(5) საღამო მშვიდობისა 晚上好

(6) ღამე მშვიდობისა 晚安

3. 时间（დრო）

(1) დილა 早上；上午

(2) შუა დღე 中午

(3) დღე 白天；天

(4) საღამო 晚上

(5) ღამე 夜里

(6) დღეს 今天

(7) ხვალ 明天

(8) ზეგ 后天

(9) გუშინ 昨天

(10) გუშინწინ 前天

4. 月（თვე）

(1) იანვარი 一月

(2) თებერვალი 二月

(3) მარტი 三月

(4) აპრილი 四月

(5) მაისი 五月

(6) ივნისი 六月

(7) ივლისი 七月

(8) აგვისტო 八月

(9) სექტემბერი 九月

(10) ოქტომბერი 十月

(11) ნოემბერი 十一月

(12) დეკემბერი 十二月

5. 地理词汇（გეოგრაფიული სიტყვები）

(1) ჩრდილოეთი 北

(2) სამხრეთი 南

(3) დასავლეთი 西

补充选题生词 დამატებით თემატური სიტყვები

(4) აღმოსავლეთი 东
(5) მსოფლიო 世界
(6) კონტინენტი 洲
(7) ევროპა 欧洲
(8) აზია 亚洲
(9) აფრიკა 非洲
(10) ქვეყანა 国家
(11) ქალაქი 城市
(12) დედაქალაქი 首都
(13) სოფელი 农村
(14) ოკეანე 洋
(15) ზღვა 海
(16) მდინარე 河
(17) ტბა 湖
(18) ნაპირი 岸
(19) კუნძული 岛
(20) ტყე 树林
(21) მინდორი 田
(22) მთა 山

6. 天气（ამინდი）

(1) ვარსკვლავი 星星
(2) თოვლი 雪
(3) კლიმატი 气候
(4) მზე 太阳
(5) მთვარე 月亮
(6) მოღრუბლული 阴天；多云的
(7) ნისლი 雾
(8) ტემპერატურა 温度
(9) ტენიანი 湿度的
(10) ქარი 风
(11) ცა 天
(12) წვიმა 雨
(13) ჰავა 空气

7. 公共场所
（საზოგადოებრივი დაწესებულებები）

(1) აფთიაქი 药店
(2) ბანკი 银行
(3) ბიბლიოთეკა 图书馆
(4) გალერეა 画廊
(5) ეკლესია 教堂
(6) მაღაზია 商店
(7) მერია 市政厅
(8) მუზეუმი 博物馆
(9) ოპერა 歌剧院
(10) სავაჭრო ცენტრი 商场
(11) სასახლე 宫殿
(12) ფოსტა 邮局
(13) ქარხანა 工厂
(14) შენობა 楼；房
(15) ცათამბჯენი 摩天大楼
(16) ციხესიმაგრე 城堡
(17) ხიდი 桥梁

8. 交通（ტრანსპორტი）

(1) ავტობუსი 公交车
(2) ბენზინი 汽油
(3) გემი 海轮；轮船
(4) ველოსიპედი 自行车
(5) თვითმფრინავი 飞机
(6) მანქანა 汽车
(7) მატარებელი 火车
(8) მეტრო 地铁
(9) მოტოციკლი 摩托车
(10) ნავი 船；舟
(11) ტაქსი 出租汽车

9. 旅游（ტურიზმი）

(1) ბაზრობა 市场

187

(2) ექსკურსია 旅游；出游
(3) ვიზა 签证
(4) პლიაჟი 浴场
(5) სუვენირი 纪念品
(6) ტურისტი 旅行者；旅游者
(7) ღირსშესანიშნაობა 名胜古迹
(8) შვებულება 假期

10. 办公室（ოფისი）

(1) ეკრანი 银幕
(2) ინტერნეტი 网络
(3) კალამი 铅笔
(4) კომპიუტერი 电脑
(5) რვეული 本子；练习本
(6) საშლელი 橡皮
(7) სახაზავი 尺
(8) ფანქარი 钢笔
(9) ფაქსი 传真
(10) ქაღალდი 纸
(11) წერილი 信

11. 住房（საცხოვრებელი）

(1) აბაზანა 洗澡间
(2) აივანი 阳台
(3) ბაღი 花园
(4) ბინა 公寓
(5) ეზო 院
(6) იატაკი 地板
(7) კაბინეტი 书房
(8) კარი 门
(9) კედელი 墙
(10) კერძო სახლი 私有房
(11) კიბე 楼梯
(12) კორიდორი 过道
(13) მისაღები 客厅
(14) ოთახი 房间
(15) სამზარეულო 厨房
(16) საპირფარეშო 卫生间
(17) სართული 层
(18) სასადილო 餐厅
(19) საძინებელი 卧室
(20) სახურავი 屋顶
(21) ფანჯარა 窗户；窗口
(22) ფარდა 窗帘
(23) შემოსასვლელი 门厅
(24) ჭიშკარი 大门

12. 家具（ავეჯი）

(1) თარო 架；架子
(2) კარადა 柜子
(3) ლამპარი 灯
(4) მაგიდა 桌子
(5) სარკე 镜子
(6) საწოლი 床
(7) სკამი 椅子
(8) ტახტი 沙发

13. 家用电器（საყოფაცხოვრებო ტექნიკა）

(1) გაზის ქურა 炉台
(2) კონდენციონერი 空调
(3) მაცივარი 冰箱
(4) მობილური ტელეფონი 手机
(5) სარეცხი მანქანა 洗衣机
(6) ტელევიზორი 电视机
(7) ტელეფონი 电话
(8) უთო 熨斗
(9) ფოტოაპარატი 照相机

14. 卫生间用品（საბაზანო ნივთები）

(1) კბილის პასტა 牙膏
(2) კბილის ჯაგრისი 牙刷
(3) პირსახოცი 毛巾
(4) სავარცხელი 梳子
(5) საპონი 肥皂
(6) შამპუნი 洗发液
(7) ხალათი 晨衣

15. 厨房用品（სამზარეულოს ნივთები）

(1) ბოთლი 瓶
(2) დანა 刀子
(3) კოვზი 勺子
(4) ტაფა 平底锅
(5) ფინჯანი 碗
(6) ქვაბი 锅
(7) ქილა 罐
(8) ყინული 冰
(9) ჩაიდანი 壶
(10) ჩანგალი 叉子
(11) ჭიქა 杯子
(12) ხელსახოცი 餐巾纸

16. 食品（სურსათი）

(1) ანგარიში 账单；发票
(2) ვახშამი 晚饭
(3) თაფლი 蜂蜜
(4) თევზი 鱼
(5) კანფეტი 糖果
(6) კარაქი 黄油
(7) კონსერვი 罐头
(8) ლუდი 啤酒
(9) მარილი 盐
(10) მაძღარი 饱的
(11) მენიუ 菜单
(12) მშიერი 饿的
(13) მწყურვალი 渴的
(14) ნამცხვარი 点心
(15) ნაყინი 冰淇淋
(16) პური 面包
(17) რძე 牛奶
(18) სადილი 午饭
(19) საუზმე 早饭
(20) სუფი 汤
(21) ქათმის ხორცი 鸡肉
(22) ღორის ხორცი 猪肉
(23) ყავა 咖啡
(24) ყველი 奶酪
(25) შაქარი 糖
(26) შოკოლადი 巧克力
(27) ჩაი 茶
(28) ცხვრის ხორცი 羊肉
(29) ძეხვი 香肠
(30) ძროხის ხორცი 牛肉
(31) წვენი 酱汁
(32) წყალი 水
(33) ხორცი 肉

17. 蔬菜（ბოსტნეული）

(1) ბადრიჯანი 茄子
(2) ისპანახი 菠菜
(3) კართოფილი 马铃薯；土豆
(4) კიტრი 黄瓜
(5) კომბოსტო 卷心菜；洋白菜
(6) მწვანილი 青菜
(7) ნიორი 大蒜
(8) პომიდორი 番茄；西红柿
(9) სოკო 蘑菇
(10) სტაფილო 胡萝卜
(11) ჭარხალი 红菜头；甜菜

(12) ხახვი 洋葱

18. 水果（ხილი）

(1) ალუბალი 酸樱桃
(2) ატამი 桃
(3) ბალი 甜樱桃
(4) ბანანი 香蕉
(5) ბროწეული 石榴
(6) გარგალი 杏
(7) ვაშლი 苹果
(8) თუთა 桑葚
(9) კივი 猕猴桃
(10) კლიავი 李子
(11) ლიმონი 柠檬
(12) მანდარინი 橘子
(13) მარწყვი 草莓
(14) მსხალი 梨
(15) ნესვი 甜瓜
(16) საზამთრო 西瓜
(17) ფორთოხალი 橙子
(18) ყურძენი 葡萄

19. 颜色（ფერები）

(1) თეთრი 白色
(2) იისფერი 紫色
(3) ლურჯი 蓝色
(4) მწვანე 绿色
(5) ნარინჯისფერი 橙色
(6) ყვითელი 黄色
(7) შავი 黑色
(8) ცისფერი 天蓝色
(9) წითელი 红色

20. 同义词和反义词（სინონიმები და ანტონიმები）

(1) ძვირი 贵的
(2) იაფი 便宜的
(3) ახლობელი 亲的
(4) შორეული 远的
(5) კარგი 好的
(6) ცუდი 坏的
(7) მაღალი 高的
(8) დაბალი 矮的；低的
(9) ჩქარი 快的
(10) ნელი 慢的
(11) სუფთა 干净的
(12) ჭუჭყიანი 脏的
(13) ახალგაზრდა 年轻的
(14) მოხუცი 老的
(15) ახალი 新的
(16) ძველი 旧的
(17) ადვილი 容易的
(18) რთული 难的
(19) ლამაზი 漂亮的
(20) უშნო 不好看的；丑的
(21) სველი 湿的
(22) მშრალი 干的
(23) ცივი 冷的
(24) ცხელი 热的

21. 职业（პროფესია）

(1) არქიტექტორი 建筑师
(2) ბანკირი 银行家
(3) გამყიდველი 售货员
(4) დამლაგებელი 清洁工
(5) დიასახლისი 家庭妇女
(6) დიპლომატი 外交家
(7) ექიმი 大夫；医生
(8) თარჯიმანი 翻译
(9) ინჟინერი 工程师
(10) იურისტი 律师
(11) მიმტანი 服务员

(12) მსახიობი 演员
(13) მძღოლი 司机
(14) პოლიციელი (პატრული) 警察
(15) ჟურნალისტი 记者
(16) ფილოლოგი 语言学家

22. 身份（წოდება/ტიტული）

(1) მეფე 国王；沙皇
(2) დედოფალი 皇后
(3) პრინცესა 公主
(4) უფლისწული 公子
(5) თავადი 公爵
(6) აზნაური 贵族
(7) გლეხი 农民
(8) პრეზიდენტი 总统
(9) მინისტრი 部长
(10) დირექტორი 经 理；院 长；校长

23. 体育运动（სპორტი）

(1) ბურთი 球
(2) გოლფი 高尔夫球
(3) თხილამური 滑雪板
(4) კალათბურთი 篮球
(5) რაგბი 橄榄球
(6) ფეხბურთი 足球
(7) ფრენბურთი 排球
(8) შეჯიბრი 比赛
(9) ჩემპიონატი 竞赛
(10) ჩოგანი 球拍
(11) ჩოგბურთი 网球
(12) ცურვა 游泳
(13) წყალბურთი 水球
(14) ჭადრაკი 国际象棋
(15) ჭიდაობა 摔跤
(16) ჰოკეი 冰球

24. 乐器

（მუსიკალური ინსტრუმენტები）

(1) დასარტყმელი ინსტრუმენტი 打击乐器
(2) კონტრაბასი 低音提琴
(3) მიკროფონი 麦克风
(4) როიალი 钢琴
(5) საქსოფონი 萨克斯
(6) საყვირი 喇叭

25. 动物（ცხოველები）

(1) შინაური 家畜
(2) გარეული 野生的
(3) არწივი 鹰
(4) აქლემი 骆驼
(5) ბეჰემოთი 河马
(6) ვეფხვი 老虎
(7) ზებრა 斑马
(8) თაგვი 老鼠
(9) თუთიყუში 鹦鹉
(10) თხა 山羊
(11) ინდაური 火鸡
(12) ირემი 鹿
(13) კატა 猫
(14) კურდღელი 兔子
(15) ლომი 狮子
(16) მაიმუნი 猴子
(17) ჟირაფი 长颈鹿
(18) სპილო 大象
(19) ქათამი 鸡
(20) ღორი 猪
(21) ცხენი 马

(22) ცხვარი 羊
(23) ძროხა 牛

26. 亲属名称（ნათესავები）

(1) ოჯახის წევრი 家庭成员
(2) ნათესავი 亲戚
(3) დედა 母亲；妈妈
(4) მამა 父亲；爸爸
(5) შვილი 孩子
(6) ქალიშვილი 女儿
(7) ვაჟიშვილი 儿子
(8) და 姐妹
(9) დისშვილი 侄女；侄子（姐妹的孩子）
(10) ძმა 兄弟
(11) ძმისშვილი 侄女；侄子（兄弟的孩子）
(12) ბებია 祖母；外祖母
(13) პაპა 祖父；外祖父
(14) დიდი ბებია 曾祖母
(15) დიდი პაპა 曾祖父
(16) დეიდა 姨
(17) დეიდაშვილი 姨的孩子（表）
(18) მამიდა 姑
(19) მამიდაშვილი 姑妈的孩子(表)
(20) ბიძა 伯父；叔叔；舅舅
(21) ბიძაშვილი 伯父/叔叔/舅舅的孩子(堂/表)
(22) დედამთილი 婆母
(23) მამამთილი 公公
(24) სიდედრი 岳母
(25) სიმამრი 岳父
(26) რძალი 儿媳
(27) სიძე 女婿
(28) მული 小姑子
(29) მაზლი 小舅子/大舅子
(30) ბავშვი 儿童；孩子
(31) გოგო 女孩
(32) ბიჭი 男孩
(33) მოზარდი 青少年
(34) ქალი 女人
(35) კაცი 男人

27. 衣服（ტანსაცმელი）

(1) კაბა 连衣裙
(2) კაშნე 围巾
(3) ლაბადა 大衣
(4) პერანგი 衬衫
(5) პიჯაკი 西装上衣
(6) სვიტრი 毛衣
(7) სპორტული ფეხსაცმელი 运动鞋
(8) ფეხსაცმელი 鞋
(9) ქვედა ბოლო 裙子
(10) ქუდი 帽子
(11) ქურთუკი 外衣
(12) შარვალი 裤子
(13) ჩექმა 靴子
(14) ჩუსტი 休闲鞋
(15) წინდა 袜子
(16) ხელთათმანი 手套
(17) ჯინსი 牛仔裤

28. 日用品（აქსესუარი）

(1) სათვალე 眼镜
(2) საფულე 钱包
(3) ქამარი 腰带
(4) ქოლგა 雨伞
(5) ჩანთა 提包

(6) ცხვირსახოცი 手帕

29. 身体（სხეული）

(1) ზურგი 背
(2) თავი 头
(3) თეძო 胯部
(4) თვალი 眼睛
(5) თითი 手指
(6) თმა 头发
(7) კბილი 牙齿
(8) კისერი 脖子
(9) მაჯა 手腕
(10) მკერდი 胸
(11) მუცელი 肚子
(12) ნესტო 鼻孔
(13) ნიკაპი 下巴
(14) ტერფი 足；脚面
(15) ტუჩი 嘴唇
(16) ფეხი 腿
(17) ფრჩხილი 指甲
(18) ყური 耳朵
(19) შუბლი 前额
(20) ცხვირი 鼻子
(21) წამწამი 睫毛
(22) წარბი 眉毛
(23) ჭიპი 肚脐
(24) ხალი 痣
(25) ხელი 手
(26) ხერხემალი 脊椎

30. 情绪（ემოცია）

(1) ბედნიერი 幸福的
(2) გაოცებული 惊奇的
(3) გახარებული 高兴的
(4) სევდიანი 伤心的
(5) სიხარული 快乐
(6) ღიმილი 微笑
(7) შეშინებული 害怕的；恐惧的
(8) ცრემლი 眼泪

31. 人的品质（ადამიანთა თვისებები）

(1) ამაყი 骄傲的；自负的
(2) ამბიციური 自满的；有雄心的
(3) ბუნებრივი 自然的
(4) გამოცდილი 有经验的
(5) განსაკუთრებული 特殊的；特别的
(6) გულახდილი 诚实的；老实的
(7) დამოუკიდებელი 独立的
(8) დელიკატური 有教养的；有分寸的
(9) ელეგანტური 优雅的；帅气的
(10) ენერგიული 积极的
(11) ერთგული 忠诚的
(12) ზრდილობიანი 有礼貌的；讲道理的
(13) თავში დარწმუნებული 有信心的；自大的
(14) იღბლიანი 幸运的；走运的
(15) კეთილი 好心的；善良的
(16) კონტაქტური 善于交际的；易交的
(17) მადლიერი 感恩的；感激的；有良心的
(18) მამაცი 勇敢的
(19) მგრძნობიარე 敏感的
(20) მდიდარი 有钱的
(21) მეგობრული 友好的
(22) მზრუნველი 有爱心的；有同情心的

(23) მიმზიდველი 引人注目的；吸引人的
(24) მომთმენი 耐心的；耐烦的
(25) მომხიბვლელი 迷人的
(26) მშვენიერი 美好的；优美的
(27) მშვიდი 平静的
(28) მხიარული 快乐的；愉快的
(29) ნიჭიერი 有才华的
(30) ოპტიმისტი 乐观的；开朗的
(31) ორიგინალური 独创的；特殊的
(32) პასუხისმგებლიანი 有责任感的
(33) პატივსაცემი 被尊重的
(34) პრაქტიკული 讲实际的
(35) რომანტიული 浪漫的
(36) სასაცილო 滑稽的；可笑的
(37) უზრდელი 厚脸皮的；没教养的
(38) ფრთხილი 小心的；仔细的；
(39) ცნობისმოყვარე 好奇的
(40) ძალაუფლებიანი 强大的；握权的
(41) ძლიერი 强力的
(42) წარმატებული 成功的
(43) ჭკვიანი 聪明的
(44) ხელგაშლილი 慷慨的

总词汇表

ლექსიკონი

ა

აარჩიეთ	（动）	（您 / 你们）挑；挑选；选择（完成体过去时）	（16）
აბაზანა	（名）	洗澡间	（6）
აბარებდა	（动）	（他）考；考上（未完成体过去时）	（9）
აბაშიძე	（名）	阿巴士泽（人姓）	（3）
ადამიანი	（名）	人	（14）
ადგილი	（名）	① 地方；② 座位	（10）
ადრე	（副）	① 以前；之前；以往；② 早	（19）
ავიღებ	（动）	（我）取；拿（将来时）	（16）
ავტობუსი	（名）	公共车；公交车	（6）
ავღნიშნავთ	（动）	（我们）① 庆祝；纪念；② 提出（将来时）	（15）
აზრი	（名）	意见；理念；想法；意义	（16）
ათი	（数）	十	（5）
აივანი	（名）	阳台	（6）
აინტერესებს	（动）	（他）感兴趣（现在时）	（11）
ალბათ	（副）	可能；也许	（8）
ალერგიული	（形）	过敏的	（18）
ამბობენ	（动）	（他们）说；据说；听说（现在时）	（19）
ამერიკელი	（名）	美国人	（5）
ამინდი	（名）	天气	（7）
ამიტომ	（连）	所以；因此	（9）
ამტკივდა	（动）	（我）疼起来了（完成体过去时）	（18）
ამხანაგი	（名）	朋友；同志	（9）
ან	（连）	或者（选取其中一个）	（10）
ანგარიში	（名）	账；账号；账户	（17）
ანთებს	（动）	（他）燃起；开（灯）（现在时）	（19）
აპირებ	（动）	（你）打算；计划（现在时）	（13）
აპრილი	（名）	四月	（19）
არ(ა)		不	（4）
არაფერი	（代）	什么都不（没有）；什么也不（没有）	（3）

არა უშავს		没关系；没事儿	（15）
არაფრის		别客气；不客气；没关系	（8）
არდადეგები	（名）	假期	（12）
არსებობს	（动）	（他）存在；生存（现在时）	（9）
არჩეული	（形）	选择的；选出的	（16）
არც	（助）	也不	（9）
არც ისე		没有那么……	（8）
ასე	（副）	这样；这么；如此	（8）
ასევე	（副）	也是；同样地	（11）
ასეთი	（形）	这种的；这样的	（16）
აუცილებელი	（形）	必然的；必须的；一定的	（12）
აუცილებლად	（副）	一定；必须	（13）
აფეთქებენ	（动）	（他们）爆炸（现在时）	（12）
აფთიაქი	（名）	药店；药房	（18）
აფრიკელი	（名）	非洲人	（5）
აქ	（副）	这里	（4）
აქედან	（副）	从这里；从此地	（10）
აქეთ	（副）	这边	（16）
აქვე	（副）	附近	（5）
აღარ		再也不	（9）
აღდგომა	（名）	复活节	（19）
აღმოსავლეთი	（名）	东方	（13）
აღნაგობა	（名）	身材	（11）
აღწერა		描述	（11）
აშენებენ	（动）	（他们）修建（现在时）	（7）
აჩერებს	（动）	（他）停；停止（现在时）	（10）
აცვეს	（动）	（他）钉死（完成体过去时）	（19）
აწამეს	（动）	（他们）折磨；虐待（他）（完成体过去时）	（19）
აწერენ	（动）	（他们）签字（现在时）	（15）
ახალგაზრდა	（形）	年轻的	（8）
ახალი წელი	（名）	新年	（12）
ახალი	（形）	新的	（3）
ახველებთ	（动）	（您/你们）咳嗽（现在时）	（18）
ახლა	（副）	现在；正在	（9）
ახლავე	（副）	马上	（15）

总词汇表 ლექსიკონი

ახლოს	（副）	①离……近；附近；②亲密的	（5）

ბ

ბავშვი	（名）	孩子	（7）
ბავშვობა	（名）	童年	（9）
ბანკი	（名）	银行	（17）
ბარათი	（名）	卡片	（17）
ბატონო		先生	（2）
ბებია	（名）	奶奶；姥姥	（14）
ბედნიერად	（副）	愉快地；快乐地	（12）
ბედნიერი	（形）	幸福的；愉快的；快乐的	（7）
ბევრი	（数）	多	（5）
ბენდი	（名）	乐队	（8）
ბეჭედი	（名）	戒指	（16）
ბიბლია	（名）	圣经	（19）
ბიბლიოთეკა	（名）	图书馆	（10）
ბინა	（名）	公寓	（5）
ბიჭი	（名）	男孩	（11）
ბლანკი	（名）	表格	（17）
ბოდიში		道歉；不好意思；对不起	（15）
ბოლო	（副）	后；后部；结尾	（6）
ბრაზილია	（名）	巴西	（7）
ბრმა	（形）	瞎的；盲的	（20）
ბრძანდებით	（动）	（您）是（客气式）（现在时）	（2）
ბუნება	（名）	大自然	（7）

გ

გააგდო	（动）	（他把他）赶出（完成体过去时）	（20）
გაბედული	（形）	大胆的	（11）
გაგიმარჯოს		你好	（1）
გადავახურდავო	（动）	（我）换（钱）（愿格时）	（17）
გადავიხდი	（动）	（我）①庆祝；过；②付钱（将来时）	（13）
გადარჩა	（动）	（他）生存了；活下来了（完成体过去时）	（20）
გადატვირთული	（形）	负重的；荷重的	（7）
გადის	（动）	（他）①出；②通向；通（现在时）	（10）
გავყიდეთ	（动）	（我们）卖了（完成体过去时）	（16）
გავხსნა	（动）	（我）开；打开（愿格时）	（17）

197

გაზაფხული	（名）	春天	（7）
გაინტერესებთ	（动）	（您 / 你们）感兴趣（现在时）	（16）
გაიცანი	（动）	（你）认识一下（完成体过去时）	（5）
გაკეთება		作；做；做好	（13）
გაკვეთილი	（名）	课	（8）
გალერეა	（名）	画廊	（10）
გამარჯობა		你好	（1）
გამოსასვლელი	（形）	礼服（女 / 男）；节日服装	（16）
გამოჯანმრთელდით	（动）	（您 / 你们）痊愈（完成体过去时）	（18）
გამყიდველი	（名）	售货员	（16）
გამხდარი	（形）	瘦的（人）	（11）
განათება	（名）	照明	（12）
განსაკუთრებით	（副）	特别地；特殊地	（7）
განსაკუთრებული	（形）	特别的；特殊的	（12）
განსხვავდებიან	（动）	（他们）有区别；有差别（现在时）	（11）
გარდა	（前）	……外	（7）
გარეგნობა	（名）	外貌	（11）
გარეთ	（副）	外面；外边	（7）
გარეშე	（前）	无；没有	（16）
გართობა		玩儿；消遣；娱乐	（11）
გარშემო	（副）	四周；周围	（7）
გასაგები	（形）	明白；清楚；懂	（18）
გასართობი	（形）	玩具的；游戏的；玩耍用的……	（14）
გასახდელი ოთახი	（名）	试衣间；试衣室	（16）
გასეირნება		散步	（9）
გატეხილი	（形）	破的；砸了的	（19）
გაჩერება	（名）	车站；停车站	（10）
გაცნობა		相识；认识	（4）
გაწუხებთ	（动）	（他）麻烦；打扰（您 / 你们）（现在时）	（18）
გაჭირვებული	（形）	贫困的	（19）
გახდები	（动）	（你）① 变成；成为；② 将（人）（将来时）	（13）
გახსნა	（动）	① 开；打开；②（他）开；打开（完成体过去时）	（17）
გეგმა	（名）	计划	（13）
გემრიელი	（形）	美味的	（13）
გერმანელი	（形）	德国人	（5）

გერმანული	（形）	德国的	（5）
გვარი	（名）	姓	（3）
გვერდზე	（名）	旁边	（10）
გვიან	（副）	晚	（8）
გზა	（名）	路；道	（20）
გილოცავ	（动）	（我）祝贺（你）（现在时）	（8）
გინდათ	（动）	（您）想；要；愿；需（现在时）	（10）
გიორგი	（名）	乔治（男名）	（2）
გირჩევნიათ	（动）	（您 / 你们）比较喜欢；宁可；情愿（现在时）	（17）
გისმენთ	（动）	（我）听您的；听着呢（现在时）	（15）
გისურვებ	（动）	（我）祝（你）（将来时）	（8）
გლეხი	（名）	农民	（20）
გმადლობთ		谢谢（您 / 你们）	（2）
გნებავთ	（动）	（您 / 你们）要；需要；想要（现在时）（客气式）	（10）
გოგო	（名）	姑娘	（11）
გოზინაყი	（名）	核桃仁儿蜜糖（格鲁吉亚人新年夜必备甜食）	（12）
გოლგოთა	（名）	各各他山	（19）
გრილა	（动）	凉快（现在时）	（7）
გრძელდება	（动）	（他）继续（现在时）	（12）
გრძელი	（形）	长的	（7）
გულამოსკვნილი	（形）	伤心的（哭）	（21）
გული	（名）	心	（21）
გუშინვე	（副）	昨天就……	（16）
გყავს	（动）	（你）有（现在时）	（6）
გცალია	（动）	（你）有空（现在时）	（15）

დ

და	（连，名）	① 和；与；② 姐妹	（3）
დაამთავრა	（动）	（他）结束了；完了（他）（完成体过去时）	（20）
დაბადება		生；产	（13）
დაბადების დღე	（名）	生日	（13）
დაბრძანდით	（动）	（您 / 你们）请坐（客气式）（完成体过去时）	（18）
დაგეხმაროთ	（动）	（我 / 我们）帮助（您 / 你们）（愿格时）	（17）
დაელოდეთ	（动）	（您 / 你们）等待（完成体过去时）	（18）
დავისვენებ	（动）	（我）休息（将来时）	（13）
დავსაჯო	（动）	（我）罚；惩罚（他）（愿格时）	（20）

დათანხმდა	（动）	（他）同意；答应（完成体过去时）	（20）
დაითვალეთ	（动）	（您/你们）请数（完成体过去时）	（17）
დაიწერენ	（动）	（他们）给自己写（将来时）	（15）
დაკავებული	（形）	忙碌的	（8）
დალიეთ	（动）	（您/你们）喝（完成体过去时）	（18）
დამარტყით	（动）	（您/你们）打（我）（完成体过去时）	（20）
დამთავრდა	（动）	（他）结束了（完成体过去时）	（20）
დამთავრება		末端；末尾；终点；毕业	（9）
დამირეკეთ	（动）	（您/你们）给（我）打电话（完成体过去时）	（18）
დანაზოგი	（名）	储蓄	（17）
დანარჩენი	（形）	其他的	（17）
დაპატიჟებ	（动）	（你）邀请（将来时）	（13）
დასავლეთი	（名）	西方	（13）
დაწესებულება	（名）	机构；机关	（12）
დაწურული	（形）	挤出的；拧过的	（13）
დაწყებითი	（形）	初级的	（14）
დახატო	（动）	（你）画（愿格时）	（20）
დახუჭული	（形）	闭的（只限眼或目）	（20）
დგას	（动）	（他）站（现在时）	（10）
დედა	（名）	母亲；妈妈	（14）
დედაქალაქი	（名）	首都	（10）
დედაჩემი	（名）	我妈妈	（14）
დედისერთა	（形）	独生子女	（14）
დეკემბერი	（名）	十二月	（12）
დიახ	（助）	是的（客气式）	（3）
დიდი	（形）	大的	（4）
დილა მშვიდობისა		早上好	（2）
დილა	（名）	早上	（2）
დნება	（动）	（他）化（现在时）	（7）
დრო	（名）	时间；时候	（5）
დღე	（名）	天；白天	（7）
დღევანდელი	（形）	今天的	（17）
დღეს	（副）	今天	（15）
დღესასწაული	（名）	节日	（12）

ე

ეგ	（代）	这个	（8）
ეგზოტიკური	（形）	猎奇的；异地的	（9）
ევალებოდა	（动）	（他）责成（未完成体过去时）	（22）
ევრო	（名）	欧元	（17）
ეზო	（名）	园子	（6）
ეკალი	（名）	刺	（21）
ეკლესია	（名）	教堂	（10）
ელენე	（名）	叶连娜（女名）	（2）
ემზადებიან	（动）	（他们）准备（现在时）	（19）
ენა	（名）	①语言；②舌头	（4）
ერთად	（副）	一起	（6）
ერთგული	（形）	忠实的；忠诚的	（9）
ერთ-ერთი	（名）	……之一；其中之一	（9）
ერთი	（数）	一	（5）
ერთმანეთი	（代）	互相	（9）
ერთნაირად	（副）	同样；一样	（12）
ერთხელ	（副）	一次	（14）
ეროვნული	（形）	民族的；人民的；国家的	（10）
ეს	（代）	这	（4）
ესპანური	（形）	西班牙的	（14）
ექვსი	（数）	六	（4）
ექთანი	（名）	护士	（18）
ექიმი	（名）	医生；大夫	（18）
ექნებათ	（动）	（他们）有（非动物）（将来时）	（15）
ეძებეს	（动）	（他们）找；寻；寻找（他）（完成体过去时）	（15）
ეძებთ	（动）	（您/你们）找；寻；寻找（现在时）	（16）
ეწვის	（动）	（他的……）燃烧（现在时）	（20）
ეჭირა	（动）	（他）拿着；握着（未完成体过去时）	（20）

ვ

ვაკე	（名）	地区名称	（6）
ვაკეთებ	（动）	（我）作；做（现在时）	（5）
ვალუტა	（名）	货币，外汇	（17）
ვარ	（动）	（我）是（现在时）	（3）
ვარდი	（名）	玫瑰	（21）

ვარდისფერი	（形）	粉红色的	（17）
ვასწავლი	（动）	（我）教课（现在时）	（5）
ვატარებ	（动）	（我）①度过；②使（谁）通过（现在时）	（8）
ვაცხობ	（动）	（我）烤（现在时）	（13）
ვახშმობს	（动）	（他）吃晚饭（现在时）	（12）
ვენახი	（名）	葡萄园	（13）
ვერ		不；不能	（16）
ვერთობოდით	（动）	（我们）玩；消遣；游戏（未完成体过去时）（你）	（9）
ვერცხლისფერი	（形）	银色的	（16）
ვეხმარები	（动）	（我）帮助（他）（现在时）	（14）
ვზეიმობთ	（动）	（我们）庆祝；过节日（现在时）	（12）
ვთევზაობ	（动）	（我）钓鱼（现在时）	（14）
ვიმხიარულებთ	（动）	（我们）快乐；高兴（将来时）	（13）
ვიპოვე	（动）	（我）找到；寻到（完成体过去时）	（16）
ვირუსი	（名）	病毒	（18）
ვისაუზმებთ	（动）	（我们）吃早饭（将来时）	（15）
ვიქნები	（动）	（我）是（将来时）	（15）
ვიყიდი	（动）	（我）买（将来时）	（16）
ვიცეკვებთ	（动）	（我们）跳舞（将来时）	（13）
ვიწრო	（形）	窄的	（10）
ვმეგობრობდით	（动）	（我们）成为朋友（未完成体过去时）	（9）
ვმოგზაურობდი	（动）	（我）旅游；旅行（未完成体过去时）	（9）
ვნადირობ	（动）	（我）狩猎（现在时）	（14）
ვრჩები	（动）	（我）留在；留下来（现在时）	（8）
ვსადილობ	（动）	（我）吃午饭	（8）
ვსეირნობ	（动）	（我）散步（现在时）	（6）
ვტიროდი	（动）	（我）哭泣（未完成体过去时）	（21）
ვუთმობ	（动）	（我）让给（现在时）	（5）
ვუმზადებთ	（动）	（他给他/他们）准备（现在时）	（12）
ვქირაობ	（动）	（我）租赁（现在时）	（5）
ვწერთ	（动）	（我们）写（现在时）	（9）

ზ

ზამთარი	（名）	冬天	（7）
ზაფხული	（名）	夏天	（7）
ზედა	（名）	在……上	（16）

ზოგი	（形）	有的	（12）
ზომა	（名）	尺码	（16）
ზრდილობიანი	（形）	礼貌的	（11）
ზღვისპირეთი	（名）	海滨	（7）

თ

თაგვი	（名）	老鼠	（21）
თავი	（名）	头	（18）
თავისი	（代）	自己的	（13）
თავისუფლად	（副）	流利地；自由地；自主地	（4）
თავისუფლება	（名）	自由	（12）
თამაშობენ	（动）	（他们）① 玩；玩耍；游戏；② 表演；演（现在时）	（7）
თანამედროვე	（形）	现代的	（10）
თანაც	（副）	也是；同时；以及；并且；并	（10）
თბილი	（形）	暖的	（7）
თბილისი	（名）	第比利斯	（7）
თბილისელი	（形）	第比利斯人	（14）
თევზი	（名）	鱼	（6）
თეთრი	（形）	① 白色的；② 格鲁吉亚硬币：特特里	（16）
თვალი	（名）	眼睛	（11）
თვე	（名）	月	（4）
თვითონ	（代）	自己	（16）
თითქმის	（副）	几乎；差不多	（7）
თითქოს	（副）	好像；似乎	（21）
თმა	（名）	头发	（11）
თოვლი	（名）	雪	（7）
თოვლის პაპა	（名）	圣诞老人	（12）
თოვს	（动）	下雪（现在时）	（7）
თოფი	（名）	猎枪	（20）
თუ	（连）	① 还是；② 如果	（4）
თუ შეიძლება		请	（10）
თუმცა	（连）	虽然	（6）
თქვენ	（代）	您；你们	（2）
თქმა		说一下	（13）
თხა	（名）	山羊	（21）

ი

იანვარი	（名）	一月	（12）
იასამნისფერი	（形）	紫色的	（16）
იაფი	（形）	便宜的	（10）
იგი	（代）	他	（11）
იერუსალიმი	（名）	耶路撒冷	（19）
ივლისი	（名）	七月	（13）
იზრდება	（动）	（他）长；长达（现在时）	（7）
ითვლება	（动）	（他）属于；属；算是（现在时）	（10）
იმალებიან	（动）	（他们）隐藏；藏身（现在时）	（7）
იმედი	（名）	希望	（13）
ინგლისელი	（名）	英国人	（5）
ინგლისი	（名）	英国	（7）
ინგლისური	（形）	英国的	（14）
ინდოეთი	（名）	印度	（7）
ინებეთ	（动）	（您/你们）请拿；请接收（现在时）（客气式）	（17）
ინჟინერი	（名）	工程师	（14）
ინტერნეტი	（名）	网际；网络	（8）
ირაკლი	（名）	人名（男）	（1）
ირემი	（名）	鹿	（20）
ის	（代）	他	（3）
ისე რა	（副）	不错；没关系；还可以	（3）
იუენი	（名）	人民币	（17）
იქ	（副）	那里	（13）
იქვე	（副）	也在那里	（10）
იქნება	（动）	（他）是（将来时）	（15）
იღლები	（动）	（你）累（现在时）	（8）
იყვირა	（动）	（他）叫喊（完成体过去时）	（20）
იყოს	（动）	（他）是（愿格时）	（17）
იშვიათად	（副）	稀少地；稀有地；不经常地	（9）
იცი	（动）	（你）知道（现在时）	（9）
იწერენ	（动）	（他们）给自己写（现在时）	（15）
იწყებ	（动）	（你）开始（现在时）	（8）

总词汇表 ლექსიკონი

კ

კაბა	(名)	连衣裙	(15)
კაბინეტი	(名)	办公室	(18)
კავკასიური	(形)	高加索的	(9)
კათოლიკე	(形)	天主教徒	(19)
კალენდარი	(名)	日历	(19)
კარგად	(副)	好	(2)
კარი	(名)	门	(20)
კარისკაცი	(名)	守门人；保安；守卫	(20)
კატა	(名)	猫	(21)
კაცი	(名)	人；男人	(13)
კახეთი	(名)	卡赫季州（格鲁吉亚东部）	(14)
კეთილი	(形)	善良的	(11)
კერძო	(形)	个人的；私人的；私有的；私营的	(6)
კვერცხი	(名)	蛋	(19)
კვირა	(名)	星期天；星期日；礼拜天	(8)
კი		①是的；②而；而且	(5)
კიდევ	(副)	再；又；还	(5)
კითხულობთ	(动)	（您/你们）①问；②读，念（现在时）	(4)
კინოთეატრი	(名)	电影院	(10)
კლასი	(名)	①年级（学校）；②阶级	(9)
კოლექცია	(名)	收藏；系列；集	(16)
კონსერვატორია	(名)	音乐学院（大学）	(14)
კონცერტი	(名)	音乐会	(14)
კუთხე	(名)	角落	(10)
კულტურა	(名)	文化	(11)
კულტურული	(形)	文化的	(10)
კურსი	(名)	①汇率；②班；年级	(17)

ლ

ლამაზი	(形)	漂亮的	(6)
ლარი	(名)	格鲁吉亚货币；拉利	(10)
ლიუ ლი	(名)	刘丽（女名）	(3)
ლოგინი	(名)	床；床铺	(18)
ლორი	(名)	腊肉；火腿	(19)
ლურჯი	(形)	蓝色的	(16)

205

		მ	
მაგიდა	(名)	桌子	(12)
მაგივრად	(前)	代；替；反而	(19)
მაგრამ	(连)	可是；但是；却	(5)
მადლობა		谢谢（你）	(2)
მათრახი	(名)	鞭子	(20)
მაინც	(副)	仍然；还是；虽然……还是……	(7)
მაისი	(名)	五月	(19)
მალე	(副)	快；迅速地	(14)
მამა	(名)	父亲；爸爸	(14)
მამაჩემი	(名)	我爸爸	(14)
მამაცი	(形)	勇敢的	(11)
მარგალიტი	(名)	珍珠	(20)
მართალი	(名)	①真理；实话；②（形）对	(14)
მართლა	(副)	真正地	(8)
მართლმადიდებლური	(形)	东正教的	(10)
მარკი	(名)	马克（男名）	(5)
მარტო	(副)	①只；②唯独	(14)
მარცხენა	(形)	左边的	(10)
მარჯვენა	(形)	右边的	(10)
მას	(代)	他（给予格）	(5)
მასწავლებელი	(名)	老师	(3)
მაქვს	(动)	（我）有（现在时）	(6)
მაქსი	(名)	马克思（男名）	(9)
მაღაზია	(名)	商店	(15)
მაღალი	(形)	高的	(6)
მაღალსართულიანი	(形)	高层的	(6)
მაშინვე	(副)	马上；立刻	(20)
მაშხალა	(名)	爆竹	(12)
მგელი	(名)	狼	(21)
მგზავრობა		旅行（在交通工具上的那段过程）	(10)
მდინარე	(名)	河；江	(14)
მე	(代)	我	(3)
მეგობარი	(名)	朋友	(5)
მეგობრული	(形)	友好的	(6)

მეზობელი	（名）	邻居	（6）
მერამდენე	（代）	第几个	（10）
მერე	（副）	后来；然后	（15）
მეტი	（形）	更多的；较多的	（11）
მეურნეობა	（名）	农业	（14）
მეუღლე	（名）	丈夫；先生；太太；夫妻；爱人	（14）
მეფე	（名）	沙皇；国王	（20）
მზად	（副）	已准备好	（17）
მზარეული	（名）	厨师	（5）
მზე	（名）	太阳	（7）
მთა	（名）	山	（7）
მთავარი	（形）	主要的	（10）
მთელი	（形）	整个的；全部的	（7）
მთვარე	（名）	月亮	（19）
მიაქვთ	（动）	（他们）拿；带走（现在时）	（19）
მიდის	（动）	（他）去（现在时）	（10）
მიზანი	（名）	瞄准镜；靶子；目的；目标	（20）
მიზეზი	（名）	原因；理由	（20）
მიიღებ	（动）	（你）收到；得到（将来时）	（13）
მიკი	（名）	米克（狗名）	（9）
მიმტანი	（名）	服务员	（8）
მინდა	（动）	（我）想；要；愿；需（现在时）	（15）
მინდორი	（名）	田野	（20）
მირჩევნია	（动）	（我）宁可；比较喜欢；情愿（现在时）	（15）
მისალმება	（名）	问候；打招呼	（1）
მისამართი	（名）	地址	（17）
მიუტანა	（动）	（他给他）带去；拿去（完成体过去时）	（20）
მიწა	（名）	土	（21）
მიხედვით	（副）	按照；根据	（19）
მიხვდა	（动）	（他）明白了；理解了；懂了（过去完成）	（20）
მნიშვნელობა	（名）	意义；意思	（10）
მნიშვნელოვანი	（形）	重要的	（19）
მოაწერენ	（动）	（他们）签字（将来时）	（15）
მობეზრდა	（动）	（他）厌倦（他）（完成体过去时）	（20）
მობილური ტელეფონი	（名）	手机	（18）

მობრძანდით	（动）	（您 / 你们）来；请进（现在时）（客气式）	（16）
მოგებული	（形）	赢了的	（19）
მოგეწონება	（动）	（你）会喜欢（将来时）	（14）
მოგზაურობა		旅行	（15）
მოგიხდებათ	（动）	（您 / 你们）合适；合身（将来时）	（16）
მოდის	（动）	（他）来（现在时）	（10）
მოედანი	（名）	广场	（12）
მოვა	（动）	（他）来（将来时）	（15）
მოიზომე	（动）	（你）试试；量（完成体过去时）	（16）
მოიტანს	（动）	（他）带来；拿来（将来时）	（13）
მოკიდა	（动）	（他）拽住（完成体过去时）	（20）
მოკლე	（形）	短的	（7）
მოლოცვა	（名）	祝愿；祝福	（13）
მომავალი	（名）	前途；未来；将来	（4）
მომდევნო	（形）	下一个	（19）
მომეცით	（动）	（您 / 你们）给（我）（完成体过去时）	（17）
მომკლავს	（动）	（他）杀死（我）（将来时）	（20）
მომწონს	（动）	（我）喜欢（现在时）	（8）
მომხიბვლელი	（形）	吸引人的；引人注目的；使人喜欢的	（11）
მოპარეს	（动）	（他们）偷了（他的）（完成体过去时）	（20）
მორთული	（形）	装饰的；装潢的	（12）
მოსაცდელი ოთახი	（名）	大堂；前厅；休息室	（18）
მოღრუბლული	（形）	阴天（的）；有云的	（7）
მოხვალ	（动）	（你）来（将来时）	（15）
მსოფლიო	（名）	世界	（7）
მსუქანი	（形）	胖的	（11）
მსხვილი	（形）	① 宽的；② 一沓钱	（17）
მტკივა	（动）	（我）疼；疼痛（现在时）	（18）
მუზეუმი	（名）	博物馆	（10）
მუსიკოსი	（名）	音乐家	（8）
მუქი	（形）	深色的	（11）
მუშაობა	（名）	工作	（8）
მუშაობთ	（动）	（您 / 你们）工作（现在时）	（4）
მშვიდობა	（名）	平安；和平	（2）
მშობელი	（名）	父亲；母亲	（14）

მშრალი	（形）	干的	（7）
მძღოლი	（名）	司机	（10）
მწერალი	（名）	作家	（10）
მწვადი	（名）	烤肉	（13）
მწვანე	（形）	绿色的	（16）
მჭირდება	（动）	（我）需要（现在时）	（15）
მხარე	（名）	边；旁	（10）
მხატვარი	（名）	画家	（20）
მხიარულება		快乐；高兴	（12）
მხიარული	（形）	快乐的	（7）
მხოლოდ	（副）	只是；只有	（5）

ნ

ნაგაზი	（名）	牧羊犬；狼狗	（9）
ნავი	（名）	船；舟	（9）
ნათელი	（形）	明亮的	（6）
ნათესავი	（名）	亲戚	（13）
ნაკლები	（形）	更少；较少	（11）
ნამდვილად	（副）	确实	（14）
ნანა	（名）	女名	（18）
ნაცრისფერი	（形）	灰色的	（16）
ნაძვი	（名）	松树	（12）
ნაწილი	（名）	部分；零件	（17）
ნახევარი	（形）	半个的	（8）
ნახეთ	（动）	（您/你们）看望；访问（完成体过去时）	（20）
ნახვამდის		再见	（2）
ნებისმიერი	（形）	任何的	（18）
ნელ-ნელა	（副）	慢慢地；渐渐地	（7）
ნინო	（名）	人名（女）	（1）
ნისკარტი	（名）	喙	（21）
ნიჭიერი	（形）	有才能的；有才华的；天分的	（11）
ნომერი	（名）	号码	（6）
ნუ		别	（18）

ო

ობლად	（副）	孤独地	（21）
ოთახი	（名）	房间	（6）

ოპერატორი	（名）	操作员	（17）
ორი	（数）	二	（5）
ორშაბათი	（名）	星期一	（8）
ორჯერ	（副）	两次	（14）
ოფისი	（名）	办公室	（18）
ოქროსფერი	（形）	金色的	（16）
ოცნება	（名）	梦想；理想	（12）
ოჯახი	（名）	家庭	（8）

პ

პაპა	（名）	爷爷；老爷；公公	（7）
პარასკევი	（名）	星期五	（8）
პარიზი	（名）	巴黎	（15）
პარლამენტი	（名）	国会；议会	（10）
პასკა	（名）	复活节蛋糕	（19）
პასპორტი	（名）	护照	（17）
პასუხი	（名）	回答	（19）
პატარა	（形）	小的	（6）
პატრონი	（名）	主人	（19）
პაციენტი	（名）	病人	（18）
პერანგი	（名）	衬衫	（16）
პირადობის მოწმობა	（名）	身份证	（17）
პირდაპირ	（副）	①对面；②直；一直	（10）
პირველი	（数）	第一	（8）
პირობა	（名）	①诺言；誓言；②条件	（20）
პროსპექტი	（名）	大街	（6）
პური	（名）	面包	（19）

ჟ

ჟანგი	（名）	铁锈	（21）

რ

რა	（代）	什么	（3）
რა თქმა უნდა		无话可说；当然	（13）
რადგან	（连）	由于……；因此；因为	（8）
რამდენი	（代）	多少	（10）
რამდენიმე	（代）	几个；一些	（6）
რამდენჯერ	（副）	几次；几遍	（18）

რამე	（代）	某物；一些东西	（16）
რატომ	（副）	为什么	（9）
რესტორანი	（名）	饭馆	（5）
რეცეპტი	（名）	食谱；药方	（18）
რთული	（形）	困难的	（4）
რიგი	（名）	排；队	（18）
როგორ	（代）	怎么；如何	（2）
როგორი	（代）	什么样的；如何的	（6）
როგორც	（代）	如……一样；像……一样	（11）
როგორც ..., ასევე ...		也和……一样；不但……，而且……	（11）
როდის	（代）	什么时候	（13）
რომანტიკული	（形）	浪漫的	（15）
რომელი	（代）	哪一个	（6）
რომელიც	（代）	哪一个也；任何一个也	（10）
როცა	（连）	当……时	（20）
რუსეთი	（名）	俄罗斯	（7）
რუსთაველი	（名）	鲁斯塔维里	（6）
რუსი	（名）	俄罗斯人	（5）
რუსული	（形）	俄罗斯的	（14）

ს

საავადმყოფო	（名）	医院	（18）
საათი	（名）	小时；手表；钟表	（8）
სააღგომო	（形）	复活节的	（19）
საახალწლო	（形）	新年的	（12）
სად	（代）	哪里	（5）
სადაური	（代）	哪里的；哪国的	（3）
საერთო	（形）	公共的	（5）
საერთო საცხოვრებელი	（名）	宿舍	（5）
სავიზიტო ბარათი	（名）	名片	（18）
სავსე	（形）	充分；充满；整整；全	（19）
საიდან	（代）	从哪里	（14）
საინტერესო	（形）	有趣的；有意思的	（3）
საკმაოდ	（副）	相当；足够	（7）
სალათა	（名）	沙拉	（13）
სალამი	（名）	你好	（19）

სალარო	（名）	售票处；办公窗口	（17）
სამაჯური	（名）	手镯	（16）
სამზარეულო	（名）	厨房	（6）
სამი	（数）	三	（5）
სამკაული	（名）	饰品；装饰	（16）
სამრეწველო	（形）	生产行业的	（10）
სამსახური	（名）	工作	（8）
სამწუხაროდ	（副）	可惜	（18）
სამხატვრო აკადემია	（名）	美术学院	（9）
სამჯერ	（副）	三次；三遍	（14）
სანაპირო	（名）	岸	（7）
სანდრო	（名）	桑德罗（男名）	（11）
სანთელი	（名）	蜡烛	（19）
სარგებლობ	（动）	（你）使用（现在时）	（6）
სართული	（名）	楼层	（6）
სასადილო ოთახი	（名）	餐厅	（6）
სასაფლაო	（名）	墓地	（19）
სასახლე	（名）	宫殿	（20）
სასიამოვნო	（形）	愉快的；舒服的	（3）
სასტუმრო ოთახი	（名）	客厅	（6）
სასტუმრო	（名）	饭店	（6）
საუბარი		说话；聊天儿	（15）
საუბრობთ	（动）	（您/你们）说话；谈话（现在时）	（4）
საუკეთესო	（形）	最好的；超级的	（5）
საფლავი	（名）	坟墓	（21）
საქართველო	（名）	格鲁吉亚	（7）
საქმე	（名）	事情	（9）
საქმიანობთ	（动）	（您/你们）做（干什么；搞什么）（现在时）	（5）
საქორწინო	（形）	婚礼的	（15）
საღამო	（副）	晚上	（2）
საღამო მშვიდობისა		晚上好	（2）
საღი	（形）	清醒的；好的	（20）
საყვარელი	（形）	亲爱的；可爱的	（12）
საყიდლები	（名）	买来的东西	（15）
საყურე	（名）	耳环	（16）

总词汇表 ლექსიკონი

საშუალო	（形）	中等的	（11）
საჩუქარი	（名）	礼物	（12）
საჩუქრად	（副）	作为礼物	（20）
საცივი	（名）	核桃鸡（格鲁吉亚传统菜肴）	（12）
საცხოვრებელი	（名）	住宿	（5）
საძინებელი ოთახი	（名）	卧室	（6）
საჭმელი	（名）	食物；菜；饭	（5）
სახე	（名）	脸；面	（11）
სახელი	（名）	名字	（3）
სახელმწიფო	（名）	国家；政府	（5）
სახლი	（名）	房子	（6）
საჯარო	（形）	公共的	（10）
სეზონი	（名）	季节	（7）
სვამთ	（动）	（您 / 你们）喝（现在时）	（18）
სთხოვენ	（动）	（他们）请求（现在时）	（12）
სიმაღლე	（名）	身高	（11）
სიღნაღი	（名）	希格纳赫市（格鲁吉亚东部）	（13）
სიცხე	（名）	① 发烧；② 热	（18）
სკოლა	（名）	学校	（9）
სოფელი	（名）	农村	（13）
სტუდენტი	（名）	大学生	（3）
სუვენირი	（名）	纪念品	（16）
სულ	（副）	① 一共；② 一直，总是	（18）
სულერთი	（副）	随便地；无论如何地	（17）
სულიკო	（名）	名字：男 / 女（灵的意义）	（21）
სურათი	（名）	画	（20）
სურდო	（名）	鼻子不通；伤风	（18）
სუსტად	（副）	虚弱；不舒服；无力	（18）
სცივათ	（动）	（他们）觉得冷（现在时）	（7）
სცხელა	（动）	（他）觉得热（现在时）	（7）
სძინავს	（动）	（他）睡觉（现在时）	（7）
სწავლა		学习	（5）
სწავლობთ	（动）	（您 / 你们）学习（现在时）	（4）
სხვა	（形）	另外的	（5）
სხვადასხვა	（形）	各种的；各种各样的	（7）

სხვათა შორის	(副)	顺便说一下	(9)
ტ			
ტაილანდი	(名)	泰国	(9)
ტანი	(名)	身体	(11)
ტანსაცმელი	(名)	服装；衣服	(15)
ტაქსი	(名)	出租汽车	(10)
ტელეფონი	(名)	电话	(9)
ტკბება	(动)	（他）享受；欣赏（现在时）	(7)
ტკბილი	(形)	甜的	(19)
ტორტი	(名)	蛋糕	(13)
ტრადიცია	(名)	传统	(11)
ტრანსპორტი	(名)	交通	(6)
ტყე	(名)	树林	(14)
უ			
უბანი	(名)	地区	(6)
უბრალო	(形)	普通的；简单的；简易的	(16)
უბრძანა	(动)	（他）命令（他）（完成体过去时）	(20)
უგზავნიან	(动)	（他们）发；送；寄；遣派（现在时）	(12)
უთხრა	(动)	（他）告诉（他）（完成体过去时）	(20)
უი	(感)	哎呀	(6)
უკან	(副)	……之后；后边	(10)
უკაცრავად	(副)	请问；抱歉；对不起；麻烦您	(3)
უკვე	(副)	已经	(4)
უკრავს	(动)	（他）演奏（现在时）	(8)
უმეტესი	(形)	更多的	(5)
უმცროსი	(形)	年纪小的；较年少的；次的；(14)	(14)
უნდა	(动)	①应该；②（他）想；要；愿；需（现在时）	(13)
უნივერსიტეტი	(名)	大学	(5)
უპასუხა	(动)	（他）回答（完成体过去时）	(20)
უტეხავს	(动)	（他给他）打；打破；砸（现在时）	(19)
უფრო	(副)	更	(11)
უფროსი	(形)	①年长的；②老板；头目	(13)
უყვარს	(动)	（他）爱（他）（现在时）	(11)
უყურებდა	(动)	（他）看着（未完成体过去时）	(20)
უცებ	(副)	突然；忽然	(20)

总词汇表 ლექსიკონი

უცხო	（形）	生疏的	(14)
უცხოელი	（名）	外国人	(5)
უწერენ	（动）	（他们给他/他们）写（现在时）	(12)
უხარია	（动）	（他）高兴（现在时）	(12)

ფ

ფაკულტეტი	（名）	系	(11)
ფანცქალი	（名）	心跳；忐忑；（心）颤动	(21)
ფასდაკლება	（名）	减价；打折	(16)
ფერი	（名）	颜色	(11)
ფეხი	（名）	腿脚	(6)
ფეხსაცმელი	（名）	鞋	(15)
ფიქრი	（名）	想法；思绪	(20)
ფიქრობ	（动）	（你）想；觉得（现在时）	(16)
ფოტოსურათი	（名）	照片	(9)
ფრანგი	（名）	法国人	(5)
ფრანგული	（形）	法国的	(8)
ფრინველი	（名）	禽；鸟雀；鸟类	(14)
ფული	（名）	钱	(17)
ფურცელი	（名）	页；纸	(17)

ქ

ქათამი	（名）	鸡	(14)
ქალაქგარეთ	（副）	城外	(7)
ქალაქი	（名）	城市	(10)
ქალბატონი	（名）	太太	(3)
ქალბატონო	（呼）	太太	(2)
ქალი	（名）	女士	(15)
ქართველი	（名）	格鲁吉亚人	(10)
ქართულად	（副）	用格鲁吉亚语	(4)
ქართული	（形）	格鲁吉亚的	(4)
ქარხანა	（名）	工厂	(13)
ქეთი	（名）	凯蒂（女名）	(3)
ქერა	（形）	浅黄色头发的	(11)
ქვა	（名）	石；石头	(16)
ქვეყანა	（名）	国家	(7)
ქმარი	（名）	丈夫；先生；老公	(14)

215

ქორწილი	(名)	婚礼	(15)
ქრისტე აღსდგა		耶稣复活了！	(19)
ქრისტე	(名)	耶稣	(19)
ქრისტიანული	(形)	基督教的	(19)
ქუდი	(名)	帽子	(20)
ქუთაისი	(名)	库塔伊希（格鲁吉亚西部）	(10)
ქურდი	(名)	小偷；贼	(20)
ქუჩა	(名)	街道	(6)
ქუხს	(动)	打雷（现在时）	(7)

ღ

ღამე	(名)	夜	(12)
ღებავს	(动)	（他）染；漆（现在时）	(19)
ღვინო	(名)	葡萄酒	(12)
ღია	(形)	①浅色的；②开着的；开放的	(11)
ღორი	(名)	猪	(14)

ყ

ყანწი	(名)	牛角	(16)
ყელი	(名)	喉咙；嗓子	(18)
ყელსაბამი	(名)	项链	(16)
ყვავილი	(名)	花	(6)
ყველა	(代)	都；所有；一切；全部；全	(7)
ყველაზე	(形)	最；顶	(9)
ყველაფერი	(代)	所有的；全部	(11)
ყველგან	(副)	到处	(7)
ყვითელი	(形)	黄色的	(7)
ყიდვა		买	(16)
ყინავს	(动)	冷冻（现在时）	(7)
ყოველდღიური	(形)	日常的	(16)
ყოველთვის	(副)	总是；一直；永远	(12)
ყოფილი	(形)	以前的	(10)
ყოფნა		在；是	(14)
ყურადღებიანი	(形)	用心的；留神的；细心的	(6)
ყურძენი	(名)	葡萄	(13)

შ

შაბათი	(名)	星期六	(8)

总词汇表 ლექსიკონი

შავი	（形）	黑色的	（11）
შარვალი	（名）	裤子	（16）
შარშან	（副）	去年	（13）
შეავსეთ	（动）	（您/你们）填；填入（完成体过去时）	（17）
შეახო	（动）	（他）触摸；接触（他）（完成体过去时）	（21）
შეგაწუხებთ	（动）	（他）麻烦；打扰（您/你们）（将来时）	（18）
შეგიშვებ	（动）	（我让你）进去（将来时）	（20）
შეგხვდები	（动）	（我）见面；相会（你）（将来时）	（15）
შედარებით	（副）	比较	（7）
შევიკრიბებით	（动）	（我们）集合；聚在一起（将来时）	（14）
შევინახო	（动）	（我）保存；存；藏（愿格时）	（17）
შევნიშნე	（动）	（我）注意到；检测（完成体过去时）	（21）
შევუკვეთავ	（动）	（我）订（将来时）	（13）
შეიფრთხიალა	（动）	（他）因为受惊颤动了（鸟/动物）（过去完成）	（21）
შეიყვანა	（动）	（他）带进（他）（完成体过去时）	（20）
შეიძენთ	（动）	（您/你们）购买；获得（将来时）	（16）
შემდეგ	（副）	之后；后来；以后	（8）
შემიძლია	（动）	（我）能；能够（现在时）	（17）
შემოდგომა	（名）	秋天	（7）
შენ	（代）	你	（2）
შენობა	（名）	大型建筑；高楼	（10）
შესაფერისი	（形）	相当的；合适的	（16）
შესვენება	（名）	休息时间	（17）
შესრულება		实现；做成	（12）
შეღებილი	（形）	被染成的	（19）
შეყვარებული	（名）	男/女朋友；情人	（15）
შეჭამა	（动）	（他）吃；吃光了（完成体过去时）	（21）
შეხვედრა	（名）	相遇；相会	（2）
შვილი	（名）	儿子；女儿	（14）
შინაური	（形）	家畜的；宠物的	（14）
შობა	（名）	圣诞节	（12）
შორის	（副）	之间	（10）
შორს	（副）	远地	（20）
შუა	（前）	在……中间	（8）
შუა დღე	（名）	中午	（8）

		ჩ	
ჩადის	（动）	（他）下去（现在时）	（10）
ჩავწერო	（动）	（我）写上；记下来（愿格时）	（17）
ჩაიკვნესა	（动）	（他）呻吟；哼叽（完成体过去时）	（21）
ჩაიწერეთ	（动）	（您/你们）记下来；记录下来（过去完成）	（18）
ჩაიჭიკჭიკა	（动）	（他）鸟鸣；鸟吱吱叫（完成体过去时）	（21）
ჩაწერილი	（形）	登记的；注册的；挂号的；纪录的	（18）
ჩემი	（代）	我的	（3）
ჩვეულებრივი	（形）	一般的；平常的	（18）
ჩინელი	（名）	中国人	（3）
ჩინური	（形）	中国的	（4）
		ც	
ცა	（名）	天空	（7）
ცალთვალა	（形）	独眼的	（20）
ცალი		个	（16）
ცივა	（动）	冷	（7）
ცივი	（形）	冷的	（14）
ცისფერი	（形）	浅蓝色的；天蓝色的	（17）
ცნობილი	（形）	有名的，著名的	（14）
ცნობისმოყვარე	（形）	好奇的	（11）
ცოლი	（名）	太太；爱人；老婆	（14）
ცოტა	（数）	有点；一点；少	（4）
ცუდად	（副）	不好	（2）
ცხელი	（形）	热的	（7）
ცხვირი	（名）	鼻子	（11）
ცხობა		烤	（13）
ცხოველი	（名）	动物	（7）
ცხოვრება		生活；生命	（20）
ცხოვრობთ	（动）	（您/你们）生活；住；过日子（现在时）	（4）
		ძ	
ძალიან	（副）	很；太	（3）
ძაღლი	（名）	狗	（6）
ძეგლი	（名）	纪念碑；历史性建筑	（10）
ძველი	（形）	古老的；古代的；老的；旧的	（10）
ძვირი	（形）	贵的	（10）

总词汇表 ლექსიკონი

ძვირფასი	（形）	珍贵的；亲爱的	（20）
ძმა	（名）	兄弟	（14）
ძნელი	（形）	困难的；不易的	（8）
ძროხა	（名）	牛	（14）

წ

წაგებული	（形）	输了的	（19）
წავიდეთ	（动）	（我们）去；走；走吧（愿格时）	（15）
წავლენ	（动）	（他们）去；走（将来时）	（15）
წამალი	（名）	药	（18）
წამწამი	（名）	睫毛	（11）
წარმატება	（名）	成功	（8）
წარმოშობა		出身；起源	（14）
წევრი	（名）	部分；成分；成员	（9）
წელი	（名）	年	（5）
წელიწადი	（名）	年	（14）
წერილი	（名）	信	（12）
წვიმს	（动）	下雨（现在时）	（7）
წვრილი	（形）	①窄的；细的；②零钱	（17）
წიგნი	（名）	书	（4）
წითელი	（形）	红色的	（7）
წინ	（副）	之前；……前；从前	（9）
წინასწარ	（副）	提前	（12）
წუთი	（名）	分钟	（8）

ჭ

ჭამა	（动）	①吃；②（他）吃了（完成体过去时）	（18）
ჭამენ	（动）	（他么）吃（现在时）	（19）
ჭეშმარიტად აღსდგა		真正复活了！	（19）
ჭკვიანი	（形）	聪明的	（9）
ჭრელი	（形）	彩色的；花的	（16）

ხ

ხალხი	（名）	人们；人民	（7）
ხანდახან	（副）	有时	（5）
ხანი	（名）	时间；时候	（4）
ხარ	（动）	（你）是（现在时）	（2）
ხართ	（动）	（您/你们）是（现在时）	（2）

219

ხარშავს	（动）	（他）煮（现在时）	（19）
ხასიათი	（名）	性格	（11）
ხაჭაპური	（名）	格鲁吉亚奶酪饼	（13）
ხე	（名）	树；木；树木	（6）
ხედი	（名）	风景	（6）
ხელი	（名）	手	（15）
ხელოვნება	（名）	艺术	（10）
ხეტიალი		徘徊；逛	（9）
ხვალ	（副）	明天	（15）
ხვდებიან	（动）	（他们）接；迎接（现在时）	（12）
ხილი	（名）	水果	（6）
ხო		是的	（3）
ხოლმე		有时；常常；经常；一般	（10）
ხშირად	（副）	常常；时常	（6）

ჯ

ჯგუფი	（名）	班；组；队；集团	（5）
ჯერ		①还；②次；遍；③先	（14）
ჯვარი	（名）	十字架	（15）
ჯილდო	（名）	奖	（20）
ჯიში	（名）	类型；种	（13）
ჯუნგლი	（名）	热带丛林	（9）

ჰ

ჰავა	（名）	空气	（7）
ჰკითხა	（动）	（他）问（他）（完成体过去时）	（20）
ჰქვია	（动）	（他）叫；称（名字/名称）（现在时）	（19）